高等教育应用型系列规划教材

管理学基础

主　编　孙国荣
参　编　高慧娟　陈春香　张斌兵
　　　　卓建国　赵海荣

电子工业出版社
Publishing House of Electronics Industry
北京·BEIJING

内 容 简 介

本书共十一章,主要包括管理概述、管理理论发展和管理职能三个部分。其中,第一章主要介绍管理、管理者和管理系统的基本知识;第二章主要介绍管理思想、管理理论的形成和发展;第三章至第十章主要介绍管理的计划职能、组织职能、领导职能和控制职能的基本知识及其在管理实践中的运用,从而理解组织管理目标,即正确地做事、做正确的事。第十一章为创新,通过本章学习能够理解创新的内涵,熟悉并掌握管理创新的过程。

本书可作为高职高专工商管理类、财经类、金融类、商贸类专业教材或辅导用书。

未经许可,不得以任何方式复制或抄袭本书之部分或全部内容。
版权所有,侵权必究。

图书在版编目(CIP)数据

管理学基础/孙国荣主编. —北京:电子工业出版社,2019.8
ISBN 978-7-121-35819-7

Ⅰ. ①管… Ⅱ. ①孙… Ⅲ. ①管理学 Ⅳ. ①C93

中国版本图书馆 CIP 数据核字(2018)第 289088 号

策划编辑:王志宇
责任编辑:靳 平
印　　刷:北京虎彩文化传播有限公司
装　　订:北京虎彩文化传播有限公司
出版发行:电子工业出版社
　　　　　北京市海淀区万寿路 173 信箱　邮编　100036
开　　本:787×1 092　1/16　印张:14.75　字数:400 千字
版　　次:2019 年 8 月第 1 版
印　　次:2024 年 12 月第 14 次印刷
定　　价:42.00 元

凡所购买电子工业出版社图书有缺损问题,请向购买书店调换。若书店售缺,请与本社发行部联系,联系及邮购电话:(010) 88254888,88258888。
质量投诉请发邮件至 zlts@phei.com.cn,盗版侵权举报请发邮件至 dbqq@phei.com.cn。
本书咨询联系方式:(010) 88254523,wangzy@phei.com.cn。

前　言

"管理学基础"是高职经管类专业基础课程之一，为了适应经济社会发展和高职课程教学改革的需要，让教师易教、学生易学，突出管理基础知识习得与职业技能学习，我们编写了本教材。

本教材主要体现了以下两方面的特点：

（1）突出以实际应用的管理职能和策略的学习为主，以适度够用的概念和原理的理解为辅，构建课程内容体系。

根据高职应用型人才培养对知识和能力的要求，本教材以管理的认知和管理思想的形成与发展为基础；以管理道德和企业社会责任为前提；以管理的计划、组织、领导、控制与创新等基本职能为重点组织教学单元。在内容安排上，突出以任务为导向，精心设计了案例导入、知识链接和走进管理等教学模块，选取必要和必需的知识点，力求善学善用。

（2）创设了边学边思的教学模式，引导学生在学习中思考问题，在案例中思考知识，在实训中思考运用。

管理既是一门科学，又是一门艺术。管理是用艺术整合科学并具有很强实践性的课程。为了让学生带着问题学习、带着思考学习，我们将传统的课后思考与练习融入教学过程，创设了"想一想"；为了增强学生的动手动脑能力，创设了走进管理的"技能训练"和"拓展训练"；为了培养学生分析问题、解决问题的能力，我们每个任务单元都安排了案例并配有"思考与分析"。

我们知道，成功的管理者必然谙熟"刚柔相济"之理，并在实际管理工作中将火热的心、柔柔的情、铁打的法、严格的纪加以整合，运用情、理、法这三把管理者必备的金钥匙打开管理成功之门。

孙国荣负责全书大纲编纂和体例设计，并担任主编。各章的编写分工如下：第一章由孙国荣编写；第二章由赵海荣编写；第三章、第四章由高慧娟编写；第五章、第八章由陈春香编写；第六章、第七章由张斌兵编写；第九章、第十章、第十一章由卓建国编写。最后由孙国荣进行统稿和定稿工作。

本教材在编写过程中，广泛地参考和引用了国内外近年来同类教材和相关出版物的内容和研究成果。由于篇幅所限，我们在参考文献中不能一一列出所参阅和引用的信息、资料，在此我们对原作者一并表示衷心的感谢。

由于编者水平有限，加之时间仓促，书中若有不足和疏漏之处，恳请同行专家和广大读者批评指正。

编者

目 录

第一章 管理的认知 ... 1
- 第一节 管理 ... 2
- 第二节 管理者 ... 6
- 第三节 管理系统 ... 13
- 知识小结 ... 19
- 技能训练 ... 20
- 拓展训练 ... 20

第二章 管理今昔 ... 22
- 第一节 管理思想的形成 ... 23
- 第二节 管理理论的产生 ... 26
- 第三节 管理理论的发展 ... 32
- 知识小结 ... 39
- 技能训练 ... 39
- 拓展训练 ... 40

第三章 管理道德与企业社会责任 ... 42
- 第一节 管理道德 ... 43
- 第二节 企业社会责任 ... 51
- 知识小结 ... 56
- 技能训练 ... 56
- 拓展训练 ... 57

第四章 计划 ... 58
- 第一节 编制计划 ... 59
- 第二节 目标及目标管理 ... 68
- 知识小结 ... 74
- 技能训练 ... 74
- 拓展训练 ... 74

第五章 决策 ... 77
- 第一节 决策概述 ... 78
- 第二节 决策的过程与方法 ... 82

知识小结 ………………………………………………………………………… 91
　　技能训练 ………………………………………………………………………… 92
　　拓展训练 ………………………………………………………………………… 92

第六章　组织

　　第一节　组织结构设计 …………………………………………………………… 94
　　第二节　组织配置 ……………………………………………………………… 105
　　第三节　组织变革 ……………………………………………………………… 111
　　第四节　主管人员配备 ………………………………………………………… 117
　　知识小结 ………………………………………………………………………… 122
　　技能训练 ………………………………………………………………………… 122
　　拓展训练 ………………………………………………………………………… 123

第七章　领导

　　第一节　领导与领导者 ………………………………………………………… 125
　　第二节　领导理论 ……………………………………………………………… 133
　　第三节　领导艺术 ……………………………………………………………… 138
　　知识小结 ………………………………………………………………………… 144
　　技能训练 ………………………………………………………………………… 144
　　拓展训练 ………………………………………………………………………… 145

第八章　激励

　　第一节　激励概述 ……………………………………………………………… 148
　　第二节　激励理论 ……………………………………………………………… 151
　　第三节　激励艺术 ……………………………………………………………… 159
　　知识小结 ………………………………………………………………………… 166
　　技能训练 ………………………………………………………………………… 167
　　拓展训练 ………………………………………………………………………… 167

第九章　沟通

　　第一节　沟通概述 ……………………………………………………………… 170
　　第二节　有效沟通 ……………………………………………………………… 176
　　第三节　冲突管理 ……………………………………………………………… 181
　　知识小结 ………………………………………………………………………… 185
　　技能训练 ………………………………………………………………………… 185
　　拓展训练 ………………………………………………………………………… 186

第十章　控制

　　第一节　控制概述 ……………………………………………………………… 189
　　第二节　控制过程 ……………………………………………………………… 195
　　第三节　控制方法 ……………………………………………………………… 200
　　知识小结 ………………………………………………………………………… 204
　　技能训练 ………………………………………………………………………… 205

拓展训练 205

第十一章　创新 207
　第一节　创新概述 207
　第二节　管理创新 217
　知识小结 225
　技能训练 225
　拓展训练 226

参考文献 228

第一章

管理的认知

 学习目标

通过本章学习，掌握以下内容：
1. 掌握管理的界定
2. 区分效率与效果
3. 区分谁是管理者
4. 理解管理的科学性与艺术性
5. 了解管理与环境的关系
6. 掌握管理者的技能和角色

案例导入

管理——在人类奇迹中彰显魅力

在人类发展的历史长河中，人们用智慧和汗水创造了一个又一个奇迹。在古代，从中国的万里长城到埃及的金字塔，在现代，从阿波罗登月计划到中国的"神七"飞天，无不显示了人类征服自然、创造奇迹的成果。殊不知，在这些奇迹的背后，管理有着巨大的功劳。

万里长城，这个站在月球上都能看得见的人类建筑物，在当时条件下能建筑成功如此宏伟的工程，真令当代人难以置信。但毫无疑问的是，如此浩大的工程，除了需要先进的技术，还需要严密的组织管理。长城的修筑人数达到数十万人，历时上百年，工程量大到无法统计，如何组织、如何分工、如何实施，严密的科学管理就成为了关键。完成如此庞大的工程建设任务，需要大量的管理工作和严密的组织体系。在长城施工管理方面，由秦朝到明朝，都采用防务与施工相结合，分地区、分片负责，管理制度相当完善，工程质量也相应很好。据《春秋》记载，长城的修筑工程不仅测量计算了包括城墙的长、宽、高及沟穴在内的土石方总量，连所需人工、材料、从各地调来的人力、往返道路里程、人员所需口粮、各地区负担的任务，也都分配得很明确。

纵观人类社会的发展史，无处不在的管理起到至关重要的作用。如今科学技术和组织管理已被认为是推动人类社会发展的"两个车轮"。

美国著名的曼哈顿工程技术负责人奥本海默曾明确指出："使科学技术发挥威力的是组织管理。"阿波罗登月计划负责人韦伯说："我们没有使用一项别人没有的技术，我们的技术就是科学的组织管理。"的确，中国"神七"飞天，使中华民族古老的飞天神话变为现实。成功的背后凝结了多少人数十年的心血和汗水。不说"神七"的研制，单就"神七"飞天的短短三天时间，就有发射、运转、接收、出仓等七大系统、数万名科技人员、无数的设施设备同时运转。

这么多的人员面对如此复杂的工程，在那么广阔的空间跨度内，要围绕同一目标，通过相互配合、顺畅对接，做到分毫无差、万无一失，如果没有强大的科学管理系统作为支撑，简直无法想象。

除了在工程领域，管理的魅力还在经济社会等领域大放异彩。二战后的日本，从一个战败的小国一举成为世界经济强国，其秘密武器就是通过实行"引进技术与管理并重"的战略，只用了15年左右的时间就走完了先进工业国家50年的发展道路，创造了令世人震惊的"东洋奇迹"。同样地处亚太地区的中华民族，在经历了10年浩劫的痛苦之后，实行改革开放，相继在经济、政治、文化及其他领域逐步开展管理体制和运行机制的改革，经济体制由计划经济向市场经济转化，农村通过实行"联产承包责任制"调动农民积极性、带动农村经济迅速发展。城市通过实行"企业改制"等一系列的政策举措，带来了城市大发展。昔日贫穷落后的中国如今真正成为东方雄狮，这都是管理体制改革的功劳。

管理——在人类奇迹中彰显魅力。

（资料来源：张永良.管理学基础[M].北京：北京理工大学出版社，2010.）

第一节　管　　理

管理作为人类最重要的活动之一，广泛存在于社会生活的各个方面。管理不在于"知"，而在于"行"。当今社会，管理对组织生存和发展的重要性日益提高。

一、管理内涵

管理是共同劳动的产物。在多个人进行集体劳动的条件下，为使劳动有序进行，获取劳动成果，就必须进行组织与协调，这就是管理，因此管理是共同劳动的客观要求。

（一）何时需要管理

管理广泛存在于社会的所有领域。凡有人群活动的地方都需要管理。从人类历史到现代社会；从政府机关到企事业单位的所有组织，甚至一个家庭。不论是治生还是治国，管理无处不在，无时不有。因此，当人们有一致认可的、自觉的目标并且是两人以上的集体活动时，就需要管理了。

想一想 1-1

一个人活动时是否需要管理？

（二）为什么需要管理

因为人的渴望或需求是无限的，而人所拥有的资源是有限的。为了解决无限和有限之间的矛盾，只有通过计划、组织、协调、控制、创新等管理功能的发挥，即通过科学的方法来提高资源的利用率，从而达到以有限的资源实现尽可能多的渴望。

(三) 管理的定义

关于对管理的界定，从 19 世纪至今，众说纷纭，管理学者们从不同的角度和不同的研究视野，提出了不同的内涵。

科学管理之父泰勒认为：管理就是预测与计划，管理首先是一门艺术，艺术是要知道让人们去做什么，是不是以最好的方式去做。

法约尔认为，管理就是计划、组织、指挥、协调、控制等职能组成的活动过程。

诺贝尔奖获得者西蒙认为，管理就是决策，决策贯穿管理的全过程。

现代管理学之父德鲁克认为，管理是一种以绩效和责任为基础的专业职能。

斯蒂芬·罗宾斯认为，管理是指同别人一起或通过别人使活动完成得更有效的过程。

管理科学学派伯法认为，管理就是用数学模型与程序来表示计划、组织、控制、决策等合乎逻辑的程序，求出最优解，以达到组织目标。

综上所述，我们可以从管理学者们对管理内涵的丰富界定中来全面理解和研究管理的定义。

管理就是在组织中，管理者在一定的环境条件下，通过计划、组织、领导、控制和创新等职能，以人为中心来协调人力、物力和财力等资源，以便有效率、有效果地实现组织目标的活动过程。

从管理的定义中，我们可以知晓它包含了以下几个方面的特征：

（1）管理的实质是协调。在组织中，无论管理工作以何种形式进行，其实质内容是一样的，即协调。管理者进行决策、计划、组织、监督、检查等活动时，实际上就是在对目标、资源、任务、行为、活动等进行协调。

（2）管理的衡量标准是效率与效果。作为一个组织，管理既追求效果又追求效率。效果指的是"做正确的事"，即做有助于目标实现的事，使所从事的工作和活动有助于组织达到其目标；效率指的是"正确地做事"，即不浪费资源。有效的管理就是要做好对的事。

想一想 1-2

效率与效果比，哪个是第一位的？

（3）管理的手段是职能。管理通过计划、组织、领导、控制和创新这样一系列相互关联的职能，从而来实现如何做好正确的事。

（4）管理的中心是人。管理的对象是以人为中心的组织资源和职能活动的协调，而协调的中心是人。

想一想 1-3

有的管理者认为工作没做好，是因为下属又懒又笨，是下属的责任。此观点是否成立？

（5）管理的目的是有效实现组织目标。管理存在于组织之中，是为实现组织目标而服务的。管理的载体是组织，管理的行为就是促进有效实现组织目标的活动。

因此，管理就是一个过程，管理就是协调。

知识链接

袋鼠与笼子

有一天动物园管理员们发现袋鼠从笼子里跑出来了，于是开会讨论，一致认为是笼子的高度过低。所以他们决定将笼子的高度由原来的 10 米加高到 20 米。结果第二天他们发现袋鼠还是跑到外面来，所以他们又决定再将笼子的高度加高到 30 米。

没想到隔天居然看到袋鼠全跑到外面了，于是管理员们大为紧张，决定一不做二不休，将笼子的高度加高到 100 米。

一天长颈鹿和袋鼠们在闲聊，"你们看，这些人会不会再继续加高你们的笼子？"长颈鹿问。"很难说。"袋鼠们说："如果他们再继续忘记关门的话！"

故事说明，事有"本末"轻重""缓急"，关门是本，加高笼子是末，舍本而逐末，当然就不得要领了。很多人都是这样，只知道有问题，却不能抓住问题的核心和根基。因此，管理就是抓事情的"本末""轻重""缓急"，其目标就是效果和效率。

二、管理的属性

（一）管理的自然属性与社会属性

管理的性质即管理的二重性，是指管理具有自然属性和社会属性，这是马克思主义关于管理问题的基本观点。管理一方面具有与生产力和社会化大生产相联系的自然属性；另一方面，它又具有与生产关系、社会制度相联系的社会属性。

管理的二重性是由生产过程的二重性所决定的。企业的生产过程是生产力和生产关系的统一体，它一方面是物质资料的生产过程，另一方面又是生产关系的再生产过程。在管理实践中，管理的二重性总是结合在一起发挥作用的，而且不同的社会制度，管理的二重性的作用是不尽相同的。

想一想 1-4

管理的二重性对今天的管理有用吗？

（二）管理的科学性与艺术性

管理既是一门科学，又是一门艺术。管理是科学与艺术的统一，是客观规律与主观能动性的统一。

管理是一门科学，是指管理作为一个活动的过程，具有科学的一般特性。管理是人类在长期的社会生产实践活动中，通过收集、归纳、检测数据，提出假设，验证假设，从中抽象总结出一系列反映管理活动过程中客观的管理理论和一般方法。人们利用这些理论和方法来指导自己的管理实践，在此基础上建立了系统化的理论体系，并使得管理活动成为理论指导下的规范化理性行为。因此说，管理是一门科学。

管理的艺术性就是强调其实践性，管理是一种随机的创造性工作，它不像有些科学那样可以单纯通过数学计算去求得最佳答案，也不可能为管理者提供解决问题的具体模式。从这个意义上讲，管理是一门艺术。在管理实践中，应根据组织的不同环境，在管理模式上采用应变性、策略性、创造性的方法来开展工作。

从某种意义上说，管理是用艺术性整合科学性。纵观管理实践和管理理论的发展历程，可以看出管理是从科学性出发，历经艺术性的发展，科学性的加强，又回到艺术性的螺旋上升的过程，虽然在不同时期侧重点不同，但终究是科学与艺术兼具的统一体。管理科学反映管理领域中的客观规律，是一个不断丰富的知识体系；管理艺术则以管理知识和经验为基础，是富有创造性的管理技巧综合。管理者只有既懂得管理科学又有娴熟的管理艺术，才能使自己的管理活动达到炉火纯青的地步。

想一想 1-5

"对于管理来说，实践重于理论，艺术多于科学"这一说法是否科学？

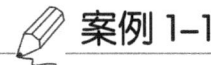

案例 1-1

"卓越服务"理念的衡量标准

甲公司是一家中外合资企业，其总经理由香港投资方担任。这位总经理在物业管理行业是专家中的专家，他秉持着"用卓越的服务不断提升顾客满意度"，并以此作为公司的企业文化。经过两年的运作，他发现部门间在协调、协作上常常产生很多的问题。由于各部门协作上的不良，因此顾客常常对他表达不满意。这些顾客都是在世界级的公司服务，他们对于顾客的服务也都以"世界级顾客服务"为方针，所以他们对物业管理的要求也自然用高标准来衡量。

一次，有位客户打报修电话，电力系统工程部接话员接到这个电话后，派相关人员到达现场，经过检查后，发现问题不是出在他所负责的弱电部分，于是这位工程师给强电主管打电话，而对方的口气颇不友善，并直接答复说，他已经派人检查过，问题应该出在弱电部分，可是这位负责弱电的工程师认为应该出在强电部分，于是双方就开始理论，引起了争吵。由于双方之间的冲突，顾客没有得到及时服务便向公司高管投诉。当公司把强、弱电主管分别找去谈话了解实情时，双方都还在互相推诿，认为应该对方负责。类似这种状况在这家物业管理公司是司空见惯的，如果没有上层主管确定谁应负责，问题的解决就格外的不容易。

当物业公司需要住户填写表格时，行政部门就把此项任务交给前台人员协助办理。而前台人员对此却抱怨连连，由于他们平日工作比较烦琐，工作常要与他人互动，无法专心凝聚思考，对于填写这种表格的事情他们认为其他部门也可协助完成。他们婉拒这项任务并设法推给其他部门人员。前台人员碰到顾客反映某些意见时，他们通常会请顾客打电话直接去找相关人员。他们在为顾客服务上无法落实公司理念。此外，前台与保安部门也存在着一些矛盾，他们之间的沟通及协作有时很困难。

又有一次，财务部的人员在大楼走道上，发现清扫过的水迹未擦干，他们应该通知行政部门的人员注意此事，可是财务部的人员觉得这不是他们的事情，没有及时反映，以致造成了顾客在湿滑的大理石地板上摔倒，受伤的客户要求物业赔偿，甚至扬言不再交物业费以示抗议。这也造成客户对公司的声誉无法认同。还有一次，有客户投诉，工程技术人员在处理客户要求办公室加装空调时，坚持公司原则，态度强硬，没有体谅客户的困难，事后顾客在填写服务反馈表时，表示对服务非常不满意。工程技术人员竟然将表格退还给客户并要求重新填写，理由

是这种反馈会使他的绩效受到影响。因此"卓越服务"的理念成为一种形式、一种表面假象。这位来自香港物业公司的总经理感到压力重重。

（资料来源：http://wenku.baidu.com/view/51af517c31b765ce050814c6.html.）

思考与分析：
（1）管理作用如何体现？
（2）管理的实质是什么？
（3）如何体现管理的科学性与艺术性？
（4）如何解决该公司的管理问题？你有哪些建议？

第二节 管理者

我们知道，管理是在一个组织中进行的，管理的实质是以人为中心的协调活动，因此，要使管理活动有效地实现组织目标，管理者的作用是举足轻重的。

一、管理者概念

在一个组织中，组织成员一般可分为两类，一类是直接从事某项工作或任务的人，这类人不具有监督其他人工作的职责，只对自己的工作负责，如工厂的工人、学校的教师、医院的医生等；另一类是指挥别人活动的人，这类人通过协调他人的努力来使组织活动更加有效并实现组织目标，即要为他人的工作成果负责，如总经理、车间主任等。我们将前者称为操作者，后者称为管理者。管理者及其分类如图1-1所示。

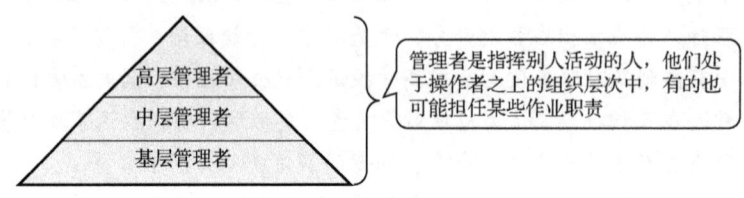

图1-1 管理者及其分类

我们不难看出，管理者拥有监督和指挥权，其工作的性质和内容不外乎计划、组织、领导、控制和创新几个方面，工作责任为对他人的成果负责，工作绩效为对实现组织目标有贡献。

综上分析，我们可得出管理者的定义为：管理者是指在一个组织中，履行管理职能并对实现组织目标负有贡献责任的人。

想一想 1-6

管理者是否一定是领导者？

二、管理者类型

从管理的层级来看，组织中的管理者有如下三类：

一是高层管理者。他们处于组织的最高层，对组织总体目标负全责，主要侧重于沟通组织与外部的联系和决定组织的大政方针，以决策为主要职能，注重良好环境的创造和重大决策的正确性，如公司的董事会主席、总经理、学校的校长等。

二是中层管理者。他们承上启下，处于组织的中间层，是高层管理者决策的执行者，负责确定具体的计划、政策，行使高层授权下的指挥权，并创造性地结合本部门的工作实际，有效指挥各基层管理者开展工作，注重的是日常管理事务，如公司的项目经理、生产处长等。

三是基层管理者，又称一线管理者。他们处于作业人员之上的组织层级，主要职责是直接指挥和监督现场作业人员，保证完成上级下达的各项计划和指令，如生产车间的班组长、连锁餐馆的店长、学校的研究室主任等。

知识链接

丙吉问牛——管理中的大事与小事

有一次，丙吉外出，碰上清理道路而引起的群殴，"死伤横道，吉过之不问"。又走了不远，碰上有人赶牛，牛吐着舌头喘气不已，丙吉立刻停下车马，让手下去问赶牛的人，看看牛走了多少里路了。手下的办事人员感到十分奇怪，责怪丙吉大小事务颠倒，死了人不管，牛喘气却体贴入微。丙吉回答："民斗相杀伤，长安令、京兆尹职所当禁备逐捕，岁竟，丞相课其殿最，奏行赏罚而已。宰相不亲小事，非所当于道路问也。方春少阳用事，未可大热，恐牛近行，用暑故喘，此时气失节，恐有所伤害也。三公典调和阴阳，职当忧，是以问之。"（《汉书·丙吉传》）就是说，对于民众打架斗殴，这是长安县令和京兆地方官员管的事，该禁该抓由他们去办，年终丞相考核优劣，奏请赏罚就足够了。宰相没理由亲自处理小事，所以民众打架斗殴不是当宰相的在道路上应该过问的事情。而现在的时令是初春，未到天热的时候，牛没走多远就喘气，说明时令失常，这就是关系国家生存的大事了。丞相位居三公，主管调和阴阳，职责所在，因而才发问。此话一出，部下服气了。

想一想 1-7

你从这个故事中学到了哪些知识？有什么感悟？

三、管理者素质

管理者素质是指与管理相关的管理者内在的基本属性与质量。管理者素质主要包括品德、业务、工作能力、身体和心理等方面。

（一）品德素质

品德素质主要包括政治思想、价值观念、政策水平、职业道德、工作作风等方面的要求，具体表现在正确的政治观；现代化的管理思想；强烈的事业心、高度的责任感；正直的品质及民主作风过硬；实事求是、勇于创新的精神。

（二）业务素质

管理者应掌握的业务知识包括市场经济的基本运行规律和基本理论，组织管理的基本原理、方法、程序和各项专业管理的基本知识，思想工作、心理学、组织行为学、社会学等方面知识。管理者应该掌握这些业务知识，以便做好员工的思想工作，激发员工士气，协调好人与人之间的关系，充分调动员工的积极性。

（三）工作能力素质

管理者不仅应具有一定的业务知识，还要有较高的工作能力，如较强的分析、判断、概括能力，决策能力，组织、指挥和控制能力，沟通、协调组织内外各种关系的能力，不断探索和创新的能力，以及知人善任的能力。

（四）身体素质

管理者在指挥、协调、组织活动时，要有足够的智慧，也要消耗自身大量的精力，因此，必须有强健的体魄和充沛的精力。

（五）心理素质

面对复杂多变的环境和各种不同类型的人物，管理者要应付自如、游刃有余，除了前面这些素质要求外，还要具备健康的心理素质，如有主见，非武断；有勇气，非鲁莽；有毅力，非固执等。

知识链接

优秀管理者必备的"10Q"

（1）智商（IQ）：是指一种表示人的智力高低的数量指标，也可以表现为一个人对知识的掌握程度，反映人的观察力、记忆力、思维力、想象力、创造力，以及分析问题和解决问题的能力。

（2）情商（EQ）：是指管理自己的情绪和处理人际关系的能力。

（3）逆商（AQ）：是指面对逆境承受压力的能力，或者承受失败和挫折的能力。

（4）德商（MQ）：是指一个人的道德水平或人格品质，其内容包括体贴、尊重、容忍、宽恕、诚实、负责、平和、忠心、礼貌、幽默等各种美德。

（5）胆商（DQ）：是指对一个人胆量、胆识、胆略的度量，体现了一种冒险精神。胆商高的人能够把握机会，该出手时就出手。而大凡成功的商人、政客，都是具有非凡胆略和魄力的。

（6）财商（FQ）：是指理财能力，特别是投资收益能力。财商是一个人最需要的能力，也是最容易被人们忽略的能力。

（7）心商（MQ）：是指维持心理健康，调试心理压力，保持良好心理状况和活力的能力。从某种意义上来讲，心商的高低直接决定了人生过程的苦乐，并主宰了人生命运的成败。

（8）志商（WQ）：是指一个人的意志品质水平，包括坚韧性、目的性、果断性、自制力等方面。如果能在学习和工作中具有不怕苦和累的顽强拼搏精神，就是高志商。

（9）灵商（SQ）：是指对事物本质的灵感、顿悟能力和直觉思维能力。

（10）健商（HQ）：是指个人所具有的健康意识、健康知识和健康能力的反映。

想一想1-8

如果一个人在学习和工作中具有不怕苦和累的顽强拼搏精神，属于"10Q"中哪一商？

四、管理者责任

在一个组织中,管理者拥有指挥他人的权力,也就对下属工作负责的额外责任。下属在工作中出现任何问题,管理者都负有不可推卸的管理责任。对一个管理者来说,要对分管部门或工作的运行结果负责;要对下属人员的工作行为负责;要对分管部门所提供信息的及时性和准确性负责。

管理定律:波特定律——不要总盯着下属的错误。

知识链接

海尔公司的 80/20 原则——管理者的责任

在海尔公司管理中,若员工发生过错,管理者承担 80%责任,操作者承担 20%责任。因为关键的少数人制约着次要的多数人。管理人员是少数,但属于关键性人物;员工是多数,但从管理角度看处于从属地位。从战略目标的确定到计划的制订再到实施控制,都是管理人员的职责。员工干得不好,主要是管理人员指挥得不好;员工的水平反映了管理人员的素质。因此,出了问题就把责任推给下属,是违背管理学基本原则的行为。

(资料来源:颜建军,胡泳.海尔中国造[M].海口:海南出版社,2002.)

五、管理者技能

每一位管理者都在自己的组织中从事某一方面的管理工作,对工作都具有一定的责任。因此不论属于何种类型、处于什么层次的管理者,都要具备一些管理技能。究竟要具备哪些技能,管理学家们提出了许多说法,其中美国学者罗伯特·卡茨提出的观点最具代表性。他认为管理者要具备三种技能:技术技能、人际技能和概念技能。

(一)技术技能

技术技能是指对某一专业领域内有关的工作程序、技术和知识的熟悉和掌握,并完成组织任务的能力。对于管理者来说,虽然不一定要成为精通某一行业、某一领域的专家,但必须懂行,必须具备一定的技术技能。技术技能对于基层管理者而言,尤为重要。

(二)人际技能

人际技能是指处理人际关系的能力。对一个组织的管理者来说,不可避免地要与人沟通,处理与上级、同级和下级的关系。因此,管理者要具有说服上级、团结同级、带动下级工作的能力。同时,还要能够协调组织与外界的关系。人际技能对于各个层级的管理者都是必备的。

管理定律:同仁法则——把员工当合伙人。

(三)概念技能

概念技能是指管理者对组织及组织所处环境复杂性的洞察、分析、判断、抽象和应变能力。管理者面对复杂的环境变化时,根据自己的思考、理解和判断,迅速做出有利于组织发展的决策。概念技能的核心是观察力和思维力。组织的高层管理者必须具备此项技能,因为这种能力对于组织的战略决策和全局发展具有十分重要的意义。

以上三种技能是任何层次的管理者都要具备的。只是随着管理者的管理层次的变化而有所不同，如图 1-2 所示。一般来说，对于高层管理者，概念技能和人际技能最为重要，技术技能要求相对低一些；对于中层管理者，人际技能最为重要，因为他们的管理职责主要表现为执行与协调，概念技能和技术技能居中；对于基层管理者，技术技能最为重要，因为他们的主要职责是现场指挥和监督，若没有很强的技术技能，就难以胜任管理工作，人际技能也是非常有益的，但概念技能的要求则相对较低。

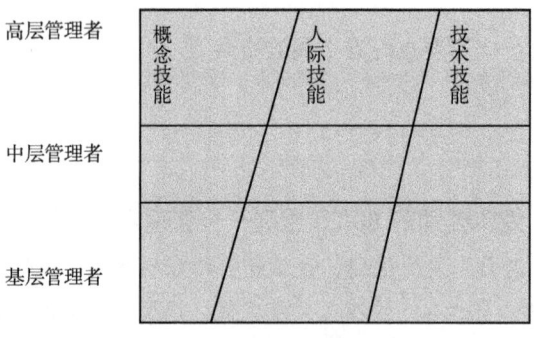

图 1-2 管理层次与管理技能

六、管理者角色

大家都知道，每个人都有很多角色。在父亲面前是儿子（女儿），在妻子（丈夫）面前是丈夫（妻子），在孩子面前是父亲（母亲），在朋友面前是好友。如果一个人不能准确地扮演自己的角色，人们就会说他"不识相"。"不识相"中的"相"就是角色。这个角色不是你自己认为的，而是别人怎么看你。你认为自己是什么角色不重要，关键是别人认为你现在是什么角色。生活中扮错角色会发生误会，工作中扮错角色就会很可怕。连自己的角色都不清楚，怎么能说对话、做对事。

对于组织的管理者，在下属面前代表公司，在上司面前代表下属，在其他部门同僚面前代表自己所在的部门。因此对管理者的研究，除了从职能的角度进行研究外，还有一些学者从管理者角色的角度进行研究。在这些研究中，最具代表性的研究是 20 世纪 70 年代经理角色学派创始人亨利·明茨伯格的研究，他选择了分别来自大型咨询公司、医院、学校、高科技公司和日用消费品制造商五位总经理，仔细地观察和研究他们到底是做什么的、怎么做的、为什么要这样做。结果发现，经理们并没有按照人们通常认为的那样按职能来工作，而是在扮演十种不同的但高度相关的角色，而这十种角色可归纳为三大类，即人际关系方面的角色、信息方面的角色和决策方面的角色。

（一）人际关系方面的角色

人际关系方面角色是直接通过管理者正式的权力产生的，包含了人际间及其他礼仪性和象征性的职责，其中包括挂名首脑角色、领导者角色和联络者角色。

（1）挂名首脑角色。这是经理所担任的最基本的角色，作为组织的首脑，必须履行许多法律性或社会性的例行义务，如主持一些仪式、接待重要的访客、签署法律文件等，它们对组织能否顺利运转非常重要，不能被忽视。

（2）领导者角色。由于管理者是一个企业的正式领导，要对该组织成员的工作负责，在这一点上就构成了领导者的角色。例如，管理者通常负责雇佣和培训职员，负责对员工进行激励或引导，以某种方式使他们的个人需求与组织目的达到和谐。

（3）联络者角色。这指的是经理同他所领导的组织以外的无数个人或团体维持关系的重要网络。联络者角色是专门用于建立管理者自己的外部信息系统的，通常都是通过参加外部的各种会议、参加各种公共活动和社会事业来实现的。

（二）信息方面的角色

信息方面的角色要确保管理者和其一起工作的人具有足够的信息，从而能够顺利完成工作，包括监听者角色、传播者角色和发言人角色。

（1）监听者角色。作为监听者，管理者为了得到信息而不断审视自己所处的环境。他可询问联系他人和下属，通过各种内部事务、外部事情和分析报告等主动收集信息。

（2）传播者角色。管理者必须分享并分配信息，要把外部信息传递到企业内部，把内部信息传给更多的人知道。当下属彼此之间缺乏便利联系时，管理者有时会分别向他们传递信息。

（3）发言人角色。这个角色是面向组织外部的。管理者要对外传递关于本组织的计划、政策和成果信息，使得那些对企业有重大影响的人能够了解企业的经营状况。例如，首席执行官召开董事会，还要履行组织的社会责任等。

（三）决策方面的角色

决策方面的角色要处理信息并得出结论，包括企业家角色、混乱驾驭者角色、资源分配者角色和谈判者角色。

（1）企业家角色。企业家角色指的是经理在其职权范围之内充当本组织变革的发起者和设计者。管理者必须努力组织资源去适应周围环境的变化，要善于寻找和发现新的机会。

（2）混乱驾驭者角色。当组织面临重大的、意外的混乱时，混乱驾驭者角色要负责采取措施制止混乱。

（3）资源分配者角色。资源分配者角色要负责在组织内分配各种资源，负责设计组织的结构，分配下属的工作。在这个角色里，重要决策在被执行之前，首先要获得管理者的批准，这能确保决策是互相关联的。

（4）谈判者角色。管理者要不停地进行各种重大的、非正式化的谈判。一方面，因为管理者的参加能够增加谈判的可靠性，另一方面因为管理者有足够的权力来支配各种资源并迅速做出决定。谈判是管理者不可推卸的工作职责，是工作的主要部分。

想一想 1-9

如果你是班长，你会如何扮演好在班级管理工作中的角色？

案例 1-2

马丁吉他公司

马丁吉他公司成立于 1833 年，位于宾夕法尼亚州拿撒勒市，被公认为世界上最好的乐器制造商之一，就像 Steinway 的大钢琴、Rolls-Royce 的轿车，或者 Buffet 的单簧管一样，马丁吉他每把价格超过 10 000 美元，它是你能买到的最好的东西之一。这家家族式的企业历经艰难岁月，已经延续了六代。目前的首席执行官是克里斯琴·弗雷德里克·马丁四世，他秉承了吉他的制作手艺。他甚至遍访公司在全世界的经销商，为它们举办培训讲座。很少有哪家公司像

马丁吉他公司一样有这么持久的声誉,那么,马丁吉他公司成功的关键是什么?一个重要原因是马丁吉他公司的管理和杰出的领导技能,它使组织成员始终关注像质量这样的重要问题。

马丁吉他公司自创办起做任何事都非常重视质量。虽然近年来在产品设计、分销系统及制造方法方面发生了很大变化,但马丁吉他公司始终坚持对质量的承诺。马丁吉他公司在坚守优质音乐标准和满足特定顾客需求方面的坚定性渗透到公司从上到下的每一个角落。不仅如此,马丁吉他公司在质量管理中长期坚持生态保护政策。因为制作吉他要用到天然木材,马丁吉他公司非常审慎和负责地使用这些传统的天然材料,并鼓励引入可再生的替代木材品种。基于对顾客的研究,马丁吉他公司向市场推出了采用表面有缺陷的天然木材制作的高档吉他,然而,这在其他厂家看来几乎是无法接受的。

马丁吉他公司使新老传统有机地整合在一起。虽然设备和工具逐年更新,雇员始终坚守着高标准的优质音乐原则。所制作的吉他要符合这些严格的标准,要求雇员极为专注和耐心。家庭成员弗兰克·亨利·马丁在1904年出版的公司产品目录的前言里向潜在的顾客解释道:"怎么制作具有如此绝妙声音的吉他并不是一个秘密。它需要细心和耐心。细心是指要仔细选择材料,巧妙安排各种部件,关注每一个使演奏者感到惬意的细节。所谓耐心是指做任何一件事都不要怕花时间。在劣质产品的价格下,是造不出优质吉他的。但是谁会因为买了一把价格不菲的优质吉他而后悔呢?"虽然100年过去了,但这些话仍然是马丁吉他公司理念的表述。

虽然马丁吉他公司深深地植根于过去的优良传统,现任首席执行官却毫不迟疑地推动公司朝新的方向发展。例如,在20世纪90年代末,他做出了一个大胆的决策,开始在低端市场上销售每件价格低于800美元的吉他。低端市场在整个吉他产业的销售额中占65%。公司DXM型吉他是1998年引入市场的,虽然这款产品无论外观、品位和感觉都不及公司的高档产品,但顾客认为它比其他同类价格的绝大多数吉他产品的音色都要好。马丁为他的决策解释道:"如果马丁吉他公司只是崇拜它的过去而不尝试任何新事物的话,那恐怕就不会有值得崇拜的马丁吉他公司了。"

马丁吉他公司现任首席执行官的管理表现出色,销售收入持续增长,在2000年接近6亿美元。马丁吉他公司的制造设施得到扩展,新的吉他品种不断推出。雇员们描述他的管理风格是友好的、事必躬亲的,但又是严格的和直截了当的。虽然马丁吉他公司不断将其触角伸向新的方向,但却从未放松过要尽其所能制作顶尖产品的承诺。在马丁的管理下,这种承诺决不会动摇。

(资料来源:S.P.Robbins and M.Coulter.Management 7th ed.Prentice Hall,Inc.2002,P23-24.)

思考与分析:

(1)根据卡特兹的三大技能理论,你认为哪种管理技能对马丁最重要?解释你的理由。

(2)根据明茨伯格的管理者角色理论,说明马丁在分别扮演什么管理角色。

① 当马丁访问马丁吉他公司世界范围的经销商时;

② 当马丁评估新型吉他的有效性时;

③ 当马丁使员工坚守马丁吉他公司的长期原则时。

(3)马丁宣布:"如果马丁吉他公司只是崇拜它的过去而不尝试任何新事物的话,那恐怕就不会有值得崇拜的马丁吉他公司了。"这句话对全公司的管理者履行计划、组织、领导、控制职能意味着什么?

课堂讨论

如何做一个优秀的管理者

孔子的一位朋友要出任地方的行政长官了,就跑来问孔子:"孔子啊孔子,你是一位智者,你说我这个地方行政长官该怎么当啊?"孔子说:"老朋友啊,搞管理很容易,也很不容易,我只能告诉你九个字,'先有司,赦小过,举贤才。'"

请讨论:
(1)你如何理解和领悟"先有司,赦小过,举贤才"的内涵。
(2)假定你是一名管理者,这个例子对你有什么启发。

第三节 管理系统

所谓系统是由若干个相互联系、相互作用的要素组成的有机整体。如果我们用系统论的观点来看待管理问题,那么管理就是一个完整的系统。

一、管理系统概念

管理系统是由若干个相互联系、相互作用的要素和子系统,按管理的整体功能和目标需要结合而成的有机整体。任何管理都是一个系统,管理者必须从系统的观念出发,整体地、联系地观察、分析和解决管理问题。

二、管理系统构成

(一)管理目标

在一个组织中,要想使管理有效地进行,首先必须确定目标,而管理的最终目的是有效果和有效率地达成组织目标。因此管理目标是管理系统建立与运行的出发点和归宿点。

(二)管理主体

管理主体即管理者,是管理中最核心、最重要的因素。管理目标是由管理者通过有效的资源配置,充分调动和激励下属的积极性而共同达成的。

(三)管理对象

管理对象又称管理客体,是指管理者为实现管理目标,通过管理行为作用于其上的客体。管理总是对一个群体或组织实施的,因此,管理对象首先是指具有不同功能、不同类型的各种组织。这些组织为了实现其目标,必须拥有一定的资源和要素。从组织内部来说,其要素主要有人员、资金、物资、设备、信息和技术等。管理者通过管理职能的发挥,对组织内的各种资源进行配置和协调。

（四）管理机制

1. 管理机制的内涵

机制原本是指机器的构造及工作原理。组织实际上就是一部运行的机器，当然就必须有组织管理系统的结构及运行机制。管理机制是指管理系统的结构及运行机理，它包括运行机制、动力机制和约束机制三个主要方面。管理机制在管理系统中具有极为关键的作用，它是决定管理功效最关键、最核心的因素。

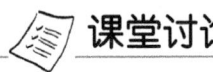

七人分粥

七人小团体，各人权利相互平等。要在没有称量用具情况下分食一桶粥，以解决每天的吃饭问题，更要命的问题是，粥每天都是不够的，怎么办？

方案一：七人轮流分；

方案二：推选好人分；

方案三：委员会制度分；

方案四：大家参与、抓阄决定分；

方案五：大家轮值、分者最后取。

请讨论：

（1）上述几个备选方案中，你认为哪一个是最佳方案？为什么？

（2）这个案例说明了什么道理？

2. 管理机制的构成

管理机制是以客观规律为依据，以组织结构为基础，由若干个子机制有机组合而成的。因此管理机制包括以下几个方面。

（1）运行机制：是组织中最基本的管理机制，是管理机制的主体。运行机制主要是指组织基本职能的活动方式、系统功能和运行方式。任何组织，大到一个国家，小到一个企业、单位部门，都有其特定的运行机制。

（2）动力机制：是指管理系统动力的产生与运作的机理。动力机制为管理系统运行提供动力。动力机制主要有三个方面：一是利益驱动，人们会在物质利益的吸引下，采取有助于组织功能实现的行动，从而有效推动整个系统的运行；二是政令推动，管理者凭借行政权威，强制性地要求被管理者采取有助于组织功能实现的行动，以此推动整个系统的运行；三是社会心理推动，管理者利用各种管理手段或措施，对被管理者进行有效的教育和激励，以调动其积极性，使其自觉自愿地努力实现组织目标。

（3）约束机制：是指对管理系统行为进行限定与修正的机制，其功能是保证系统正常运行以实现组织目标。约束机制主要包括以下几个方面的约束因素。

一是权力约束，权力约束具有双重性。一方面，利用权力对系统运行进行约束，如下达保证实现目标的命令；另一方面，要对权力的拥有与运用进行约束，以保证正确地使用权力。失去约束的权力是危险的权力。

二是利益约束。以物质利益为手段，对运行过程施加影响，奖励有助于目标实现的行为。

惩罚偏离目标的行为，以实现对不合规行为的限定与修正。

三是责任约束，主要通过明确相关系统及人员的责任，来限定或修正系统的行为。

四是社会心理约束，主要是指运用教育、激励和社会舆论、道德与价值观等手段，对管理者及有关人员的行为进行约束。

管理定律：坠机理论——依赖"英雄"不如依赖机制。

 想一想 1-10

如何从机制上让三个和尚有水喝呢？

三、管理环境

管理环境是指影响管理功效和管理实施的各种条件、力量和因素的总和。任何组织都不是独立存在、自我封闭的。组织的管理工作实际上是在一个开放的系统里展开的，管理者必须时刻明智地对周围环境的变化做出反应。

1. 管理环境的分类

管理环境一般可分为组织内部环境和组织外部环境。组织内部环境主要是指组织履行基本职能所需的各种资源与条件，还包括人员的社会心理因素、组织文化因素等。就企业组织而言，其资源包括有形资源（如财务资源、实物资源）和无形资源（如技术资源、声誉、品牌及人力资源）。组织外部环境又分为一般环境和具体环境。一般环境又称宏观环境，是指对某一特定社会中所有组织都发生影响的环境因素，包括经济、政治和法律、社会和文化、自然环境等各方面要素。具体环境又称直接环境或任务环境，是指直接与组织发生联系的那些环境要素，包括竞争对手、顾客、资源的供应者、政府部门和其他利益群体等。

知识链接

三个老汉聊天

话说某一天有三个老汉在一起聊天，聊着聊着就聊到了皇帝身上。

第一个是个拾粪的，他说："如果我当了皇帝，我就下令把这条街上的马粪全部归我，如果谁去拾了这条街上的马粪，就会有公差来抓他。"

第二个是个砍柴的，他瞪了第一个老汉一眼说："你就知道拾粪，皇帝拾粪干啥？如果我当了皇帝，我就打一把金斧头，天天用金斧头去砍柴。"

第三个是个讨饭的，他听完后哈哈大笑，眼泪都笑出来了。他说："你们两个真有意思，都当皇帝了，还用得着干活吗？要是我当了皇帝，我就天天坐在火炉边吃烤红薯。"

就这样，他们越说越起劲。但是，他们就是想坏了脑子，也不知道皇帝是如何生活的。

这个故事告诉人们，环境不同，管理的目标和手段就会有很大的变化。

2. 环境对组织管理的影响

作为组织的管理者必须了解和熟悉环境对组织目标实现的重要影响。尤其是组织所面临的大环境是组织无法控制的，只有主动地适应它。

（1）政治环境：是指对组织行为产生强制或制约因素的各项方针、政策、法律、法规、政府条例等。政治环境对一般组织的影响主要表现在地区政局的稳定性和政府对各类组织或活动的态度上。

知识链接

哈默的生财之道

19世纪中期，美国一些地方的居民开始寻求以法律手段制裁酒徒。这种呼声渐渐得到了全国范围的居民的呼应，特别是以维护传统家庭为己任的妇女。1919年美国国会通过宪法第18号修正案，也就是《全国禁酒令》，规定自次年起正式生效。

哈默1931年从苏联来到美国时，正是富克兰林·罗斯福竞选总统的时候。哈默深入研究了当时美国的国内形势，分析结果认定罗斯福会掌握美国政权，而罗斯福曾经在竞选纲领中提过要废除《全国禁酒令》。

哈默认为，一旦罗斯福新政得势，1920年公布的禁酒令就会废除，为了解决全国对啤酒和威士忌酒的需求，市场将急需空前数量的酒桶。哈默在苏联住了多年，十分清楚苏联人有制作酒桶用的白橡木可供出口。于是，他毅然决定向苏联订购几船木板，并在纽约码头附近设立一间临时性的酒桶加工厂，后来又在新泽西州建造了一个现代化的哈默酒桶厂。当哈默的酒桶从生产线上滚滚而出的时候，正好是罗斯福掌握总统大权和废除禁酒令的时候，人们对啤酒和威士忌酒的需求急剧上升，各酒厂的生产量也随之直线上升。哈默的酒桶成为抢手货，获得了可观的盈利。

（2）经济环境：是指构成企业生存和发展的社会经济状况，即国家的经济政策，包括社会经济结构、经济体制、宏观经济政策、生产力布局等。

（3）社会环境：是指人们在一定的社会环境中成长和生活，久而久之所形成的某种特定的信仰、价值观念、消费方式、生活方式、职业与教育程度、社会道德风尚等。

知识链接

对症下药

一艘船经过太平洋时，不小心碰到暗礁，开始下沉，而船上几位来自不同国家的商人正在开会。"去告诉这些人，穿上救生衣跳到水里去，快！"船长命令他的副手。

几分钟后，船长的副手急急忙忙回来报告："他们都不愿意往下跳。"船长只好亲自去劝说。一会儿，船长回来了，告诉副手，他们都跳下去了。副手很好奇地问船长是怎么说服他们的。

"哦，我只是对英国人说，那是一项体育锻炼；对法国人说，那是一件很潇洒的事情；对德国人说，那是一项命令；对苏联人说，那是革命行动。"

"那您怎么让美国人跳下去的？"副手问。"我对他说，他已经上保险了。"

（4）技术环境：任何组织都与一定的技术存在稳定联系，技术是组织为社会服务或贡献的手段，技术环境不仅直接影响企业内部生产与经营，同时还与其他环境因素相互依赖、相互作用。

想一想1-11

新技术革命给你的生活带来了哪些变化？

（5）自然环境：是指能够影响社会生产过程的自然因素，包括组织所在地区的位置、气候条件、资源等。对于企业来说，自然环境是影响其生产经营活动的至关重要的因素。

知识链接

上偷天时，下偷地利

明朝时候，南安县丰州西边某村有个寡妇生了个遗腹子，取名叫苏文。寡妇对苏文事事迁就，处处溺爱。苏文从小娇生惯养，长大后不求上进、游手好闲、偷鸡摸狗。眼看苏文成了浪荡儿，母亲心里十分焦急。

一天，母亲恳切地对苏文说："听说丰州桃源村傅裕是一个大富人。你何不前去向他求教，学点发家致富的本领？"

苏文听从母亲的劝说，向东走了十多里路来到傅裕家，一进门就向主人说明来意。傅裕谦虚地说："我的发家之道归纳起来就是一个字、两句话。一个字是'偷'，两句话……"苏文没等他说完就站起来，边往外跑边叫喊着："我完全明白了！原来如此呀！"

苏文回家后，自以为从傅家取到了"真经"，不劳而获的思想越来越严重，偷窃的胆量也比以前更大了。一日，苏文大白天破门入屋偷窃一富人家的金银财宝时，被主人当场抓获，连人带赃扭送南安县衙。

知县老爷升堂后，苏文狡辩说："此皆桃源傅裕教唆，小民无知，深受其害。"知县听后，立即派差役去带傅裕到公堂对质。不久，傅裕被带上公堂。

傅裕大声说："小民实在是冤枉呀。那天，苏文来到寒舍，问我发家之道。我归纳为：一个字'偷'，两句话'上偷天时，下偷地利'。谁知苏文只听到一个'偷'字，就赶快跑回家了。"

知县觉得事有蹊跷，又再追问："你把一个字和两句话细细地说来听听。"

傅裕胸有成竹地说："一个字'偷'，就是'善于利用'的意思。我掌握一年二十四个节气的规律，适时播种、中耕和收成，使五谷丰收，增加经济收入，这叫'上偷天时'。"

"我在草埔饲鸡、水沟养鸭、池塘放鱼、草场放牧牛羊、山坡种果造林，合理利用自然条件创造财富，这叫'下偷地利'。"

知县听罢傅裕的陈述，感到新奇独创，情不自禁地说："巧偷智取，何罪之有？治家有方，名不虚传。苏文不听，罪责自负。"

苏文听了，身软骨散，无奈地哀叹："聪明反被聪明误。早知如此，何必当初！"

四、管理职能

管理职能是管理者在实施管理过程中所发挥的作用或功能。管理者从职能的角度出发，可将管理活动分为计划、组织、领导、控制和创新的主要职能过程，这是管理界普遍接受的观点。

（一）计划

计划职能是指管理者为了实现组织目标对未来行动所做的谋划和安排。计划是管理的起点。在组织管理活动中，管理者最首要的工作就是要确定目标，目标明确后，拟定科学可行的计划方案。目标反映了组织活动的未来终点，指出了我们将要"到哪里去"，而计划将告诉我们如何才能到达目的地。

（二）组织

管理的载体是组织。为了实现计划活动所确定的目标，在实施计划活动所制订的行动方案时，管理者必须分析要进行哪些必要的活动，这些活动如何分类和组合，由谁来完成这些活动，这些人员如何配备，职位由谁来做，拥有哪些职权，在什么层级上做出管理决策，谁向谁负责报告等。这些活动便形成了组织职能的内容。

（三）领导

虽然有了目标和计划，组织也规定了任务和分工，但要想有效地实现目标，还必须有具有一定影响力的人来引导、带领和激励。人是组织活动中唯一具有能动性的因素。为了最大限度地发挥人的这种能动性，营造一种高昂的士气和氛围，管理者必须运用各种适当的方法，对组织成员施加影响，这就是领导所要完成的任务。

（四）控制

为了确保组织目标按计划实现，管理者必须随时随地对组织各项活动的进展情况进行检查和监督，发现或预见偏差后应及时地采取措施予以纠正，这就是管理的控制职能。

（五）创新

创新是管理的基本职能，任何组织系统的管理工作无非就是两种形态：维持或创新。创新是一种思想，并要在这种思想引导下通过实践来完成。如果组织想获得更多利益和潜在资源，就必须进行创新活动，从而达到提高组织的效率和节约资源的目的。

管理的职能学说，对研究庞大的管理活动和管理系统提供了理论和知识架构，不论何种组织，他们的管理活动都可以通过管理的职能发挥，有效地达成其目标。当然，尽管从理论研究上管理的各职能之间有一定的逻辑顺序，但在现实中并不是完全按照计划、组织、领导、控制的顺序来进行管理。

想一想 1-12

请问管理的这些职能之间存在着怎样的关系？

案例 1-3

RT 医院的现代管理启蒙

在北京，RT 医院是一所以眼科闻名中外的百年老"店"，走进该医院的行政大楼，其大堂的指示牌上却令人诧异地标明：五楼 MBA 办公室。目前，该医院已经从北大、清华聘请了 11 位 MBA，另外还有一名学习会计的研究生，而该医院的常务副院长就是一位留美的 MBA。

根据我国加入世贸组织达成的协议，2003 年，我国将正式开放医疗服务业。2002 年初，圣新安医院管理公司对国内数十个城市的近 30 家医院及其数千名医院职工进行了调查访谈，得出的结论：目前，国内大部分医院还处于极低层次的管理启蒙状态，绝大多数医院并没有营销意识，普遍缺乏现代化经营管理常识。更为严峻的竞争现实是：医院提供的服务不能单纯地通过营销来扩大市场规模——医院不能指望通过市场手段刺激每年病人数量的增长。

RT 医院显然是同行中的先觉者。2002 年，医院领导层在职代会上对医院的管理做过"诊断"：

行政编制过大、员工队伍超编导致流动受限；医务人员的技术价值不能得到体现；管理人员缺乏专业培训，管理方式、手段滞后，经营管理机构力量薄弱。同时，他们开出"药方"：引入MBA，对医院大手笔改造，涉及岗位评价及岗位工资方案、医院成本核算、医院工作流程设计、经营开发等。

目前，国内几乎所有的医院都没有利润的概念，只计算年收入。但在国外，一家管理有方的医院，其利润率可高达20%。这也是外资企业对国内医疗市场虎视眈眈的重要原因。

RT医院要在医院中引入现代市场营销观念、启动品牌战略和人事制度改革。树立"以病人为中心"的服务观念：以病人的需求为标准，简化就医流程，降低医疗成本，改善就医环境；建立长期利润观念，走质量效益型发展的道路；适应环境、发挥优势、实行整合营销；通过扩大对外宣传、开展义诊咨询活动、开设健康课堂等形式，有效扩大潜在的医疗市场。

RT医院所引进的MBA背景各异，绝大多数都缺乏医科背景。他们能否胜任医院的管理工作？医院职业化管理至少包括了市场营销管理、人力资源管理、财务管理、科研教学管理、全面医疗质量管理、信息策略应用及管理、流程管理等七个方面的内容。这些职能管理与医学知识相关但非医学专业。

RT医院将MBA"下放"到手术室，三个月之后都调回科室，单独辟出MBA办公室，以课题组的形式，研究医院的经营模式和管理制度。对于医院引入的企业化管理，主要包含医院经营战略、医疗市场服务营销、医院服务管理、医院成本控制、医院人力资源、医疗质量管理、医院信息系统和医院企业文化等多部分研究内容。其中，医院成本控制研究与医院人力资源研究是当务之急。

几乎所有的中国医院都面临着成本控制的难题，如何堵住医院漏洞，进行成本标准化设计，最后达到成本、质量效益的平衡是未来中国医院成本控制研究的发展方向。另外，现有医院的薪酬制度多为"固定工资＋奖金"的模式，而由于现有体制的限制，并不能达到有效的激励效果，医生的价值并没有得到真实的体现，导致严重的回扣与红包问题。如何真正体现员工价值，并使激励制度透明化、标准化成为当前首先要解决的问题。

这一切都刚刚开始。指望几名MBA就能改变中国医院管理的现状是不可能的。不过，医院管理启蒙毕竟已经开始，这就是未来中国医院管理发展的大趋势。

思考与分析：
（1）结合案例说明你对管理及管理职能的理解。
（2）RT医院为什么要引进如此多的MBA？
（3）你认为MBA能否胜任医院的管理工作？

知识小结

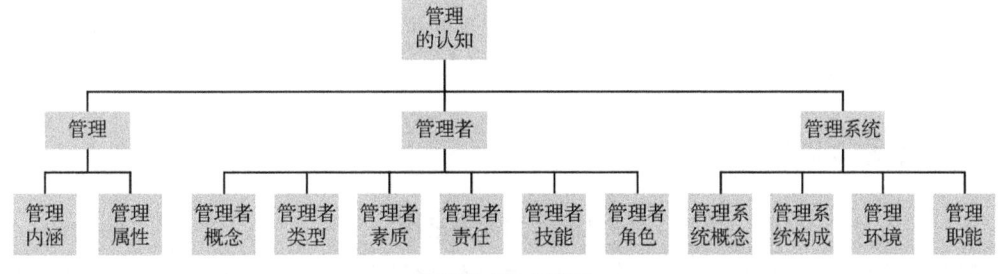

本章重点知识架构

技能训练

角色模拟

【目标与情景】

目标：增强对管理者知识的感性认识和实际运用能力

情景：NM公司的利润在过去的一年里一直在下降，尽管在同一时期，同行们的利润在不断上升。公司总裁先生非常关注这个问题，为了找出利润下降的原因，他花了几周的时间考察公司的各个方面。接着，他决定召开各部门经理人员会议，把他的调查结果和他得出的结论连同一些可能的解决方案告诉他们。

总裁说："我们的利润一直在下降，我们正在进行的工作大多数看来也都是正确的。比方说，推销策略帮助公司的利润保持在同行中应有的份额。我们的产品和竞争对手一样好，我们的价格也不高，公司的推销工作看来是有成效的，我认为还没必要改进什么"。他继续评论道："公司有健全的组织结构、良好的产品研究发展规划，公司的生产工艺在同行中也占领先地位。可以说，我们的处境良好。然而，我们的公司却又面临这样的严重问题。"

会内的每个人都有所期待的倾听着。总裁开始讲到了劳工关系："像你们所知道的那样，几年前，在全国劳工关系局选举中，工会没有取得谈判的权利。一个重要的原因是，我们支付的工资一直不低于工会提出的工资率。从那以后，我们继续给员工提高工资。问题在于，没有维持相应的生产率。车间工人一直没有能生产出足够的产品，可以把利润维持在原有的水平上。"总裁喝了点水，继续说："我的意见是要回到第一个原则。我们的公司是为股东创造财富的，不是工人的俱乐部。公司要生存下去，就必须要创造利润。我在上大学时，管理学教授们十分注重科学管理先驱们为获得更高的生产率所使用的方法，这就是为了提高生产率广泛的采用了刺激性工资制度。在我看来，我们可以回到管理学的第一原则去，如果工人的工资取决于他们的生产率，那么工人就会生产出更多的产品。管理学先辈们的理论在今天同样在指导我们的工作。"

（资料来源：张亚.管理学——原理与实务[M].北京：北京理工大学出版社，2009.）

【模拟训练】

（1）同学们自由组合成若干个小组，讨论下列问题：

① NM公司利润低的原因是什么？难道只是总裁分析的那样吗？

② 你怎样评价总裁的解决方案？如果你是公司的总裁，你应该如何应对？将采取什么措施来提高生产率？

（2）每小组推荐一名代表上台扮演公司总裁，发表演讲，你认为应该采取什么措施来应对公司面临的问题，以及应该如何通过改进管理来提高生产率。其他同学扮演公司的职工和管理者，提出相关的问题。

拓展训练

一次重大的人事任免

某钢铁公司领导班子会议正在研究一项重大的人事任免案。总经理提议免去公司所属的、有2 000名职工的主力厂——炼钢一厂厂长姚某的厂长职务,改任公司副总工程师,主抓公司的节能降耗工作;提名炼钢二厂党委书记林某为炼钢一厂厂长。姚某、林某二人都是公司的老同志了,从年轻时就在厂里工作,大家对他们的情况可以说是了如指掌。

姚某,男,48岁,中共党员,高级工程师。20世纪60年代从南方某冶金学院毕业后分配到炼钢厂工作,一直搞设备管理和节能技术工作,勤于钻研,曾参与主持了几项较大的节能技术改造,成绩卓著,在公司内引起较大震动。1983年,他晋升为工程师,先被任命为炼钢一厂副总工程师,后又任生产副厂长,1986年起任厂长至今,去年被聘为高级工程师。该同志属于技术专家型领导,对炼钢厂的生产情况极为熟悉,上任后他对炼钢一厂能源消耗指标的降低起了巨大的推动作用。他工作勤勤恳恳,炼钢转炉的每次大修理他都亲临督阵,有时半夜入厂抽查夜班工人的劳动纪律,白天花很多时间到生产现场巡视,看到有工人在工作时间闲聊或乱扔烟头总是当面提出批评,事后通知违纪人所在科室按规定扣发奖金。但群众普遍反映,姚厂长一贯不苟言笑,没听姚厂长和他们谈过工作以外的任何事情,更不用说和下属开玩笑了。他到哪个科室谈工作,一进办公室大家的神情便都严肃起来,犹如"一鸟入林,百鸟压音",大家都不愿和他接近。对他自己特别在行的业务,有时甚至不事先征求该厂总工程师的意见,直接找下属布置工作,总工程师对此已习以为常了。姚厂长手下几位很能干的"大将"却没有发挥多大的作用。据他们私下说,在姚厂长手下工作,从来没受过什么激励,特别是当他们个人生活有困难需要厂里帮助时,姚厂长一般不予过问。用工人的话说是"缺少人情味。"久而久之,姚厂长手下的骨干都没有什么积极性了,只是推推动动,维持现有局面而已。

林某,男,50岁,中共党员,高中毕业。在基层工作多年,前几天才转为正式干部,任车间党支部书记。该同志脑子灵活,点子多,宣传、鼓动能力强,具有较突出的工作协调能力。1984年出任炼钢二厂厂办主任,1986年调任公司行政处副处长,主抓生活服务,局面很快被打开。1988年炼钢二厂党委书记离休,林某又回炼钢二厂任党委书记。林某长于做人的工作,善于激励部下,据说对行为科学很有研究。他对下属非常关心,周围的同志遇到什么难处都愿意和他说,只要是厂里该办的,他总是很痛快地给予解决。民主作风好,工作也讲究方式、方法,该他做主的事从不推三阻四。由于他会团结人(用他周围同志的说法是"会笼络人"),工作能力强,因此在群众中享有一定的威望。他的不足之处是学历低,工作性质几经变化,没有什么专业技术职称(有人说他是"万金油"),对工程技术理论知之不多,也没有独立指挥生产的经历。

姚某、林某二人的任免事关炼钢一厂的全局工作,这怎么能不引起公司领导们的关注。公司领导们心里在反复掂量,考虑着对炼钢一厂厂长任免这一重大人事变动提议应如何表态。

(资料来源:官灵芳,等.现代企业管理[M].北京:北京理工大学出版社,2009.)

思考与分析:

(1)用本章的有关管理者理论,分析两位厂长的基本素质和管理技能。

(2)对姚某、林某二人的任免是否合适?理由是什么?

第二章

管理今昔

 学习目标

通过本章学习，掌握以下内容：
1. 了解管理思想的发展历程
2. 掌握古典管理理论的主要贡献
3. 了解人际关系学说的主要观点
4. 掌握管理理论丛林中最有代表性的观点
5. 了解企业流程再造和战略管理
6. 掌握如何建立公司文化
7. 掌握如何建立学习型组织

案例导入

《西游记》里看管理

四大名著之一的《西游记》讲述了师徒四人西天取经的故事，师徒四人之所以能够成功取到真经，这与师父唐僧的管理是分不开的。

为完成取经大任，在观音菩萨的安排下，唐僧成立了取经团队。以现在的眼光看来，这或许是中国古代配合最好、最成功的团队。团队成员包括唐僧、孙悟空、猪八戒、沙僧。其中唐僧是项目经理、孙悟空是技术核心、猪八戒和沙和尚是普通团员。而远在天庭的观音菩萨则是这个团队的高层领导者兼技术顾问。

唐僧作为项目经理，有很坚韧的品性和极高的原则性，取经路上虽然有诸多妖魔鬼怪、美女画皮，但他一心向佛、毫无动摇、不达目的誓不罢休。同时，他很得上司的支持和赏识，出发伊始，他便得到了唐太宗的任命，既有御赐袈裟，又有讨饭金碗。后来，他又得到了以观音菩萨为首的各路神仙的广泛支持和帮助。

在这个团队中，孙悟空无疑是员干将。悟空有能力、有才干、有思想，对整个取经事业有自己的理解。每当唐僧遇到危险时，悟空便手提金箍棒、脚踏筋斗云，与妖精大战，常常只几个回合便把妖魔鬼怪打得落花而逃，因此，他是技术核心。他的交际范围还非常广泛，有如来佛祖、玉皇大帝、阎罗王、各界仙魔等，公共关系都搞得非常之好，而且很善于利用这些"关系"。

悟空的缺点是"猴急"，性格极为放荡，回想他大闹天宫的历史，恐怕作为普通人来说没有人会让这种人待在团队里，但是取经项目要想成功实在缺不了这个人，只好采用些手段来收复他。这些手段是：首先，把他给弄得很惨（压在五指山下 500 年，整天喝铜汁铁水）；在他绝望的时候，又让项目经理去解救他于水火之中以使他心存感激；当然光收买人心是不够的，还要给他许诺美好的愿景（取完经后高升为正牌仙人）；当然最主要的目的是为了让项目经理可以直接控制好他，给他戴个紧箍，不听话就念咒惩罚他。在企业中也同样如此，企业对这类员工一定要用好和管好，用各种方式做好激励。否则，如果悟空造反，不但整个取经事业将损失一员大将，对其他三人的负面影响也将是难以预测的。"悟空"在企业中是不可或缺的，有几个有思想、有能力而且肯干的中层干部，企业的成长将是飞速的。

猪八戒好吃懒做，贪财好色，又不肯干活，而且取经意志不坚定，在取经的路上，每当唐僧遇险，几个徒弟一筹莫展的时候，他总是吵吵着"散伙"，回高老庄找那位高小姐。从表面上看，他好像留在团队里没有什么用处，其实他的存在还是有很大用处的，因为他性格开朗，能够接受任何批评而毫无负担压力。最重要的是，他八面玲珑，是唐僧和孙悟空之间的润滑油。现代企业要想正常有序的发展，猪八戒这类人必不可少，我们无须赶尽杀绝，只是不能因为这群人的个人因素而影响了整个企业的人才机构体系。

沙僧是个忠厚的"劳模"、老黄牛。从开始到结束，沙僧干的始终是最苦、最累的脚夫的活，全心全意地为团队而努力着。别认为沙僧天生就是挑担的料，他在流沙河里逞豪强的时候，不是连悟空和八戒也难以应付吗？但是，担子总得有人挑才行。

在现代企业中，沙僧这一群体应该来说是最基础的、也是占大多数的角色，别冷落了这些甘于奉献的小角色们，多给点赞扬和肯定，他们的担子会挑得更稳。

在取经过程中，除了自己的艰辛劳动外，这个团队非常善于利用外部的资源，只要有问题搞不定，马上向领导汇报（主要是观音菩萨），或者通过各种关系，找来各路神仙帮忙，以搞定各种难题。

请同学们重读《西游记》，分析取经团队的故事里体现了哪些管理思想，以及对我们学习和研究现代管理理论的指导意义是什么。

第一节　管理思想的形成

管理是一项历史悠久的人类社会活动，在人类漫长的发展进程中，积累了大量的管理实践活动，并形成了一些宝贵的管理思想，但在很长时间内未能形成系统的管理理论。直至 19 世纪末 20 世纪初，科学管理的出现标志着人类系统的管理理论的诞生。在之后，管理理论如雨后春笋般以极快的速度得到发展。

一、中国古代管理思想

中国是世界文明古国之一，中国的文化源远流长，我们的祖先有着丰富的管理实践，并且积累了十分丰富的管理经验，在世界管理思想的发展史上占有重要地位。中国古代的管理思想多见于哲学、宗教学、军事学、史学等古籍中。一般来说，可分为宏观的治国学和微观的治生学。治国学适应中央集权的封建国家需要，包括财政财赋税管理、人口田制管理、市场管理、货币管理、国家行政管理等方面的学问。治生学则是在生产发展和经济运行的基础上通过官、民的实践逐步积累起来,包括农副业、手工业、运输、建筑工程、市场经营等方面的学问。

(一)"以人为本"的管理思想

"以人为本"在中国古代管理思想中始终占主导地位,认为人是构成国家整体的第一要素,要求把人作为管理的重心,提倡"爱人贵民"。早在春秋战国时期,中国文化已经表现出较为鲜明的人文意识。管子说:"君若将欲霸王举大事乎?则必从其本事矣";"夫霸王之所始也,以人为本,本治则国固,本乱则国危。"管子认为,务本之道在于经营民心,争取百姓,达人民之所愿,予百姓之所需,尽量做到"民恶忧劳,我佚乐之;民恶贫贱,我富贵之;民恶危坠,我存安之;民恶灭绝,我生育之。"管理国家说到底就是对人的管理,"治国就是治人"。孟子从"民为立国之本"思想出发,提出了"天时不如地利,地利不如人和"。荀子则指出:"百姓之力,待之而后功。百姓之群,待之而后和。百姓之财,待之而后聚。百姓之执,待之而后安。"

(二)系统管理思想

中国古代的系统管理思想主要体现在一些伟大的管理实践中。万里长城是人类历史上的一大奇迹,它是一个完整的战争防御系统工程,这项工程本身就告诉我们,当时的设计者、建造者就运用了系统管理思想。战国时期李冰父子修建的都江堰水利工程,就集防洪、灌溉、排沙三项功能相互依存。如此精密的设计,充分体现了现代管理学的系统工程思想。

成书于春秋末期的《孙子兵法》更直接地运用了系统管理思想阐述用兵谋略,将"道、天、地、将和法",即政治、天时、地利、将帅和法制作为决定战争胜负的基本因素,并强调它们是相互联系而又相互制约的一个整体。

(三)守信管理思想

治国要守信,治生也要守信。孔子说:"君子信而后劳其民"(《论语·尧曰》),他对弟子注重"文、行、忠、信"四教(《论语·述而》)。治理国家,言而无信,政策多变,出尔反尔,从来都是大忌。故管子十分强调取信于民,提出国家行政应遵循一条重要原则:"不行不可复"。人们只能被欺骗一次,第二次就不信你了,"不行不可复"者,"不欺其民也"。

治生亦然。商品质量、价格、交货期,以至借贷往来,都要讲究一个"信"字。我国从来有提倡"诚工""诚贾"的传统,商而不成,苟取一时,终至瓦解,成功的商人多是商业信誉度高的人。明代徽商唐祁,其父曾借某人钱,对方借据丢失,唐祁照付父债,后来有人捡得借据,向唐祁讨债,他又照付。

想一想 2-1

我国古代还有哪些其他的管理思想?

二、西方早期管理思想

西方文化起源于古希腊、古罗马、古埃及、古巴比伦等文明古国,这些国家在公元前6世纪左右即建立了高度发达的奴隶制社会,在文化、艺术、哲学、数学、物理学、建筑等方面都对人类做出了辉煌的贡献。公元3世纪后,随着奴隶制的衰落和基督教的兴起,这些古文化逐渐被基督教文化所替代。基督教圣经所包含的伦理观念和管理思想,对以后西方封建社会的管理实践起着指导性的作用。

(一)斯密的管理思想

亚当·斯密(Adam Smith,1723—1790),政治经济学之父,1776年发表了自己的代表作《国民财富的性质和原因的研究》,这本书系统地阐述了劳动价值论及劳动分工论,这些思想对于管理具有重要的影响。

1. 劳动分工论

斯密认为分工问题是管理中的首要问题,可以说,没有分工也就没有管理。斯密在《国民财富的性质和原因的研究》中,首先论述了劳动分工的好处,认为劳动生产力的提高和国民财富的源泉均是分工的结果。

2. "经济人"的观点

斯密在研究经济现象时,提出了一个重要的论点:经济现象是在人们具有利己主义目的的活动中所产生的。他认为,人们在经济行为中,追求的完全是私人利益。但是,每个人的利益又为其他人的利益所限制。这就迫使每个人必须顾及其他人的利益。由此,就产生了相互的共同利益,进而产生和发展了社会利益。社会利益正是以个人利益为基础的。这样斯密把分工的产生归结于人的利己性。人性恶是斯密分工理论的基础。斯密对人性的这一方面的分析对以后管理思想上"经济人"概念的提出有一定的影响。

(二)巴贝奇的管理思想

查理·巴贝奇(Charles Babbage,1792—1871),英国著名的数学家和机械学家,是工业革命后期对管理思想贡献最大的人。其主要贡献有:

(1)巴贝奇赞同斯密的劳动分工能提高劳动效率的论点,但认为斯密忽略了分工可以减少支付工资这一好处。

(2)提出了"边际熟练"原则,对技艺水平、劳动强度定出界限,作为报酬的依据。

(3)提出了工资加利润分享制度。他认为工人的收入应该包括:按照工作性质所确定的固定工资;按照生产效率及贡献所分得的利润;为提高劳动效率而提出建议所应给予的奖励。巴贝奇提出的按照生产效率不同来确定报酬的具有刺激作用的制度,是他对管理做出的最重要贡献。

(三)欧文的管理思想

罗伯特·欧文(Robert Owen,1771—1858),英国空想社会主义代表人物,同时也是19世纪初最有成就的实业家之一,是一位杰出的管理先驱者。欧文于1800—1828年在苏格兰自己的几个纺织厂内进行了空前的试验,首先提出在工厂生产中要重视人的因素,要缩短工人的工作时间,提高工资,发给工人住宅。他的改革试验证实,重视人的作用和尊重人的地位,也可以使工厂获得更多的利润。欧文是比较早地注意到企业中人的重要性,因而人们把他称为"人事管理之父"。

想一想 2-2

你认为西方管理思想对管理理论的形成起了什么影响?

第二节　管理理论的产生

19世纪末到20世纪初，随着资本主义从自由竞争过渡到垄断资本主义，企业规模不断扩大，生产技术更加复杂，竞争空前激烈，阶级矛盾日益尖锐，企业迫切须要提高生产效率和管理水平，科学管理理论等古典管理理论应运而生。

一、泰勒的科学管理理论

美国人弗雷德里克·温斯洛·泰勒，出生在美国费城一个富裕的家庭里，19岁时进入机械厂当学徒工，1878年进入费城的米德维尔炼钢厂当技工，后来升为工长、总技师，28岁时任总工程师。他结合工厂的实践，致力于研究如何提高劳动效率。1911年，他出版了《科学管理原理》，标志着科学管理理论正式形成，泰勒因此被称为科学管理的创始人，在管理学界也被称为"科学管理之父"。

（一）科学管理的中心问题

泰勒认为，科学管理的中心问题是提高劳动效率，高的劳动效率是工厂主和工人达到共同富裕的基础。它能使较高的工资与较低的劳动成本统一起来，从而使工厂主得到较多的利润，使工人得到较高的工资。这样，便可以提高他们扩大再生产的兴趣，促进生产的发展。所以提高劳动效率是泰勒创立科学管理理论的基本出发点，是泰勒确定科学管理原理、方法的基础。

（二）科学管理的制度问题

1. 作业方法标准化，并根据作业要求挑选和培训工人

泰勒创造了用科学观测分析的方法对工人的劳动过程进行分析和研究，消除各种不合理的因素，将最好的因素结合起来，形成标准化的方法，在工作中加以推广；根据作业方法的要求，进一步将工人的作业环境和作业条件实现标准化；在一系列标准化的基础上，正确地选择工人，并按照标准化的要求对工人进行培训，使合适的工人担任合适的工作，以确保工人能够以标准的作业方法进行操作。作业方法标准化的根本目的是提高工效，合理利用工时。

知识链接

泰勒的管理实践

1898年，泰勒受雇于伯利恒钢铁公司期间，进行了著名的搬运生铁块试验。搬运生铁块试验是通过这家公司的5座高炉产品搬运班组大约75名工人进行的，当时每人每天装货约为12.5吨，工人的工资每人每天为1.15美元。该实验首先是对搬运生铁的具体过程进行观察和记录。在准确分析的基础上，把工作分成小的基本动作，研究这些动作最合理、最省力的具体做法，再把各个基本动作所耗费的时间联系起来，计算出标准定额，以其来改进操作方法，挑选合适的工人进行训练，其结果使生铁块的搬运效率提高了3倍，工人的搬运量达到了每人每天约为47.5吨，其工资也由过去的每人每天1.15美元增加到1.85美元。

2. 实行差别计件工资制

泰勒认为,要刺激工人提高劳动效率,不仅要保持工资报酬标准相对稳定,还应该随着产量的增加有所提高,即实行差别计件工资制。所谓差别计件工资制,即在计算工人工资时,采取不同的工资率,未完成定额的按低工资率给付,完成定额或超过定额的按高工资率给付。很显然,差别计件工资制极大地刺激了工人劳动的积极性,使得工人愿意为企业提供更多数量的劳动。

3. 管理和劳动两相离,提高管理效率

泰勒在科学管理原理中指出,在旧的管理中,所有的计划都是工人凭个人经验制订的。实行新的管理制度后,就必须有新的管理部门按照科学的规律来制订计划,将管理职能从企业生产职能中独立出来,有人从事专职的管理工作,而工人只负责一线的操作。因此,泰勒创立了职能制组织结构。

 课堂讨论

泰勒的"职工工长制"是否适用于今天的企业?为什么?

4. 实行例外管理制度

泰勒主张高层管理者应把例行的一般事务授权给下级去处理,自己主要处理重要或例外事项,如企业的发展战略和重大的人事任免等。

泰勒的科学管理理论,是企业管理理论发展史上的一个里程碑。它的最大贡献在于,主张一切管理问题都可以用科学的方法来加以研究和总结,实行各方面的标准化和专业化,把个人的经验上升为理论,从而代替单凭经验办事的传统管理思想,开创了科学管理的新阶段。由于时代的限制,泰勒的科学管理思想也有一定的局限性。现在看来,主要表现为他的研究范围比较小,内容比较窄,仅以单纯的经济观点,把工人当作"经济人"来对待,认为只要用经济刺激就能调动工人的积极性,没有充分从心理和社会的方面来理解人。泰勒的这种局限性被与他同时代的其他管理学家,如法约尔等所逐步补充和完善,形成了真正意义上的科学管理理论体系。

二、法约尔的一般管理理论

亨利·法约尔,法国人,早期就参与企业的管理工作,并长期担任企业高级领导职务。1916年,法约尔出版了自己重要的代表作《工业管理和一般管理》。法约尔的研究则是从"办公桌前的总经理"出发的,以企业整体作为研究对象。他认为,管理理论是指有关管理的、得到普遍承认的理论,是经过普遍经验检验并得到论证的一套有关原则、标准、方法、程序等内容的完整体系,这正是其一般管理理论的基石。因此,法约尔被称为现代经营管理之父。他的理论贡献主要是企业经营六种基本活动、管理的五项职能和十四项原则。

(一)企业的经营活动

法约尔区别了经营和管理,他认为这是两个不同的概念,管理包括在经营之中。通过对企业全部活动的分析,法约尔将管理活动从经营职能中提炼出来,即企业的全部活动可以分为六种基本活动。

(1)技术活动(生产、制造、加工)。

(2)商业活动(购买、销售、交换)。
(3)财务活动(筹集和最适当地利用资本)。
(4)安全活动(保护财产和人员)。
(5)会计活动(财产清点、资产负债表、成本、统计等)。
(6)管理活动(计划、组织、指挥、协调和控制)。

不论企业大还是小、复杂还是简单,这六种活动总是存在的。这些活动并不是相互割裂的,它们之间实际上相互联系、相互配合,共同组成一个有机系统来完成企业生存与发展的目的。

(二)管理的职能

法约尔最早提出管理是由计划、组织、指挥、协调和控制五要素构成的,并进行了详细的阐述。计划就是探索未来、制订行动计划;组织就是建立企业物质和社会的双重结构;指挥就是使其人员发挥作用;协调就是连接、联合、调和所有的活动及力量;控制就是指是否一切都按已制订的规章和下达的命令进行。法约尔提出的管理活动五要素实际上就是今天所研究的管理职能,因此,法约尔是最早提出管理职能学说的人。

(三)管理的一般原则

为了使管理者能很好地履行各种管理职能,法约尔提出了管理的十四项原则。

(1)劳动分工。劳动分工不只适用于技术工作,也适用于管理工作。应该通过分工来提高管理工作的效率。

(2)权力与责任。有权力的地方,就有责任。这就是著名的权力与责任相符的原则。

(3)纪律。组织成员都必须遵守组织的规则。纪律应当尽可能明确和公正。

(4)统一指挥。无论什么时候,一个下级人员只能接受一个上级的命令。

(5)统一领导。凡具有同一目标的活动,只能有一个领导者和一套计划。

(6)个人利益服从整体利益。任何个人和群体的利益都不能置于组织整体利益之上。

(7)人员的报酬。必须为工人的工作支付公平的报酬。

(8)集权。组织的权力的集中与分散。

(9)等级链。等级链就是从组织最高层到最低层应该建立关系明确的职权等级系列。通过这个等级链,一是组织中的成员就可以明确谁可以对谁下指令,谁应该对谁负责;二是表明了组织中信息传递的路线。

知识链接

法约尔跳板原则

法约尔跳板原则,是指在层级划分严格的组织中,为提高办事效率,两个分属不同系统的部门遇到只有协作才能解决的问题时,可先自行商量、自行解决,只有协商不成时才报请上级部门解决。

课堂讨论

法约尔提出的管理原则是否对当今组织管理仍有意义?请举例说明。

（10）秩序。秩序包括物品的秩序和人的社会秩序。物品的秩序是指每一件物品都有一个最适合它存放的地方；人的社会秩序是指每个人都有他发挥能力的工作岗位。

（11）公平。主管人员对待下属应该是善意和公道的。

（12）人员的稳定。掌握人员稳定和流动的合适度，有利于企业中成员能力得到充分的发挥。

（13）首创精神。让雇员提出和实施计划会提高他们的努力程度。

（14）人员的团结。保持和维护组织中的团结、协作和融洽的关系。

法约尔提出的一般管理原则与职能，实际上奠定了在20世纪50年代兴起的管理过程研究的基本理论基础，许多管理论著在某种程度上可直接追溯到一般管理理论的研究。法约尔的理论起着承上启下的作用。他的管理理论处于泰勒和韦伯之间，是出自企业管理或工业管理，但落脚于普遍性的"一般管理"。法约尔是从企业管理出发，抽象出管理的一般性原则和要素，与泰勒与韦伯的管理理论相比更加清楚。

三、韦伯的行政组织理论

马克斯·韦伯，德国著名社会学家和哲学家，是同泰勒和法约尔生活在同一历史时期，其主要代表作是《社会和经济组织理论》。他提出了所谓理想的行政组织体系理论，其核心是组织活动要通过职务或职位而不是通过个人或世袭地位来管理。他的理论是对泰勒和法约尔理论的一种补充，对后世的管理学家，尤其是组织理论学家有重大影响，因而他在管理思想发展史上被人们称为"组织理论之父"。

（一）权力的三种类型

韦伯将权力分为三种类型：第一种是以法律为基础而建立起来的理性、合法的权力，对这种权力的服从是依法建立的一套等级制度；第二种是以世袭的或传统的地位为基础的传统权力；第三种是建立在对个人崇拜和迷信基础上的超凡权力。韦伯认为只有以法律为基础而建立的组织是理想的行政组织。

（二）理想的行政组织特征

（1）确定的目标。人员的一切活动都必须遵守一定的程序，其目的是为了实现组织的目标。

（2）明确的分工。组织为了达到目标，把实现目标的全部活动进行划分，然后落实到组织中的每个成员。

（3）自上而下的等级制度。组织的职务和职位按等级制度的体系来进行划分，每一级的人员都必须接受其上级的控制和监督，下级服从上级。

（4）人员的任用。每个职位都是经过考试和培训而获得的，并且要接受一定的教育获得一定的资格。

（5）职业管理人员。所有的管理人员都是委任的，而不是选举的，管理人员有固定的薪金，并且有明文规定的升迁制度及严格的考核制度。

（6）遵守组织中的法规和纪律。管理人员必须遵守组织的纪律、规则和程序，不受个人感情的影响。组织对每个成员的职权和协作范围都有明文规定，使其能正确地行使职权，从而减少内部的冲突和矛盾。

想一想 2-3
科学管理理论对今天的组织管理仍有作用吗？

四、梅奥的人际关系理论

乔治·爱尔顿·梅奥，原籍澳大利亚，是美国哈佛大学的心理学教授，也是美国的行为科学家、人际关系理论的创始人。他亲自参加并指导了著名的霍桑试验，第一次较为系统地提出要在劳动中重视人的因素。

（一）霍桑试验

霍桑试验，又称霍桑研究，是指 1924—1932 年美国国家研究委员会和西部电气公司代表，在西部电气公司所属的霍桑工厂为测定各种因素对生产效率的影响而进行的一系列研究。霍桑试验在一定程度上标志着人际关系学说的确立。

知识链接

霍桑试验

第一阶段：照明试验（1924—1927 年）。实验人员选择一个对照组，一个试验组，通过改变生产现场的照明度，来考察对生产效率的影响。结果是照明强度的变化对生产效率没有什么影响，正当研究者打算宣布失败时，哈佛大学的梅奥却从中觉察到一些不寻常的东西，于是加入了他们的研究。

第二阶段：福利实验（1927—1929 年）。试验的目的是看各种福利条件的变动与生产效率是否有关系。经过两年多的试验发现，不管福利待遇如何改变（包括工资支付办法的改变、优惠措施的增减、休息时间的增减等），都不影响产量的持续上升，但似乎督导方式的改变，使工人的态度有所变化，产量有所增加，于是进入第三个阶段实验。

第三阶段：访谈实验（1929—1931 年）。实验人员用三年时间对两万多人次进行访谈调查，规定实验者必须耐心倾听工人的意见、牢骚，并进行详细记录，不做反驳和训斥，而且对工人的情况要深表同情，结果产量大幅度提高。

工人们长期以来对工厂的各项管理制度和方法存在许多不满，无处发泄，访谈计划的实行恰恰为他们提供了发泄机会。发泄过后心情舒畅，士气提高，使产量得到提高。

第四阶段：群体实验（1932 年）。梅奥等人选择 14 名工人在单独的房间里从事绕线圈工作。对这个班组实行特殊的工人计件工资制度。目的是想实行这套奖励办法促使工人更加努力工作，以便得到更多的报酬。但观察的结果发现，产量只保持在中等水平，每个工人的日产量平均都差不多，而且工人并不如实地报告产量。深入调查发现，这个班组为了维护他们群体的利益，自发地形成了一些规范。他们约定，谁也不能干得太多，突出自己；谁也不能干得太少，影响全组的产量，并且约法三章，不准向管理当局告密。进一步调查发现，工人们之所以维持中等水平的产量，是担心产量提高，管理当局会改变现行奖励制度，或者裁减人员，使部分工人失业，或者使干得慢的伙伴受到惩罚。试验的结论是在组织中除正式群体，还存在着"非正式群体"，这些"非正式群体"有时会严重影响生产效率。

（二）人际关系学说主要观点

霍桑试验的研究结果否定了传统管理理论对于人性的假设，表明了工人不是被动的、孤立的个体，他们的行为不仅仅受工资的刺激，影响生产效率的最重要因素不是待遇和工作条件，而是工作中的人际关系。据此，梅奥提出了自己的观点。

（1）工人是"社会人"而不是"经济人"。梅奥认为，人们的行为并不单纯出自追求金钱的动机，还有社会、心理方面的需要，即追求人与人之间的友情、安全感、归属感和受人尊敬等，而后者更为重要。因此，不能单纯从技术和物质条件着眼，而必须先从社会心理方面考虑合理的组织与管理。

（2）企业中存在着非正式组织，对生产效率有着重要影响。在企业中，除了存在着为了实现企业目标而明确规定各成员相互关系和职责范围的正式组织，还存在着非正式组织。这种非正式组织有着共同遵循的观念、价值标准、行为准则和道德规范等，而且他们对生产效率有着重要的影响。

（3）新型的领导能力在于通过增加员工的满意度，来提高工人的士气，从而达到提高生产效率的目的。在决定生产效率的诸因素中，置于首位的因素是工人的满意度，而生产条件、工资报酬只是第二位的。职工的满意度越高，其士气就越高，从而产生效率就越高。高的满意度来源于工人个人需求的有效满足，不仅包括物质需求，还包括精神需求。

管理定律：南风法则——真诚温暖员工。

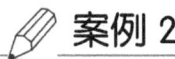

案例 2-1

赵助理的难题

利达公司是一家经营绩效良好的企业。在前些年有过骄人的业绩。但近几年来，利达公司的盈利水平不断下降，一个中等规模的企业，盈利水平甚至不如本地一家小型企业。利达公司上下对此颇感迷惑，人心浮动，该企业面临着严峻的考验。一天，利达公司总经理把总经理助理赵立实叫到办公室。总经理首先跟他简单地讨论了本公司目前的经营状况，明显地表示了对这一现状的担忧。接着，总经理交给赵助理一个特殊的任务：集中一段时间，深入调查一下造成本企业目前盈利水平下降的主要原因是什么，并提出对策建议。赵助理来这个企业工作时间不长。他过去曾系统学习过管理理论，对古典管理理论与现代管理理论都有较深地研究。他对总经理交办的这个任务高度重视，决心运用所学的管理理论分析方法来解决本企业实际问题。赵助理先将目光投向市场，在激烈竞争的今天，市场是决定企业盈利水平最首要的因素。在调查的过程中，赵助理了解到，本公司为开拓市场，建立了本地同行业最庞大的营销队伍，而且每年的营销预算都高于同行业其他企业，并建立了与本地几家最大企业旗鼓相当的市场份额。他觉得营销环节问题不大。接着他调查了本企业产品开发与价格情况。他了解到，本企业有很强的技术力量，有一支高水平的科技开发队伍。本企业的产品不比同行的产品差，而且价格合理，不高也不低。他也感到困惑，这怎么会造成盈利水平的不断下降呢？他又深入车间了解一线生产情况。生产线运行正常，员工们工作也较为认真。当然，也发现有些员工积极性不是很高，工作节奏较慢。车间主任抱怨道："去年每人都涨了一级工资。咱厂在本地工厂中是工资最高的。可是这些工人的积极性一点也没有提高。"关于严格管理，他说："其实咱厂管理是很

严格的,有那么多的管理规章制度。我本人管理也是非常严格的,对于那些迟到早退、生产不合格产品和造成材料损失浪费的工人从不客气,都狠狠地进行批评。可是这些现象就是屡禁不止,生产效率就是不上去。有的工人好像是在同厂里作对。其实如果厂子黄了,大家的饭碗也就打了,我也没办法了。"赵助理还了解到公司的管理机构庞大,管理费用高,产品生产成本也普遍高于同行,据说原材料进价也偏高等。调查的情况千头万绪,赵助理决定运用管理理论进行分析,并提出有效的对策方案,以出色地完成总经理交办的任务。但他似乎觉得在运用泰勒的经济刺激手段与现代行为科学原理之间还有些冲突或需要进一步理顺的地方。

（资料来源：单凤儒.管理学基础实训教程[M].北京：高等教育出版社,2009.）

思考与分析：

（1）造成该公司盈利水平下降的原因有哪些？最主要的原因是什么？

（2）你认为解决该公司问题,是应用泰勒的科学管理原理还是应用行为科学原理更为重要？

（3）请你对赵助理制订解决该公司问题对策方案提出建议。

第三节　管理理论的发展

一、管理理论丛林

二次大战后,科学技术日新月异,生产力迅速发展,管理科学异军突起,人们对管理表现出从未有过的重视,各种管理理论纷繁复杂,各说一词,呈现出空前繁荣的景象。美国著名的管理学家哈德罗·孔茨把这一现象形象地描述为管理理论丛林。管理理论丛林如表 2-1 所示。

表 2-1　管理理论丛林

主要学派	主要代表人物	代表作	基本思想	主要观点
管理过程学派	哈德罗·孔茨 西尼尔·奥唐奈	《管理学》（二人合著）	以管理的职能及其发挥作用的过程为研究对象	①管理就是通过别人或同别人一起完成工作的过程；②管理过程与管理职能是分不开的；③管理职能具有普遍性；④通过对管理职能分析研究,总结其原理、原则、方法技术,以指导管理实践
社会系统学派	切斯特·巴纳德	《经理人员的职能》	把组织看成一个复杂的社会系统,是人与人之间相互关系的体系	①组织是一个由个人组成的协作系统,个人只有在一定的相互作用的社会关系下,同他人协作才能发挥作用；②正式组织包含三个要素：信息交流、协作意愿、共同目标；③在这个协作中心,经理人员的主要职能有三个方面：提供信息交流的体系、促成必要的个人努力、提出和制定目标

续表

主要学派	主要代表人物	代表作	基本思想	主要观点
行为科学学派	梅奥、赫茨伯格、马斯洛、麦格雷戈等	《工业文明中人的问题》《企业的人性面》	运用多学科知识研究人类的行为产生、发展、变化规律，引导和控制人的行为，以调动人的积极性的科学	①以人的行为及其产生的原因为研究对象；②重视组织中人的作用、人的需要及人际关系；③强调个人目标与组织目标的一致性，把员工满意于其所从事的工作作为最有效的激励因素
系统管理学派	弗理蒙特·卡斯特、詹姆斯·罗森茨威克等	《系统理论与管理》	如何从企业整体的要求出发，解决组织整体的效率问题	①企业是由人、物资、机器和其他资源在一定的目标下组成的一体化系统，它的成长和发展同时受到这些组成要素的影响；②组织是一个由许多子系统组成的、开放的社会技术系统；③运用系统观点来考察管理的基本职能，可以提高组织的整体效率
经验主义学派	彼得·德鲁克、欧内斯特·戴尔	《管理实践》《管理——任务、责任、实践》	认为管理学就是用比较的方法来研究管理成功和失败的经验问题	①管理应侧重于实际应用而不是纯粹理论的研究，强调从企业管理的实际经验而不是从一般原理出发来进行研究；②在对实际经验研究的基础上，归纳出经理的管理职责；③提出目标管理等现代管理思想和方法
决策理论学派	赫伯特·西蒙	《管理行为》《管理决策的新科学》等	管理就是决策，决策贯穿管理的全过程	①决策贯穿管理的全过程，决策是管理的核心；②在决策标准上，用"令人满意"的准则代替"最优化"准则；③决策是一个复杂的过程；④对决策的程序、准则、程序化决策和非程序化决策进行了分析
管理科学学派	布莱克特、埃尔伍德·斯潘赛·伯法	《现代生产管理》	把现代自然科学和技术科学的最新成果广泛地应用到管理中来，建立一系列新的组织管理方法和现代管理技术	①管理就是利用数学工具建立数量模型来表示计划、组织、控制和决策等符合逻辑的程序，寻求一个最优化解，以达到目标；②力求减少决策的个人艺术成分，尽量以数量方法客观描述
权变理论学派	弗雷德·卢桑斯、菲德勒、豪斯等	《管理导论：一种权变学》	用系统观点来考察组织的各子系统内部和各子系统之间的相互联系，以及组织和它所处的环境之间的联系	①没有什么一成不变、普遍适用的"最好的"管理理论和方法，必须根据组织所处的内/外部条件随机应变；②环境是自变量，而管理的观念和技术是因变量，环境变量与管理变量之间的函数关系就是权变关系

二、战略管理理论

（一）战略管理的产生

战略管理理论起源于 20 世纪的美国，它萌芽于 20 年代，形成于 60 年代，在 70 年代得到大发展。二次大战后，美国经济出现了空前的繁荣，随之而来的则是竞争的加剧。在这种新的竞争环境下，企业深切地感到，以前那种低价格必胜的原则必须改变，已经不适应新情况的发展了。要获得持续的生存和发展，企业必须从战略的高度思考问题。1965年，美国著名的战略学家安索夫在其著作《公司战略》中开始使用"战略管理"一词，将战略从军事领域拓展至经济管理活动。

（二）战略管理的概念

战略是企业面对激烈变化、严峻挑战的环境，为求得长期生存和不断发展而进行的总体性谋划。战略是重要的计划表现形式之一，战略是组织的一种总体行动方案，是为实现总目标而做的重要部署和总体安排。战略是一个总方向，是对组织向何处发展及如何发展的一个总规划。

（三）迈克尔·波特的竞争战略五力模型

迈克尔·波特，哈佛大学商学院终身教授，是当今世界上竞争战略和竞争力方面公认的第一权威，在世界管理思想界可谓是"活着的传奇"，是商业管理界公认的"竞争战略之父"。

1980年，迈克尔·波特出版了《竞争战略》专著，把战略管理理论推向了顶峰。在这本专著中，他总结出企业竞争的五种力量，它们分别是企业间竞争、潜在竞争者的进入、替代的产品或服务、供应商议价能力及购买者议价能力，这就是著名的"五力模型"，如图2-1所示。

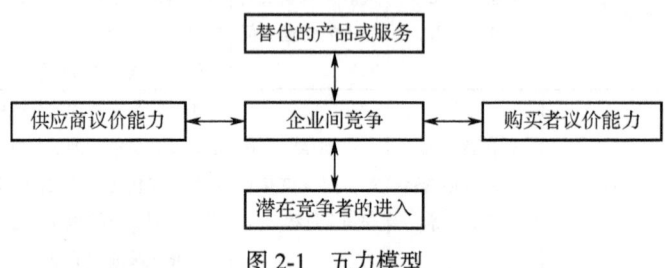

图2-1　五力模型

迈克尔·波特除了提出企业竞争五力模型，还提出了行业竞争的三种基本战略：总成本领先战略、差异化战略和专一化战略。

管理定律：钱德勒法则——战略制胜。

想一想 2-4

战略与计划之间是一种什么样的关系？

知识链接

迈克尔·波特三种基本战略

总成本领先战略。 总成本领先战略是在大规模生产设施情形下，在经验的基础上全力以赴降低成本，以及最大限度地减小研究开发、服务、推销、广告等方面的成本费用。

差异化战略。 差异化战略是将产品或公司提供的服务差别化，在全产业范围形成具有独特性的内容。

专一化战略。 专一化战略是主攻某个特殊的顾客群、某产品线的一个细分区段或某一地区市场。

三、企业流程再造理论

（一）什么是企业再造

进入20世纪70年代，市场竞争日益激烈，企业面临严峻的挑战；知识经济的到来与信息技术革命使企业的经营环境和运作方式发生了很大的变化。面对挑战和环境的变化，企业必须摒弃已成惯例的运营模式和工作方法，寻找新的经营方式，这样才能增强竞争力。1993年在美国开始出现了关于企业经营管理方式的一种新的理论和方法——企业流程再造理论。该理论的创始人是原美国麻省理工学院教授迈克·哈默（M.Hammer）与詹姆斯·钱皮（J·Champy），他们合著了《再造企业——管理革命的宣言书》，正式提出了企业再造理论。

哈默认为，企业再造是指"为了飞越性地改善成本、质量、服务、速度等重大的现代企业的运营基准，对工作流程（business process）进行根本性重新思考并彻底改革"，也就是说"从头改变，重新设计"。为了能够适应新的世界竞争环境，以工作流程为中心，重新设计企业的经营、管理及运营方式。

（二）企业流程再造的过程

企业流程再造的过程大致分为四个阶段：①对原有流程进行全面的功能和效率分析，发现其存在的问题；②设计新的业务流程改进方案，并进行评估；③对制订的与流程改造相配套的组织结构、人力资源配置和业务规范等方面进行评估，选取可行性强的方案；④组织实施与持续改善。

管理定律：蚁群效应——减掉工作流程中的多余环节。

四、学习型组织理论

（一）学习型组织的诞生

20世纪90年代后，随着知识经济的到来，使信息与知识成为重要的战略资源，现代组织面临许多重大而快速的变革，如何使组织能够适应环境的变化而获得永久的生存和发展，是组织理论探讨的话题。有越来越多的学者都主张建立一个弹性、创新性、开放性、更能适应环境变化的学习组织。1990年美国学者彼得·圣吉在《第五项修炼：学习型组织的艺术和实务》中提出企业应建立学习型组织。

（二）何为学习型组织

所谓学习型组织，是指通过培养弥漫整个组织的学习气氛，充分发挥员工的创造性思维能力而建立起来的一种有机的、高度柔性的、扁平的、符合人性的而又能持续发展的组织。

（三）学习型组织的五项核心修炼

（1）自我超越。它是学习如何扩展个人能力，创造出我们想要的结果，并且营造一种组织环境，鼓励所有的成员自我发展，实现自己选择的目标和愿景。学习型组织应强化个人对于学习型组织真正有益的观念并提供支持个人发展的组织环境。学习型组织与成员之间应建立"和谐、优美与均衡"的"盟约"关系。自我超越是学习型组织的精神基础。

（2）改变心智模式。学习型组织的障碍，多来自个人的旧思维，如固执己见、本位主义，唯有透过团队学习及标杆学习，才能改变心智模式，有所创新。

（3）建立共同愿景。共同愿景，即共同愿望的景象，是能感召组织成员的共同目标。它为学习提供了焦点与能量，并激发组织成员形成不断向前超越的力量。它要求正式组织领导和员工拥有共同的使命感，组织领导必须愿意同员工交流个人观点，鼓励员工对未来做出卓越贡献，从而取代员工对改革的抱怨及对领导个人愿景的被动服从。

（4）团队学习。圣吉认为，现代组织的基本单位就是工作团队，学习的基本单位也由个人变成团队。

（5）系统思考。它是看见整体的一项修炼，是五项修炼的核心和基础。其意义在于心灵的转换：从看部分转为看整体；从把人们看成无助的反应者转为看成改变现实的参与者；从对现状只做反应转为创造未来。要求人们树立全局的观念，形成整体动态搭配的能力和思维模式，运用系统的观念看待组织的发展，将问题置于系统中思考，从动态发展的各种要素中寻求新的动态平衡。

 知识链接

学习型组织的"7C"模式

彼得·圣吉认为，创建学习型组织应该做到以下七个C。

（1）Continuous——持续不断的学习。
（2）Collaborative——亲密合作的关系。
（3）Connected——彼此联系的网络。
（4）Collective——集体共享的观念。
（5）Creative——创新发展的精神。
（6）Captured and coclified——系统存取的方法。
（7）Capacity building——建立能力目标。

五、组织文化管理理论

20世纪80年代初，在总结日本企业经营管理经验的基础上，"文化管理"开始出现。1981年，美国管理学家威廉·大内出版了《Z理论——美国企业界怎样迎接日本的挑战》，最早提出企业文化的概念。理查德·帕斯卡尔等人又对其进行了不同角度的阐述和发展，最终促成了组织文化管理理论的形成。

（一）组织文化的内涵

组织文化又称公司文化或企业文化，是组织在长期的实践活动中有意无意所形成的，并为组织成员所认同并遵守的价值观念、行为规范和道德准则等总和。文化既有精神层面又有物质层面，是人类在漫长的历史发展进程中所积累的精神财富和物质财富的总和。

（二）组织文化的构成

组织文化由物质层、制度层、行为层和精神层构成，如图2-2所示。

1. 精神层

精神层是组织文化的核心层，包括企业经营哲学、企业精神、企业风气、企业目标、企业道德等，是企业意识形态的总和。

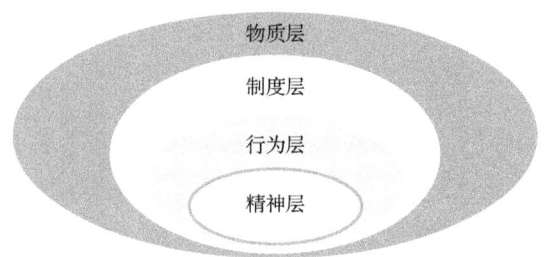

图 2-2 组织文化的构成

2. 行为层

行为层是指员工在生产经营及学习娱乐活动中产生的活动文化，包括企业行为的规范、企业人际关系的规范和公共关系的规范。

3. 制度层

制度层是连接精神层和物质层的桥梁和纽带，主要包括企业领导体制、企业组织机构和企业管理制度三个方面。

4. 物质层

物质层是产品和各种物质设施等构成的器物文化，是一种以物质形态加以表现的表层文化，包括企业的生产环境、企业容貌、企业建筑、企业广告、产品包装与设计等。

（三）组织文化的功能

1. 导向功能

导向功能就是通过健康向上的组织文化来积极引导领导者和职工，自觉地实现组织目标。

2. 约束功能

约束功能主要是通过完善管理制度和道德规范来约束组织成员的思想和行为。

3. 凝聚功能

组织文化以人为本，尊重人的感情，从而在组织中形成一种共同的思想、共同的价值观，产生对本组织的认同感、归属感和强大的凝聚力和向心力。

4. 激励功能

共同的价值观念使每个职工都感到自己存在和行为的价值，自我价值的实现是人的最高精神需求的一种满足，这种满足必将形成强大的激励。

5. 辐射功能

组织文化不仅对组织内部有着重要的影响作用，而且对组织外部，乃至整个社会都产生巨大的辐射作用。由于企业的生产经营活动是社会的经济活动，支撑着社会的运行与发展，从而使组织文化对整个社会的所有领域、每个成员都产生潜移默化且极为重要的影响。

想一想 2-5

如果你是一名班长，你将怎样建立自己的班级文化？

知识链接

海尔文化是企业的灵魂

海尔文化是海尔人的价值观,这个价值观的核心是创新。它是在海尔公司十八年发展历程中逐渐产生和形成特色的文化体系。

海尔生存理念:永远战战兢兢,永远如履薄冰。管理无小事。

海尔用人理念:人人是人才,赛马不相马。你有多大能力给你搭建多大舞台。

海尔质量理念之一:优秀的产品是优秀的人干出来的。

海尔质量理念之二:高标准、精细化、零缺陷,有缺陷的产品就是废品。

海尔品牌理念:国门之内无名牌。一些企业认为,创立名牌不一定非要到国际市场上去。海尔公司却认为,按照国际化市场一体化的概念,根本就不存在自我封闭的地理边界。如果在国内市场做得很好而不进入国际市场,其优势也是暂存的。

海尔管理原则一:80/20原则,即关键的少数人制约着次要的多数人。员工发生过错,管理者承担80%的责任,操作者承担20%的责任。

海尔管理原则二:10/10原则。在一个团队中,总会有10%的人工作业绩最优,10%的人工作效果最差。要用最优者的经验去帮促最差者,从而提高整个团队的整体素质。海尔公司每年都会有10%的人得以晋升,10%的人末位淘汰,然后由人力资源中心安排进入再培训,如果合格可重新上岗。

海尔OEC管理法:总账不漏项,事事有人管,人人都管事,管事凭效果,管人凭考核。

 案例2-2

管理理论真能解决实际问题吗?

海伦、汉克、乔、萨利四个人都是美国西南金属制品公司的管理人员。海伦和乔负责产品销售,汉克和萨利负责生产。他们刚参加完在大学举办的为期两天的管理培训学习班。在培训班里主要学习了权变理论、社会系统理论和一些有关职工激励方面的内容。他们对所学的理论有不同的看法,现正展开激烈的争论。

乔首先说:"我认为社会系统理论对于像我们这样的公司是很有用的。例如,如果生产工人偷工减料或原材料价格上涨的话,都会影响到我们的产品销售。社会系统理论中讲的环境影响与我们公司的情况很相似。我的意思是,在目前这种经济环境中一个公司会受到环境的极大影响。在油价暴涨时期,我们还能控制自己的公司。现在呢?我们要想在销售方面每前进一步,都要经过艰苦的战斗。这方面的艰苦,你们大概都深有体会吧?"萨利插话说:"你的意思我已经知道了。我们的确有过艰苦的时期,但是我不认为这与社会系统理论之间有什么必然的内在联系。我们曾在这种经济系统中受到过伤害。当然,你可以认为这是与社会系统理论是一致的。但是我并不认为我们就有采用社会系统理论的必要。我的意思是,如果每个事物都是一个系统,而所有的系统都能对某一个系统产生影响的话,我们又怎么能预见到这些影响所带来的后果呢?所以,我认为权变理论更适用于我们。如果你说事物都是相互依存的话,社会系统理论又能帮我们什么忙呢?"

海伦对他们这样的讨论表示有不同的看法。她说:"对于社会系统理论,我还没有很好地考虑。但是,我认为权变理论对我们是很有用的。虽然我们以前也经常采用权变理论,但是我却没有认识到自己是在运用权变理论。例如,我有一些家庭主妇顾客,听到她们经常讨论关于孩子和如何度过周末之类的问题,从她们的谈话中我就知道她们要采购什么东西了。我认为,如果我们花上一两个小时与他们自由交谈的话,那肯定会扩大我们的销售量。但是,我也碰到一些截然不同的顾客,他们一定要我向他们推荐产品,要我替他们在购货中做主。这些人也经常到我这里来走走,但不是闲谈,而是做生意。因此,你们可以看到,我每天都在运用权变理论来对付不同的顾客。为了适应形势,我经常改变销售方式和风格,许多销售人员也都是这样做的。"

汉克显得有点激动,他插话说:"我不懂这些被大肆宣传的理论是什么。但是,关于社会系统理论和权变理论问题,我同意萨利的观点。教授们都把自己的理论吹得天花乱坠,他们的理论听起来很好,却无助于我们的实际管理。对于培训班上讲的激励要素问题我也不同意。我认为泰勒在很久以前就对激励问题有了正确的论述。要激励工人,就是要根据他们所做的工作付给他们报酬。如果工人什么也没有做,就用不着付任何报酬。你们和我一样清楚,人们只是为钱工作,钱就是最好的激励。"

(资料来源:徐国庆,王进.企业管理案例精选精析[M].北京:中国社会科学出版社,2006.)

思考与分析:
(1)海伦、汉克、乔、萨利的观点有什么不同?你同意谁的观点?
(2)你认为管理理论与管理实践有什么关系?
(3)如果你是乔,你如何使萨利信服社会系统理论?
(4)你认为汉克的观点属于哪种理论观点?

知识小结

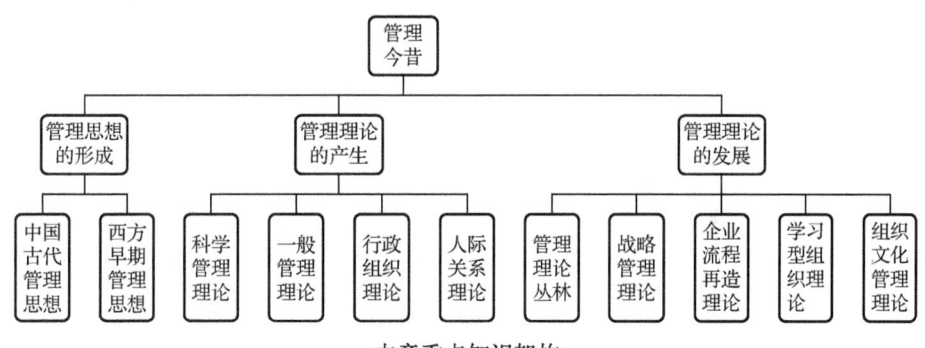

本章重点知识架构

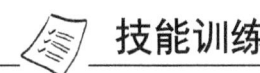

模拟建设组织文化

【目标】
训练组织文化建设的初步能力。

【内容与要求】

（1）组建模拟公司。

（2）设计本公司管理理念与组织文化。

（3）搜集有关现代管理理论的案例与经验材料。

（4）学习现代管理理论与组织文化的有关理论。

（5）对本公司的文化建设提出设想与举措，并制订简要的建设方案。

【成果展示】

在班级组织一次交流与研讨会。

 拓展训练

美国企业文化与日本企业文化

（一）美国企业文化

1. 顾客就是上帝

美国传统文化注重成本、技术、理性，在市场经营中忽视客户，带有一些"价格傲慢"。而现在"顾客至上、顾客就是厂家的上帝、顾客总是有道理的、虚心听取顾客的意见、经常访问顾客、尊重顾客、顾客买的不是东西而是期望"等口号，已是美国企业界的名言，美国最佳管理企业的经营方式和企业精神之一就是紧靠用户和顾客。国际商用公司机器公司（IBM）的口号是"IBM 就是服务"，它几十年一直在技术方面居领先地位，它的优势在于服务方面的高度责任感。IBM 专门提拔表现突出的业务员担任三年主管助理。在这三年当中，他们只负一件事，那就是务必在 24 小时内解决顾客的任何抱怨和疑难。

2. 质量至高无上

靠优质的产品取胜是美国成功企业的一条经验。在质量问题上，他们的原则是：坚持一贯性，不把质量仅仅看成一种技术问题，注重培养质量意识，并且日复一日、年复一年地贯彻这一精神。

世界著名的麦当劳公司多年来的宗旨就是"保证质量，服务周到，清洁卫生，货真价实"，缩写是 QSCV。麦当劳公司在 1980 年的年度质量报告上写道："麦当劳公司的座右铭 QSCV 的头一个字是质量，因为质量是顾客每次光临麦当劳快餐馆时所喜爱的东西。"

3. 注重行动

美国许多出色的企业都是注重行动的。他们认为管理不局限于办公室内，而是到处走动，不拘形式地进行沟通。以行动为导向使美国人特别喜欢在企业内建立形形色色的专案小组，如特别行动小组、闪电小组、项目小组，他们充斥在美国各个企业里。注重行动的最重要和最明显的表现就是他们愿意把事情试出来，愿意去试验。试验是多数优秀公司廉价学习的一种方法，其结果证明：试验比起严密复杂的市场研究或谨慎的人力运用所付出的代价要少得多，但却更为有用。

4. 管理的四大特色

美国的企业文化还表现在其独具特色的管理文化上。

（1）流动率大。雇员的迅速流动迫使美国公司采取迅速的评价和升职的办法。如果一个人在几年内没有得到重大升迁就意味着失败，他就会感到不耐烦而转到别的公司去。

（2）讲究理性。美国人不太讲究感情，而是以理性的方式处理工作。

（3）讲究利益。美国企业一般给雇员分配比较多的利益，以高薪激励人员，而且利益分配与能力或等级层次挂钩，不同层次的人员薪水差距较大。

（4）强调个人决策。美国企业以"个人能力"作为决策行动的准则，强调个人决策。在典型的美国企业里，主管、部门经理和总经理都一致地认为他们不能"踢皮球"——只有他们自己才应当担起做出决定的责任。个人决策的结果虽然决策迅速，责任清楚明确，但实施中协调难度较大。

（二）日本企业文化

对于日本企业来说，许多日本企业家认为，企业不仅是一个获得利润的经济实体，而且还是满足企业员工广泛需求的场所。日本企业强调员工对企业要有强烈的荣誉感和认同感，与企业荣辱与共，因此日本企业一般采用"终身雇佣制"，在工资及晋升上实行"年功序列制"，把员工的收入与本人在企业的年限挂钩，并且还提供全面的福利，包括廉价的公寓、减免医疗费、发放红利等，从物质利益上使员工"从一而终"。

日本企业文化特别注重培养人才，调动员工的积极性。

1. 重视人

终身雇佣制、年功序列制和企业工会是日本企业经营模式的三大支柱，这三大支柱构建了员工与企业和谐的人际关系，推动着日本企业高速发展。

2. 重视激励

日本企业非常重视激励的作用，通过激励来刺激、调动、强化员工的积极性。例如，日本企业的金奖设置分为三种：一是与企业利润关联的绩效奖；二是根据员工每年表现的特别奖；三是为企业提出合理化建议被采纳后的提案奖。

3. 教育培训

为了提高职工的技术能力和创造能力，日本企业非常重视教育、技术培训和文化事业，主张通过教育提高员工的素质和能力，从而为企业创造更多的财富，他们认为只有人才是企业活力的源泉。

4. 重视沟通

日本企业的管理者不是终日埋头在办公室，而是经常与下属、职工打电话或面谈进行沟通。据统计，中层管理者有约 1/3～2/3 的时间花在参与下属人员的活动上，高层管理者花的时间则高达 60%。

日本企业很重视顾客，提出了一系列口号，如顾客是我们的第一主人、顾客至上、顾客是上帝、一切为了顾客等。日本企业认为，不是顾客依赖于企业，而是企业依赖于顾客，企业得以生存，全仰仗顾客惠顾。所以，日本企业将"顾客至上"作为一种原则，把严格的质量管理和完善的售后服务视为企业成功之道。

日本企业非常推崇集体，而不鼓励华而不实的个人单独表演，那些处处想出风头、过于流露野心的人会受到排斥和指责。美国人说，日本企业如同蚂蚁垒窝，成千上万的"小人"抱着同样的目标做小事，结果创造出移山填海的奇迹。这是由于日本人认为生活中的一切重要的事情都是由于协力或集体力量做成的，而不是个人能力的功劳。因此在企业中强调集体决策、集体负责和团队协作精神。

思考与分析：

（1）请从上述给出的案例中归纳出日本企业文化的核心内容。
（2）比较美国企业文化与日本企业文化的异同点。
（3）通过调研或资料搜集分析我国企业文化的一些共性。
（4）分析日美两国的企业文化对我国企业有哪些值得借鉴的地方。

第三章

管理道德与企业社会责任

 学习目标

通过本章的学习,掌握以下内容:
1. 理解管理道德的定义及五种道德观
2. 理解影响管理者道德素质的因素
3. 重点掌握如何提高员工的道德素质
4. 理解企业承担社会责任的必要性
5. 企业如何承担社会责任

案例导入

TD 集团搬起石头砸了自己的脚

2008年6月28日,位于兰州市的解放军第一医院收治了首例患"肾结石"病症的婴儿,据家长们反映,孩子从出生起就一直食用河北省石家庄市 TD 集团所产的 TD 婴儿奶粉。7月中旬,甘肃省卫生厅接到医院婴儿泌尿结石病例报告后,随即展开了调查,并报告国家卫生部。随后短短两个多月,该医院收治的患婴人数就迅速扩大到14名。此后,全国陆续报道因食用 TD 婴儿奶粉而发生副反应的病例,一度达几百例,事态之严重,令人震惊!2008年9月13日,党中央、国务院对严肃处理 TD 婴儿奶粉事件做出部署,立即启动国家重大食品安全事故一级响应,并成立应急处置领导小组。2008年9月15日,甘肃省政府新闻办召开了新闻发布会称,甘谷、临洮两名婴儿死亡,确认与 TD 婴儿奶粉有关。TD 集团声誉急剧下降。2009年2月12日,石家庄市中级人民法院正式宣布 TD 集团破产。这家国内连续15年保持产销量第一的奶粉生产企业,最终宣告破产。

"TD 奶粉"事件所产生的影响是巨大的、深远的。因为它关乎着人们的生命健康,它在人们心目中留下巨大的阴影。如近期出现的狂犬疫苗等不合格疫苗事件,充分暴露出我国一些企业管理者社会道德的缺失和沦丧。

一些企业的"无德"行为,造成普通百姓对消费安全忧心忡忡、心惊胆战,并造成严重的社会诚信危机,这对构建社会主义市场经济体制非常不利。同时,这些行为也反映出一些企业缺乏职业道德和社会公德,用老百姓的话说就是没良心。

道德是企业的生命,是企业发展的根本,是企业成长发展的基石。合法经营与道德结合的企业,才是社会需要的企业。无良无德的企业和人员给全国人民生命安全带来巨大危害,也应了中国的俗语"搬起石头砸了自己的脚"——企业信誉扫地,砸了职工的饭碗,断了企业的前途。"TD

奶粉"等问题食品事件不断提醒和告诫我们，在发展社会主义市场经济的过程中，企业的道德建设和社会诚信建设一刻也不能停。企业在追求最大利润的同时，必须坚守社会道德，承担社会责任，为消费者负责。如果以牺牲道德和消费者利益换取黑心利润，只能是"搬起石头砸了自己的脚"，最终付出沉重的代价。"TD奶粉"事件，让我们真正感到：企业如人，不能无品无德。在建设社会主义市场经济、构建和谐社会进程中，一刻也不能忘记倡导诚信理念，建设社会道德。

（资料来源：https://wenku.baidu.com/view/c9482c1eff00bed5b9f31d92.html.）

第一节 管理道德

一、管理道德定义

（一）道德的内涵及分类

道德就是依靠社会舆论、传统习惯、教育和人的信念的力量去调整人与人、人与社会之间关系的一种特殊的行为规范，是规定行为是非的惯例和原则。一般来说，道德是社会基本价值观一个约定俗成的表现，人们一般都会根据自己对社会现象的理解、社会认同的形态，形成与社会大多数人认同的道德观，大多数人能够知道该做什么不该做什么，哪些是道德的哪些是不道德的。

道德一般可分为社会道德、职业道德、家庭美德三类。

1. 社会道德

社会道德是一个社会的法律、风俗、实践、规范和价值所体现的价值观和标准，是在处理诸如公平、正义等问题时指导人们如何行事的标准。例如，一家企业的管理人员通过生产高质量或低价格的产品与其他公司进行竞争是完全道德的，但是如果他通过随意散布谣言诋毁对手产品、贿赂零售商等进行竞争，就是不道德。社会道德是一个组织道德规范的基础。

2. 职业道德

职业道德是同人们的职业活动紧密联系的符合职业特点所要求的道德准则、道德情操与道德品质的总和，是从事一定职业的人在职业劳动和工作过程中应遵守的与其职业活动相适应的行为规范。职业道德是从业人员在职业活动中应遵守或履行的行为标准和要求，以及应承担的道德责任和义务。例如，医德决定医生或护士如何对待病人，应采用对病人而不是对医生本人有益的医疗程序。职业规范或条例会影响诸如律师、会计等员工做出的决定或是在特定场合下的表现，这些规范和条例可能会成为一个组织道德规范的一部分。

3. 家庭美德

家庭美德是指人们在家庭生活中调整家庭成员间关系、处理家庭问题时所遵循的高尚的道德规范。家庭美德的内容主要包括尊老爱幼、男女平等、夫妻和睦、勤俭持家、邻里团结等。

 知识链接

"六尺巷"故事

六尺巷，位于安徽省桐城市的西南一隅，全长100米、宽2米，建成于清朝康熙年间，巷道两端立石牌坊，牌坊上刻着"礼让"二字。六尺巷的由来有着一段脍炙人口的佳话。据《桐城县志略》和姚永朴先生的《旧闻随笔》载，清康熙时，文华殿大学士、礼部尚书张英世居桐城，其府第与吴宅为邻，中有一块属于张家的隙地，向来作为过往通道，后吴氏建房子想越界占用，张家不服，双方发生纠纷，告到县衙，因两家都是显贵望族，县官左右为难，迟迟不能判决。张家人见有理难争，遂驰书京都，向张英告之此事。张英阅罢，认为事情简单，便提笔蘸墨，在家书上批诗四句："一纸书来只为墙，让他三尺又何妨。长城万里今犹在，不见当年秦始皇。"张家得诗，深感愧疚，毫不迟疑地让出三尺地基，吴家见状，觉得张家有权有势，却不仗势欺人，深受感动，于是也效仿张家向后退让三尺。这便形成了一条六尺宽的巷道，名谓"六尺巷"。两家礼让之举也被传为美谈。

想一想 3-1

你认为个人品德与家庭美德、社会公德、职业道德的关系是怎样的？

（二）管理道德

管理道德作为一种特殊的职业道德，是从事管理工作的管理者的行为准则与规范的总和，是特殊的职业道德规范，是对管理者提出的道德要求。对管理者自身而言，可以说是管理者的立身之本、行为之基、发展之源；对企业而言，是对企业进行管理价值导向，是企业健康持续发展所需的一种重要资源，是企业提高经济效益、提升综合竞争力的源泉。可以说管理道德是管理者与企业的精神财富。

二、五种道德观

（一）功利观

功利观是指完全按照成果或结果制定决策的一种道德观点，能够给大多数人带来最大利益的决定是道德的决定。积极面是符合利润最大化的目标和股东利益；消极面是忽视少数人的利益，扭曲资源配置。这种观点主张以行为结果即所获得的功利来判断人类行为是否道德，当某行为能给行为所及的大多数人带来最大利益，它便是道德的。反之，便是不道德。功利观鼓励人们提高效率，符合多数人的利益最大化。例如，当企业运行处于淡季时，接受功利观的管理者认为，解雇企业中20%的员工是正当的，因为这将增强企业的盈利能力，提高留下的80%员工的工作保障，并使投资者获得最好的收益。

一方面，功利主义能给行为影响的大多数人（80%的员工）带来利益，同时对劳动效率和生产效率有促进作用，当然就可以认为该行为是道德的，必然能得到大多数人的支持。另一方面，也存在一些不可回避的问题：一是企业为了实现利益最大化，可能采取了不公平、不道德甚至损害了他人或社会利益的手段，如没有让那些受决策影响的人参与决策；二是功利观只规定了对大多数人有利，而没有规定所得利益如何在相关人员中分配，所以很可能产生利益分配不公平，一小部分人利用手中的职权或资本，获取绝大部分的利益，而大部分人只得到了一小部分的利益，形成贫富两极分化的现象；三是导致了一些利益相关者（20%的员工）的权益被忽视，这也是不道德的。

（二）权利观

决策要在尊重和保护个人基本权利的前提下做出，即能够最好地保证和保护受影响的人们基本权益的决定，包括隐私权、良心自由、言论自由和法律规定的各种权利。这种观点认为，所有人都享有诸如个人隐私权、言论自由权、受教育权、医疗保障权及法律规定的其他各项基本权利，只有尊重和保护个人的基本权利的行为才是道德的。例如，针对雇员揭发雇主的违法行为，有的人认为这是不道德的，雇员要忠于雇主。但权利观认为应该尊重和保护雇员的言论自由权，谴责雇员揭发雇主是不道德的行为。

权利观积极的一面是维护了每个人的基本权利，并把它作为评判道德与否的标准，符合道德的本意，对随意侵犯他人权益的行为无疑有制约的作用。但它也有消极的一面，接受这种观点的管理者把对个人权利的保护看得比工作的完成更加重要。在个人权益与组织利益发生矛盾时，权利观会优先考虑个人利益，从而影响组织在生产过程中的劳动效率和生产效率的提高。

（三）公平理论道德观

公平理论道德观要求管理者公平、公正地加强和贯彻规则，能够在不同的利益相关者之间公平合理地分配利益与损害的观点。这种观点认为管理者在决策时公正地实施规则，公平地对待每个人，不偏不倚才符合道德原则。管理者不会因为种族、性别、个性、国籍、户籍等因素对员工产生歧视，而是通过在企业内部建立相对公平的规章制度，根据员工的技能、经验、绩效或职责等因素作为衡量标准，使员工努力工作并取得与努力程度相应的报酬。例如，接受公平理论道德观的管理者可能会向新来的员工支付比最低工资水平高一些的工资，因为在他（她）看来，最低工资不足以维持该员工的基本生活。

按公正公平原则行事，也会有得失。一方面，它保护了那些未被充分代表的或缺乏权力的利益相关者的利益；另一方面，它可能不利于培养员工的风险意识和创新精神，从而影响生产效率。我国目前还是发展中国家，两极分化严重。依据城乡贫富、受教育程度、临时工与正式工、有编制和非编制等条件，员工的工资待遇有着极大的差别。如果片面地强调基于简单的公正公平，会导致事实上的不公正，并可能重新回到历史上的"大锅饭"。

（四）综合社会契约理论观

综合社会契约理论观与上述其他三种的区别在于，它要求管理者考察各行业和各公司中的现有道德准则，以决定什么是对的、什么是错的。这种观点主张把实证（是什么）和规范（应该是什么）这两种方法并入管理道德中，即要求决策人在决策时综合考虑实证和规范两方面的因素。这种道德观综合了两种"契约"：一种是经济参与人当中的一般社会契约，这种契约规定了做生意的程序；另一种是一个社区中特定数量的人当中的较特定的契约，这种契约规定了哪些行为是可接受的。

例如，美国公司在中国的雇员，与美国本国的同等技能、同等绩效或同等职责的员工相比，工资待遇差别可能有 5~10 倍之多，并且中国员工在失业、医疗、休假等方面的保障往往更少。但这些行为通常并不认为是不道德的，而被视为是正常或至少是可以理解和接受的。

（五）推己及人道德观

推己及人道德观是中国儒家道德观的高度概括，提倡仁、义、礼、智、信。后来的思想家把儒家道德观归纳为"五常"，即"仁、义、礼、智、信"作为人们行为的最高道德规范。推己及人道德观追求的不是经济利益，而是求得"无怨""和"，也就是当今所追求的合作、和谐、双赢、诚信。推己及人道德观是道德观的最高境界。

管理定律：加斯佩里定律——信任的下一步是成功。

三、影响管理者道德素质的因素

一个管理者的行为合乎道德与否,是管理者道德发展阶段与个人特征、组织结构设计、组织文化和道德问题强度这些变量的调节之间复杂地相互作用的结果。缺乏强烈道德感的人,如果他们为那些反对非道德行为的规则、政策、职务说明或强文化准则所约束,那么做错事的可能性就会小很多。相反,非常有道德的人,可以被一个组织的结构和允许或鼓励非道德行为的文化所腐蚀。此外,管理者更可能对道德强度很高的问题制定出合乎道德的决策。让我们更进一步来考察一下影响管理者行为是否合乎道德的各种因素。

(一)道德发展阶段

道德发展分成三个层次六个阶段。管理者达到的阶段越高,就越倾向于采取符合道德的行为。道德发展的层次与阶段如表3-1所示。

表 3-1 道德发展的层次与阶段

层 次	阶 段
前惯例层次 只受个人利益的影响。决策的依据是本人利益,这种利益是由不同行为方式带来的奖赏和惩罚决定的	阶段1:避罚服从取向。只单纯地为避免受到惩罚而服从于规范,不会考虑其他事情 阶段2:相对功利取向。视会被人赞赏的行为作为规范,为得到因赞赏而取得的利益而守规范
惯例层次 道德观念是以他人的标准作为判断依据,以此作为发展自我道德观念的方向,因为这个层次的人希望得到别人的认同	阶段3:寻求认可取向。做你周围的人所期望的事 阶段4:遵守法规取向。认为法律是至高无上的权威,并服从大众所定下的各种规定作为道德规范
后惯例层次 道德观念已超越一般人及社会规范,对自我有所要求	阶段5:社会法制取向。相信法律是为了维护社会和大众的共同最大利益而制定的,一切会以大众的利益,但仍有不足之处,所以有些时候会为了大众的利益而违法 阶段6:普遍伦理取向。凭自我心行事。尽管法律有所限制,不过若因此而无法实现自己的道德观念,纵使违法也在所不惜,因为那些法律是有违其建立的原意。处于这个阶段的人,会认为他所做的是为了全世界人类的福祉着想

道德发展的最低层次是前惯例层次。在这一层次,人们的道德选择仅受个人利益的影响,其行为特征是为避免受到惩罚而严格遵守组织规则或只在符合直接利益时才遵守规则。道德发展的中间层次是惯例层次。在这一层次,人们的道德选择受他人期望的影响,道德判断的标准是个人是否维持平常的秩序并满足他人的期望。道德发展的最高层次是后惯例层次(又称原则层次)。在这一层次,人们的道德选择具有自主性,受自己认为是正确的个人行为准则的影响,个人试图在组织或社会的权威之外建立道德原则。

想一想 3-2

对照以上六阶段,判断自己属于哪一阶段。

(二)个人特征

组织中的每个人一般都会有一套相对稳定的判断是非的价值准则,它们是关于正确与错误、善与恶、勤奋与懒惰、诚信与虚假等基本信条的认识。这些认识是个人在长期生活实践中发展起来的，也是教育与训练的结果。管理者通常也有不同的个人准则，它构成道德行为的个人特征。由于管理者的特殊地位，这些个人特征很可能转化为组织的道德理念与道德准则。

这里所说的个人特征主要受两个变量的影响：自我强度和控制中心。

1. 自我强度

自我强度用来衡量一个人的信念强度。管理者的自我强度对管理者的道德选择至关重要。一个人的自我强度越高，克制冲动并遵守其信念的可能性越大。这就是说，自我强度高的人一般都会深信自己的判断是正确的，因而通常都能坚持去做自己认为正确的事。可以推断，对于自我强度高的管理者，其道德判断与道德行为会更加一致。

2. 控制中心

罗宾斯·斯蒂芬在《管理学》中将控制中心解释为"衡量人们相信自己命运的个性特征"。控制中心实际上是管理者自我控制、自我决策的能力。罗宾斯·斯蒂芬把控制中心分为内在和外在两个方面，具有内在控制中心的人相信他们掌握着自己的命运，而具有外在控制中心的人不相信自己，人生中发生什么事情听天由命，依赖环境的力量。控制中心作为个性特征对道德的影响表现为：具有内在控制中心的管理者比具有外在控制中心的管理者在道德判断与道德行为之间具有更大的一致性。

（三）组织结构

组织结构对管理道德的影响体现在较多方面。

组织结构的关键在于减少模糊性。因为模糊性小的组织结构有助于促进管理者的道德行为。正式的规章制度、职务说明和明文规定的道德准则可以降低组织结构的模糊程度，从而可以促进行为的一致性。

因此，在不同的组织结构中，管理者在工作时间、竞争和成本等方面的压力也不同，压力越大，越有可能降低道德标准，从而达成妥协。

（四）组织文化

组织文化是企业在长期的经营活动中形成的并被企业员工普遍认同和遵守的价值观念、团体意识、工作作风、行为规范和思维方式等范畴。组织文化的内容、性质和强弱程度对管理道德有明显的影响。一个企业若拥有健康、开放、进取、具有较高道德标准的组织文化，使组织成员普遍严于律己、宽以待人，便可极大地防止不道德行为的发生。

想一想 3-3

你所处的班级形成了一定的班级文化了吗？它是怎样影响你的？

知识链接

破窗理论

多年前，美国斯坦福大学心理学家詹巴斗进行一项试验，他找了两辆一模一样的汽车，把其中的一辆汽车摆在帕罗阿尔托的中产阶级社区，而另一辆汽车停在相对杂乱的布朗克斯社区。他把停在布朗克斯社区的那一辆汽车的车牌摘掉了，并且把顶棚打开。结果这辆汽车一天

之内就被人偷走了，而放在帕罗阿尔托社区的那一辆汽车，摆了一个星期也无人问津。后来，詹巴斗用锤子把那辆汽车的玻璃敲了个大洞，结果呢？仅仅过了几个小时，它就不见了。

以这项试验为基础，政治学家威尔逊和犯罪学家凯琳提出了一个"破窗理论"。理论认为：如果有人打坏了一个建筑物的窗户玻璃，而这扇窗户又得不到及时的维修，别人就可能受到某些暗示性的纵容去打烂更多的窗户玻璃。久而久之，这些破窗户就给人造成一种无序的感觉。然后在公众麻木不仁的氛围中，犯罪就会滋生、猖獗。

（资料来源：周三多.管理学[M].5版.上海：复旦大学出版社，2011.）

（五）道德问题强度

影响管理者道德行为的最后一个因素是道德问题本身的强度，所谓问题强度是指该问题如果采取不道德的处理行为可能产生后果的严重程度。管理者如果比较在意道德评价，认为道德问题很重要，就会自觉遵循道德规范和道德原则，并且会不断提高自身的道德水平；否则，就会我行我素。具体来说，道德问题强度取决于六个方面的因素。

（1）某种道德行为对受害者的伤害有多大或对受益者的利益有多大？例如，如果企业不景气，那么业务缩减、裁员可以降低经营成本，减少人力、物力、财力的消耗。

（2）有多少人认为这种行为是邪恶的或善良的？如果大多数人认为这种行为恶劣则不道德，若少数人这样认为这种行为恶劣则无所谓。例如，高校里曾经流行这样的段子："天下论文一大抄，看你会抄不会抄"，在高校抄袭论文已经越来越普遍。很多原本很在乎荣辱的学生都不再以抄袭论文为耻，而高校领导和教授们也欣然默许了这种现实。

（3）行为实际发生并造成实际伤害（或带来实际利益）的可能性有多大？例如，公司拖欠员工工资比按时给员工发放工资更有可能引发信用危机。

（4）在该行为和其预期后果之间，时间间隔有多长？例如，减少目前退休人员的退休金，比减少目前年龄在40~50岁的在职员工的退休金所带来的直接后果更为严重。

（5）你觉得行为的受害者（或受益者）与你（在社会、心理或物质上）挨得多近？丰田车主对丰田"召回门"事件，比通用车主所受的伤害更大。

（6）道德行为对有关人员影响的集中程度如何？例如，担保政策的一种改变（拒绝给10人提供每人10 000元的担保），比担保政策的另一种改变（拒绝给10 000人提供每人10元的担保）的影响更快、更集中。

综上所述，受伤害的人越多，越多人认为这种行为是不道德的；行为发生并造成实际伤害的可能性越高，行为的后果出现越早；观察者感到行为的受害者与自己挨得越近，问题强度就越大。这六个因素决定了道德问题的严重程度，道德问题越重要，管理者越可能采取符合道德的行为。

四、提高员工道德素质的途径

当今社会，环境污染、企业欺诈、同行间不正当竞争、商业贿赂、员工不负责等现象仍然存在，企业道德治理十分重要。高层管理者可以采取多种措施来提高员工的道德素质，这些措施包括：挑选高道德素质的员工、建立道德准则和决策准则、对员工进行道德教育、管理者以身作则、设立合理的工作目标、对绩效进行全面评价、进行独立的社会审计与监察、提供正式的保护机制等。

（一）挑选高道德素质的员工

每个人由于所处的道德发展阶段、生存环境、所接受的教育等不同，具有不同的个性特征，形成不同的价值观念和道德准则。这些不同的价值观念和道德准则可能会带到工作中去，因此组织在员工特别是管理人员的招聘过程中，就必须进行道德考察，剔除道德上不符合要求的求职者和候选人。挑选员工的过程应当被视为了解个人道德发展水平与道德品质的一个机会。

（二）建立道德准则和决策准则

在一些组织中，员工对"道德是什么"认识不清，这显然不利于组织。建立道德准则可以缓解这一问题。道德准则是表明一个组织基本价值观念和希望员工遵守的道德规则的正式文件。道德准则不能太笼统，即既要相当具体以便让员工明白以什么样的精神来从事工作、以什么样的态度来对待工作，又要使规定的内容相当宽泛，允许员工在不违反原则前提下有个人的见解和行动自由。因此，建立道德准则是减少道德问题、改善道德行为的一项有效的办法。

管理定律：手表定律——别让员工无所适从。

 知识链接

麦道公司的道德准则

美国《幸福》杂志列出全美最好的100家公司中，几乎90%的公司都有一套明文的道德法规。以麦道公司为例，为了使正直和道德成为公司的特征，作为麦道公司成员必须努力做到：①在我们所有的交往中要诚实和守信；②可靠地执行分派的任务并承担责任；③我们所说的和所写的一切要真实和准确；④在所从事的所有工作中要协作和富于建设性；⑤对待我们的同事、顾客和其他所有人都要公平和体贴；⑥在我们的所有活动中要守法；⑦始终以最好的方式完成全部任务；⑧经济地利用公司资源；⑨为我们的公司和为提高我们的生活质量奉献自己的服务。

管理者对道德准则的态度（是支持还是反对）及对违反者的处理办法，对道德准则的实施效果有重要影响。如果管理者认为这些准则很重要，经常宣讲其内容，并当众给违反者指明，那么就能为道德准则的实施提供坚实的基础。

（三）对员工进行道德教育

现在，越来越多的组织意识到对员工进行适当的道德教育的重要性，它们积极采取各种方式来提高员工的道德素质，如开设研修班、组织专题讨论会等。人们对这种做法意见不一。反对者认为，个人价值体系是在早年建立起来的，从而成年的教育是徒劳无功的。而支持者指出，道德是一种意识形态，本身就是动态发展的，无论是高尚的道德品质还是低劣的道德品质，都有其形成和发展过程。进了工作单位后，员工的道德水准会因工作环境、组织文化和单位管理水平的差异而有较大的变化。

例如，在日本企业界，员工的道德训练始终是与企业命运紧密结合在一起的。许多企业悬挂着"道德进入企业，心灵进入工作场所""在企业中要有伦理，职业上要有心"的口号，他们以"明朗、爱和、喜劳"为中心普遍开展道德训练，启迪和内化员工心灵。可以说，企业的发展取决于员工的业务素质，更取决于道德素质。

想一想 3-4

但丁有句名言："智慧的缺陷可以由道德弥补，而道德的缺陷由智慧永远弥补不了。"这句话对你有什么启发？

（四）管理者以身作则

道德准则要求管理者尤其是高层管理者应以身作则。因此，要使组织的管理道德准则得到员工的认同与有效执行，组织的管理者必须做好以下两件事情。

一是言传身教。管理者应当以自己克己奉公、敬业奉献的行动和诚信友善的态度取得员工的敬佩和支持，在道德方面起模范带头作用。

二是必须在人员提升和奖惩方面把好道德关。选择什么人作为提升的对象，选择什么事作为奖赏的对象，将向员工传递强有力的信息。

（五）设立合理的工作目标

目标是行动预期要实现的结果，工作目标集中体现组织管理者对员工工作的要求。员工应该有明确和现实的目标。如果目标对员工的要求不切实际，即使目标是明确的，也会产生道德问题。如果目标过低、降低实现目标的门槛、减轻应尽的责任，如此设定目标也会产生道德问题。通过降低预定目标，夸大最终成绩，谋取不正当利益；为了降低目标，有的管理者隐瞒事实，混淆视听，有的甚至上下串通，与道德规范格格不入。过高的目标把员工压得透不过气，即使是素质较高的员工也会迷惑，很难在道德和目标之间做出选择，有时为了达到目标不得不牺牲道德。一些组织的工作目标不合理，还表现在目标体系中只有数量指标而没有或极少有质量指标，使产品质量得不到保证，最终伤害客户利益。这种管理的缺陷表现为目标不完善，实质是职业道德低，为谋求自身利益最大化而无视客户对质量的要求。而明确的目标可以减少员工的迷惑，并能激励员工而不是惩罚他们。

（六）对绩效进行全面评价

绩效评价全面与否，对道德建设有重要影响。许多组织的奖励之所以没有达到预期效果，主要是绩效评价的片面性造成的。如仅以经济成果来衡量绩效，无视工作中的道德影响，人们为了取得成果就会不择手段，从而产生不符合道德的行为。如果组织想让其管理者坚持高的道德标准，它在评价的过程中必须把道德方面的要求包括进去。在对管理者的评价中，不仅要考察其决策带来的经济成果，还要考虑其决策带来的道德后果。

（七）进行独立的社会审计与监察

进行独立的社会审计与监察是改善管理道德的重要手段。道德教育不能保证每个人都按道德准则办事，现实中总有一些道德水准差的管理者难抵利益的诱惑，利用手中的权力弄虚作假、牟取个人或小集团的私利。独立的社会审计与监察是制止和预防这些不良行为产生的有效手段。根据组织的道德准则对管理者进行独立审计，可发现组织的不道德行为；惧于社会审计的威慑力，可以降低不道德行为发生的可能性。这种措施抓住了人们害怕被抓住的心理，被抓住的可能性越大，产生不道德行为的可能性就越小。

（八）提供正式的保护机制

当人们面临道德困境即处于两难选择时，究竟是坚持道德原则，勇于和坏人、坏事做斗争，还是放弃原则，同流合污，或者明哲保身，"事不关己，高高挂起"。这不仅取决于个人的道德水准，还和组织与社会是否提供正式的道德保护机制有关。正式的保护机制可以使那些面临道德困境的员工在不用担心受到斥责或报复的情况下自主行事。例如，组织可以任命道德顾问，当员工面临道德困境时，可以从道德顾问那里得到指导。道德顾问首先要成为那些遇到道德问题的人的诉说对象，倾听他们陈述道德问题、产生这一问题的原因及自己的解决方法，在各种解决方法变得清晰之后，道德顾问应该积极引导员工选择正确的方法。另外，组织也可以建立专门的渠道，使员工可以放心地向上一级政府部门或纪律检查委员会进行信访或上访。

改善管理道德是一项长期的任务，不是一朝一夕可以完成的，要贯穿于企业发展的全过程和全体员工，从而减少组织中的不道德行为发生。在以上措施当中，单个措施的作用是极其有限的，但若把它们中的多数或全部结合起来，就很可能收到较好的效果。

案例 3-1

某宾馆处分职工的道德困境

某宾馆经理接到处分职工王大成的报告，他觉得问题不太清楚，就进行了一番调查。事实是王大成的母亲患病住院，他母亲想喝鸡汤，由于王大成白天上班，晚上去医院陪母亲，连去市场买鸡的时间都没有，在这种情景下，他在餐厅里偷了一只鸡，因此犯了错误。经理了解情况以后，批准了餐厅对王大成记大过一次、扣发当月奖金。然后带着慰问品去医院看望王大成的母亲，并对他母亲说："王大成在工作中表现很好，在家里对你也很孝顺，他是你的好儿子。"患病的母亲含笑听着。次日，经理找王大成谈话，先肯定他工作好，接着又指出偷公家东西是十分错误的，并征求其对处分的想法。王大成对这种赏罚分明、合情合理的处理十分认可，并表示自己错了，愿意接受这种处分。这时，经理离开座位说："你母亲生病半个多月，我们都不知道，没有给予关心，我们很对不起你。"说完，经理毕恭毕敬地向王大成鞠了一个躬。

（资料来源：周三多.管理学[M].5版.上海：复旦大学出版社，2011.）

思考与分析：
（1）从管理与道德的关系，分析王大成的行为。
（2）评价经理处理这件事的做法。

第二节 企业社会责任

一、社会责任定义

美国管理学家斯蒂芬·罗宾斯认为，社会责任是工商企业追求有利于社会长远目标的义务，而不是法律和经济所要求的义务。因此，可将企业的社会责任定义为：企业在承担法律义务（企业遵守所在国和地区的有关法律法规）和经济义务（为投资者实现保值、增值的义务）之外，还应承担追求对社会有利的长期目标的义务。社会责任虽然没有法律的直接规定，但道德伦理要求企业承担对社会的责任。况且，法律的规定也不能包罗万象、面面俱到，社会责任便成为

法律责任的必要补充。

二、两种社会责任观

在"企业是否要承担社会责任"这一问题上,有两种截然不同的观点。

(一)古典观

米尔顿·弗里德曼是这种观点的代表人物,他最著名的格言是"企业的社会责任是增加利润"。弗里德曼支持组织承担社会责任,但这种社会责任仅限于为股东实现组织利润最大化。弗里德曼认为股东只关心一件事,那就是财务收益。具体来说,如果企业承担社会责任的行为使利润和股利下降,那么就损害了股东的利益;如果企业履行社会责任使员工的工资和福利下降,那么就损害了员工的利益;如果用提价来补偿社会责任的行为,那么就损害了消费者的利益;如果顾客不愿意或支付不起较高的价格,销售额就会下降,那么企业的生存就会受到威胁,这时企业的所有利益相关者都会遭受或多或少的损失。此外,弗里德曼还认为,职业经理追求利润以外的其他社会目标,其实是在承担社会公共管理者的责任,而这方面的责任应由公民选举的行政官员来承担。至于"社会应该怎样",他怀疑企业管理者不具有承担这方面责任的专长。

这种从纯经济角度看待企业社会责任的主要观点是:

其一,违反了利润最大化原则。这些人认为,企业追求社会目标会冲淡企业的基本使命——提高生产效率。而且,许多社会性活动不能自负盈亏,企业参加这些活动必将提高企业的经营成本,最终必将有人为此付出代价。因此,他们认为企业应只参加那些能带来经济利益的活动,而其余活动让给其他机构去做。

其二,应各司其职。在当今社会,企业拥有的权力已经很大了,如果让它追求社会目标,企业的权力会更大。况且,追求社会目标是政治相关代表组织的责任,企业与公众之间在社会责任方面没有直接的联系,对企业管理者来说,就不应该承担社会责任。另外,承担社会责任需要相关专门技能,企业管理者分析问题和解决问题的视角和能力基本是经济方面的。就能力而言,他们难以胜任社会问题的角色。

其三,缺乏大众支持。公众在对"企业是否要承担社会责任"这一问题上意见不一、争论较大,社会对企业处理社会问题的呼声也不是很高。如此,在缺乏一致支持的情况下,企业承担社会责任的行为很可能会失败。

(二)社会经济观

持这种观点的人认为,随着时代的变化,社会对企业的期望发生了变化,追求利润最大化不再是企业的唯一目标,企业同时应承担社会责任。因此,一个真正对社会负责任的企业,不仅要使股东利益最大化,而且还要考虑其决策和行为对所有利益相关者的影响。社会经济观认为,古典观的主要缺陷在于目光短浅,只看到眼前利益。管理者应该关心资本的长期收益最大化,为此,必须承担一些必要的社会义务及相应的成本,如以不污染、不歧视、不发布欺骗性广告等方式来维护社会利益。他们还必须在增进社会利益方面发挥积极的作用,如参与所在社区的一些活动和捐钱给慈善组织等。

这种从社会经济观的角度赞成企业承担社会责任的主要观点有:

其一,满足公众期望,塑造良好形象。20世纪60年代以来,社会对企业的期望越来越多,公众对企业追求经济效益和社会效益双重目标的呼声日益高涨。同时,企业承担社会责任可以塑造良好的公众形象。企业在公众中的形象如同企业的生命，其好坏直接关系到它是否能获得更多的顾客、好的员工，能否较容易地筹集资本，能否使销售额得到提升等。由于公众通常认为社会目标是重要的，因此企业通过承担社会责任，实现社会目标，能够产生良好的公众形象。

其二，创造良好的经营环境。企业承担社会责任有助于解决社会难以统一解决的问题，改善所在社区的状况，提高企业的公众形象，从而有利于吸引和留住人才，提高企业的核心竞争力。同时，企业履行社会责任可以降低由政府管制而引起的社会经济成本，增强企业的自主性和灵活性。

其三，增加长期利润。在股票市场上，有社会责任的企业通常被看成风险较低、透明度较高的公司。因此，社会责任会使企业的股票价格上涨，从而使股东获得较高收益。企业的生存离不开社会，其应该具有社会意识。况且承担社会责任不仅是道德上的要求，还符合企业自身的利益，它会给企业带来良好的社区关系和企业形象，从而使企业能可靠地获取较多的长期利润。

想一想 3-5
中国企业承担社会责任现状如何？

三、企业社会责任具体表现

根据以上分析，企业承担社会责任在短期内会增加经营成本，但从长期来看，会使企业赢得更多的利润和更好的声誉，促进社会和谐发展。由此可见，企业应积极地承担社会责任。根据利益相关者理论，企业与员工、顾客、投资者、竞争者、社区、环境等构成经济利益共同体，企业可从与利益相关者的关系方面来承担社会责任。

（一）对环境的责任

企业既受环境的影响又影响着环境，古人云："皮之不存，毛将焉附"。因此，从自身生存和发展的角度来看，企业有责任保护环境。

一是防止污染环境。在企业内宣传环保知识，培养员工环保意识。有社会责任的企业会主动节约能源和其他不可再生资源的消耗，尽可能减少企业活动对生态的破坏。同时，积极采用生态生产技术，开发绿色产品。

二是治理受污染的环境。企业的生产经营要消耗大量物资和能源，产生的"三废"要采取切实有效的措施及时地处理。根据"谁污染谁治理"的原则，承担治理费用，不能推脱，更不能采取转嫁生态危机的不道德行为。

（二）对员工的责任

只有满意的员工，才有满意的顾客。顾客满意，股东才会满意。员工是企业最宝贵的财富。为了使员工满意，企业应做到：

（1）不歧视员工。随着社会发展的多元化，现代企业员工队伍也趋于多元化。为了调动各方面的积极性，企业要同等对待所有员工，保证员工拥有平等待遇和机会，避免在性别、年龄、宗教信仰、户籍、国籍等方面的歧视行为。

（2）营造一个良好的工作环境。工作环境的好坏直接影响员工的工作效率和身心健康。企业要为员工营造一个健康、安全、关系融洽、压力适中的工作环境。例如，推行民主管理，认真听取员工建议，重视员工的利益，按时足额支付工资，按当地政府规定为员工缴纳"三险"，

赏罚分明、奖惩得当。必要时根据单位的实际情况为员工配备必要的设施，努力改善员工工作条件和物质条件。

（3）定期或不定期地培训员工。

（三）对顾客的责任

顾客是企业产品和服务的最终使用者，顾客的忠诚程度及数量决定着企业的成败、得失。企业对顾客的责任主要表现在：尊重顾客、为顾客提供真正需要的、安全的产品或服务；赢得顾客信赖，提高回头客的购买次数；做好售后服务工作，及时解决顾客在使用企业产品时遇到的困难。要明白一个道理"水能载舟，亦能覆舟"，顾客是水，企业是舟。

（四）对竞争对手的责任

在市场经济条件下，竞争无处不在，无时不有，但在此条件下的竞争是良性、有序的竞争。有社会责任的企业不会为了一时之利、逞一时之勇，通过不正当手段恶意挤垮对手，争个"鱼死网破""两败俱伤"。市场上没有永远的敌人，只有永远的利益。因此，企业要处理好与竞争对手的关系，在竞争中合作，在合作中竞争。

（五）对投资者的责任

投资者是企业的资金来源，是企业财产的最终所有者。企业管理者受投资者的委托经营企业，必须为投资者带来有吸引力的投资报酬。而那种只想从投资者手中获取资金，却不愿或无力给投资者以合理回报的企业，是对投资者不负责任的表现。投资者最终会解聘管理者，抛弃企业。因此，企业有责任与投资者进行及时的沟通，将其财务状况及时、准确地报告给投资者，假报或误报是对投资者的欺骗和不负责任的表现。

（六）对所在社区的责任

社区是企业生存的小环境，其对企业的影响不可忽视。为此，企业不仅要为所在的社区居民提供劳动就业机会，增加当地的财政资源，还要通过适当的方式尽可能地为所在社区做出贡献。例如，不以营利为目的对所在社区或其他特定社区的建设进行福利投资，包括学校、医院、老人院、公共娱乐设施、图书馆等。通过此类活动，不仅回报了社区和社会，还为企业树立了良好的形象。

 **课堂讨论**

东风汽车公司的社会责任观

东风汽车公司作为央企，围绕公司"三个东风"愿景和"十二五"战略规划，全面提升社会责任管理，将社会责任理念融入公司战略和全价值链经营中，追求经济、社会和环境的综合价值最大化，特别提出"润"计划。该计划的提出为实现"做强做优，建设国内最强、国际一流的汽车制造商"的目标做出了贡献，并使该公司塑造了一流的社会形象。

2012年，东风汽车公司发布社会责任中期计划——"润"计划，并提出"东风化雨润泽四方"的履责理念。"润"计划全面系统地规划了公司的经济责任、利益相关者责任、环境责任、社会公益责任及文化责任五大责任。同年，经国家民政部批准，东风汽车公司成立"东风公益基金会"，原始注资金额为5 000万元，对东风公益项目的实施提供执行平台和资金支持。

经济责任——润色国计民生，与国家共繁荣。作为中国汽车行业的排头兵，东风汽车公司坚持做强做优，不断提高发展质量和效益，为国民经济和社会发展做出了贡献。2015年与"十一五"末的2010年相比：东风汽车公司汽车销量由272.5万辆增加到387.2万辆，年均增长8.7%；销售收入由3 688亿元增加到4 877亿元，年均增长7%；上缴税费由311亿元增加到454.6亿元，年均增长9.7%，"十二五"已累计上缴税费2 045.7亿元。

利益相关者责任——润泽利益相关者，与之共成长。东风汽车公司在发展过程中，全面照顾到相关者的利益，努力与股东、员工、客户和供应商等实现共赢、和谐。东风汽车公司上市以来累计分红约为117.17亿元，为股东带来了丰厚回报。此外，东风汽车公司通过对特殊人群保护、困难员工帮扶等方式，实现对员工的关爱。2015年，该公司累计帮扶救助1 766人次，发放救助金711.76万元。

环境责任——润丽自然，与环境共和谐。东风汽车公司秉承"节能环保地造车，造节能环保的车"的环保节能理念，从设计、采购、生产、制造、回收等各个环节展开实践。在节能环保产品方面，截至2015年12月，东风汽车公司累计已有153个车型进入国家《节能与新能源汽车示范推广应用工程推荐车型目录》；累计投入17 125余辆新能源汽车在广州、武汉、上海、郑州、襄阳等地投入示范运营。此外，东风汽车公司首创"碳平衡"生态林，通过植树造林主动冲抵企业碳排放。目前，东风汽车公司"碳平衡"生态经济林项目"恩施基地"和"十堰基地"均已建成，在使当地生态环境得到改善的同时，实现企业碳排放的自我冲抵。

在"润美公益事业，与社会共进步"的社会公益责任方面，东风汽车公司主要开展了四个方面的工作：

一是支持地区发展。例如，东风汽车公司援藏十三年，累计投入资金7 000余万元，实施59个项目，支援西藏地区；并累计投资600余万元支援新疆和广西地区。

二是积极支持灾后重建。例如，2016年，东风汽车公司携手旗下单位向湖北省灾区捐款2 000万元，向盐城灾区捐款600万元。

三是支持教育事业。2013年5月，东风汽车公司与湖北省青少年发展基金会合作，启动"东风润苗行动"，投入资金近2 000万元，援建了15所"东风希望小学"。

四是支持卫生医疗事业。自2011年以来，东风汽车公司向湖北省妇女儿童发展基金会累计捐赠42辆"母亲健康"快车和18辆"东风湖北省流动家长学校"宣传车，为湖北贫困地区妇女、儿童提供公益流动医疗健康服务的同时，改善贫困地区家庭教育。

在"润漫文化，与文明共发展"的文化责任方面，2014年6月，东风汽车公司启动"和畅东风"汽车公民文化活动，并联合中国道路交通安全协会、中国汽车文化促进会发布《中国汽车公民文明公约》，号召汽车公民用点滴行动汇聚成文明与变革的力量，润漫汽车文化，促进中国汽车社会发展。东风汽车公司还在行业内率先发布了《商业道德公约》，构建起了以"和"文化、"润"计划和《商业道德公约》为主体的"三位一体"企业软实力体系。

（资料来源：https://www.cnrencai.com/zongjie/hot/541488.html.）

请讨论：
请用两种责任观，谈谈你对东风汽车公司履行社会责任的看法。

案例 3-2

向某的困惑

苏北某市原来是江苏最贫困的市之一。该市只有极个别的具有高技术含量的企业，CK公司就是其中之一。它原是一家国有企业，主要生产变压器，但其经营不佳，亏损严重。为了加快经济发展，市政府决定以比较低的价格将CK公司转让，民营企业家向某买断了CK公司产权，并组建了股份有限公司。买断的条件是在原有的四百多个工人中，必须保留一百多人。向某是一位十分精明能干素质的企业家，受过高等教育，在特区搞过经营。接手该企业后，他进行两项改革：一是提高科技开发的投入比重；二是提高销售成本比例。前者由1%提高到5%，后者由3%提高到12%。两项措施都比较有力地推动了新企业的经营。向某认为，现在该企业的产品虽然在同行业中市场占有率不算最高，但前景很乐观。另外，在改制后的第二年，他解雇了原企业留下的部分工人。估计不需要多长时间，保留的一百多个工人中相当多的工人都要被解雇。向某认为，他已陷入经济与道德、企业自身发展与履行社会责任的困境中。首先，作为本地的窗口企业，它的发展必将推动地域经济的发展，然而，提高销售成本会滋长企业经营中的一些不道德现象，形成不正当的竞争。其次，低价买断产权时，承诺接受的一百多名工人，后来的实践证明，相当一部分难以达到他的管理要求。于是，要么花大量经费培训这些工人，要么解雇他们。如果解雇他们，一方面不能履行改制时的承诺，另一方面会导致新的社会问题。为了自身企业的发展，向某选择了后者。

思考与分析：
（1）你认为在这种困境中，经营者应当如何抉择？
（2）是否可能达到两全？如果不能，选择的侧重点应在哪里？

知识小结

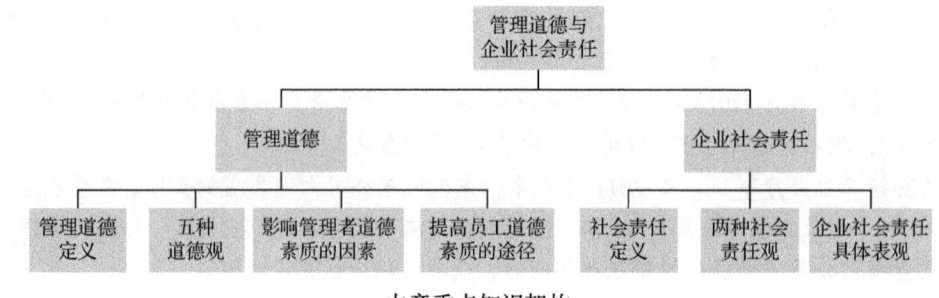

本章重点知识架构

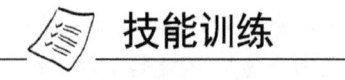

情 景 模 拟

【目标与情景】
目标：增强学生对企业履行社会责任的认识。
情景：大家知道，现代公司是创造社会财富的主要工具。公司的合法目标是什么？有的人认为，公司不仅是一个经济组织，同时也是一个社会组织。党的十八大提出市场在资源配置中起决定作用，但市场不能解决所有的问题，如不能解决分配问题、不能解决歧视问题、也不能解决环境问题。因此，公司和消费者都开始更加认真地思考在追求公共和社会利益而不是私人利益的时候，各自应该扮演什么角色。

【模拟训练】
（1）同学们自由组合成若干个小组，讨论下列问题：
① 你对公司在现代社会角色定位有何看法。
② 现代社会中公司有无义务履行社会责任。
（2）分正反两组进行辩论：
① 一方的观点是功利观，公司不应该承担社会责任。
② 另一方是社会经济观，公司应该承担社会责任。

拓展训练

"丰田汽车公司"能笑到最后吗？

2010年1月21日，丰田汽车公司宣布，因油门踏板有发生故障的可能性，对在美国销售的Camry（凯美瑞）等约230万辆乘用车实施召回，进行免费修理。这令该公司曾经良好的品质声誉再遭损毁。2009年11月，丰田汽车公司就曾因"脚垫门"事件，在美国对约420万辆车，进行了无偿修理或更换油门踏板、脚垫。近来，丰田汽车公司又在主要市场国连续进行大规模的召回修理。

2月5日，在日本丰田汽车公司总部，丰田章男45°鞠躬，在全球媒体的闪光灯下首次就召回等问题公开道歉。这位丰田汽车公司总裁先用日语说："多个地区发生召回事件，给客户造成极大不便和担忧，他深感抱歉。"他随后用英语说："自己了解召回事件使许多客户驾驶时心里紧张，但请相信我，丰田汽车是安全的……"

大规模召回事件让日本丰田汽车公司陷入有史以来最严重的信任危机，很多丰田汽车车主被迫封车，很多打算买丰田汽车的人纷纷收手。丰田汽车的销量应声下跌几十个百分点，而同时竞争对手也获得了数十个百分点的销售增长。

这些召回究竟是将更多人（包括丰田章男）置于风险当中还是挽救了更多人的性命？从某种意义上说，它为企业提供了树立负责任、值得信赖形象的机会。况且，召回是所有企业都会碰到的，并不是丰田汽车公司一个公司碰到的。丰田汽车公司大，所以其召回的面也大，别的公司小，所以其召回的面也小。大家了解了召回的面以后，慢慢也觉得这是一个司空见惯的事情，正如广汽集团总经理曾庆洪所说："任何汽车都有召回，你们上网看就知道，哪种汽车没有召回，有些汽车甚至召回100%。召回是很正常的，召回不是说明企业不行，召回体现了一种社会责任。"

这样，卷入"踏板门"事件的丰田汽车公司召回是有史以来最大规模的一次汽车产品缺陷召回事件。这样大规模的召回，成本就是天文数字，正值丰田汽车公司攀上全球产销第一的至尊地位却遭遇消化不良之时，对丰田汽车公司的打击可谓是当头一棒。但丰田汽车公司还是在"主动召回""指令召回""隐匿召回""拒不召回"的诸多选项中，果断选择了"主动召回"和"主动申报"。这看似令人费解，实则来源于日本企业强烈的社会责任感。

思考与分析：
（1）丰田汽车公司是怎么面对信任危机的？
（2）其做法对企业的发展会产生什么影响？

第四章

计 划

 学习目标

通过本章的学习，掌握以下内容：
1. 了解计划的概念、种类及关系
2. 理解计划职能的内容、程序
3. 掌握计划工作的原理
4. 掌握计划编制的方法和技术
5. 认知目标管理
6. 掌握目标管理过程

案例导入

为何如此不同？

曾经有人做过这样一个实验：组织三组人，让他们沿着公路步行，分别向 10 公里外的三个村子行进。乙组知道去哪个村庄，也知道它有多远，但是路边没有里程碑，人们只能凭经验估计大致要走两小时左右。甲组不知道去的村庄叫什么名字，也不知道它有多远，告诉他们跟着向导走就是了。丙组最幸运，大家不仅知道所去的是哪个村子，也知道它有多远，而且路边每公里有一块里程碑。三组表现会相同吗？甲组刚走了两三公里时就有人叫苦了，走到一半时，有些人几乎愤怒了，他们抱怨为什么要大家走这么远，何时才能走到。有的人甚至坐在路边，不愿再走了。越往后，人的情绪越低，七零八落，溃不成军。乙组走到一半时才有人叫苦，大多数人想知道他们已经走了多远了，比较有经验的人说："大概刚刚走了一半的路程。" 于是大家又簇拥着向前走。当走到3/4的路程时，大家又振作起来，加快了脚步。丙组一边走一边留心看里程碑。每看到一块里程碑，大家便有一阵小小的快乐。这个组的情绪一直很高涨。走了七八公里以后，大家确实都有些累了，但他们不仅不叫苦，反而开始大声唱歌、说笑，以消除疲劳。最后的两三公里，他们越走情绪越高，速度反而加快了。因为他们知道，要去的村子就在眼前了。

确定目标及计划行动方案，是计划职能的核心任务。要带领大家共同完成某项工作，首先要有明确的目标。

（资料来源：周三多.管理学[M].5 版.北京：高等教育出版社，2018.）

第一节 编制计划

一、计划的概念

计划具有两重含义：其一是计划工作，是指根据对组织外部环境与内部条件的分析，提出在未来一定时期内要达到的组织目标及实现目标的方案途径；其二是计划形式，是指用文字和指标等形式所表述的组织及组织内不同部门和不同成员，在未来一定时期内关于行动方向、内容和方式安排的管理活动。

管理定律：布里斯定理——好的计划是成功的开始。

 **知识链接**

十三年之久的灭吴计划

孙子曰：兵者，国之大事，死生之地，存亡之道，不可不察也。

历史上，战争是国家的大事，除了关系到百姓生死、国家存亡，还涉及政治、经济、文化、法制等社会各个方面。所以，运筹谋划是决定战争胜负的首要因素和前提条件。

春秋末年，越王攻灭吴国之战，就全面体现了谋划的重要性。

公元前494年，越国进攻吴国而战败，越王勾践在危急关头，决定委曲求全保存国土，以谋东山再起，并根据本国国情和吴国情况，制定了一系列国家复兴、转败为胜的战略，即"破吴七计"。勾践卑言慎行，忍辱负重，一方面收买吴国重臣，麻痹夫差；一方面实行内政改革，发展生产，恢复国家元气，赢得了百姓的拥戴；一方面利用外交活动，实行离间计，挑拨夫差与伍子胥之间的关系；最后，知人善用，抓住时机，终于完成了长达十三年之久的灭吴计划。

这个故事告诉人们，计划是管理中具有首位性的基本职能之一。

计划是有预见性的，如果计划周密、条件充分，胜利的可能性就大。"多算胜，少算不胜""知己知彼，百战不殆"。计划首先要搜集信息，调查对方，考察己方；然后制定行动方案，明确方案实施的措施，并要合理配置资源，这样才能使计划符合实际、顺应民心，才能调动全体人员的积极性，为目标而努力。

想一想 4-1

进入大学后你制订计划了吗？

二、计划的性质

（一）目的性

每一个计划及其辅助计划都是为了实现企业或各类组织的总目标或一定时期的目标服务的。没有计划，一个组织就不可能实现它的目标。

（二）先行性

计划工作相对于其他管理职能处于首位。从管理过程的角度看，计划、组织、领导和控制等方面的管理活动都是为了实现企业的目标。计划工作必须先于其他管理职能。在实际工作中，所有职能交织成一个行动网络，但计划工作有它特殊的地位，因为它牵涉到整个集体去努力完成的目标。此外，主管人员必须制订计划以了解需要什么样的组织关系和人员素质，按什么方法去领导下属工作人员，以及采用什么样的控制。因此，要使其他管理职能发挥效用，必须首先做好计划。

（三）普遍性

计划的普遍性有两层含义：

一是指社会各部门、各环节、各单位、各岗位，为有效实现管理目标，都必须具有相应的计划。上至国家，下至一个班组，甚至个人，无不如此。

二是指所有管理者，从最高管理人员到第一线的基层管理人员都必须编制计划。计划工作是任何管理人员的一个基本职能，也许他们各自计划工作的范围不同、特点不同。但凡是管理者都要做计划工作，都必须在上级规定的政策许可的范围内做好自己的计划工作。如果管理人员没有计划任务，那倒值得怀疑了，他还算不算是一个管理者。在管理科学研究中，人们发现基层管理者责任感的最重要因素就是他们从事计划工作的能力。

（四）效率性

计划工作的任务不仅要确保总目标的实现，而且要从众多方案中选择最优的资源配置方案，在实现总目标的过程中合理地利用资源和提高效率。计划工作的效率，是以实现企业的总目标和一定时期的目标所得到的利益，扣除制订和执行计划所花的费用及预计不到的损失之后的总额来测定的。它一般是指投入与产出之间的比率，但这一概念不仅包括了按资金、工时或成本表示的投入产出比率，而且包括了组织和个人的满意程度这一类主观评价标准。所以，只有按合理的代价实现目标，这样的计划才是有效率的。

（五）创新性

计划工作总是针对需要解决的新问题和可能发生的新变化、新机会而做的，因而它是一个创造性的管理过程。正如一项新产品的成功在于创新一样，成功的计划也依赖于创新。

想一想 4-2

计划对企业的绩效有哪些贡献？为什么计划要体现创新性？

知识链接

计划的先行性

一只小狐狸对一只老狐狸抱怨说："真是生不逢时啊！我想得好好的计谋，不知为什么，几乎总是不成功。"老狐狸问："你告诉我，你是在什么时候制订你的计谋的？"小狐狸说："啥时候？都是肚子饿了的时候呗。"老狐狸笑了："对啦，问题就在这里！饥饿和周密考虑从来走不到一块。你以后先行性制订计谋，一定要趁肚子饱饱的时候，这样就会有好的结果了。"该故事充分说明计划的先行性。

三、计划的类型

（一）按时间分类

按时间来分类，计划可分为长期、中期和短期。长期通常指 5 年以上，短期一般指 1 年以内，中期则介于两者之间。管理人员也采用长期、中期和短期来描述计划。长期计划描述了组织在较长时期（通常 5 年以上）的发展方向和方针，规定了组织的各个部门在较长时期内从事某种活动应达到的目标和要求，绘制了组织长期发展的蓝图。短期计划具体地规定了组织的各个部门在目前到未来的各个较短的时期阶段，特别是最近的时段中，应该从事何种活动，从事该种活动应达到何种要求，因而为各组织成员的行动提供了依据。

（二）按明确程度分类

根据计划内容的明确程度，计划可分为具体性计划和指导性计划。具体性计划具有明确规定的目标，不存在模棱两可。例如，企业销售部经理打算使企业销售额在未来 6 个月中增长 15%，他会制订明确的程序、预算方案及日程进度表，这便是具体性计划。指导性计划只规定某些一般的方针和行动原则，给予行动者较大自由处置权，它指出重点但不把行动者限定在具体的目标或特定的行动方案上。例如，一个增加销售额的具体计划可能规定未来 6 个月内销售额要增加 15%，而指导性计划则可能只规定未来 6 个月内销售额要增加 12%~16%。相对于指导性计划而言，具体性计划虽然更易于执行、考核及控制，但缺少灵活性，它要求的明确性和可预见性条件往往很难满足。

（三）按计划的表现形式分类

计划按照不同的表现形式，由抽象到具体可分为宗旨、目标、战略、政策、程序、规则、规划和预算。如图 4-1。

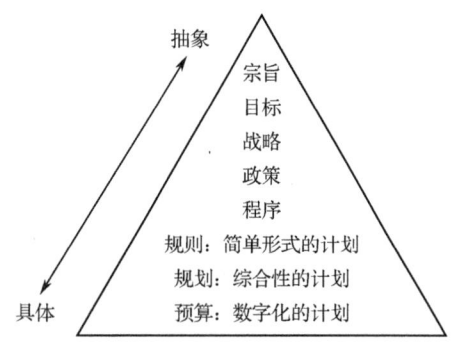

图 4-1　计划的表现形式

（1）宗旨。宗旨描述组织的价值观、组织的抱负和组织存在的原因。它着重表明社会对该组织的基本要求、组织的基本作用和根本任务的计划。宗旨对组织的各项任务只做最一般的表述，其重点是明确组织是干什么的、应该干什么和最终要达到的目的是什么。

（2）目标。目标是指一个组织在未来一段时间内要实现的预期成果。宗旨是一个组织最基本的目的，它要通过目标的具体化才能成为行动的指南。

（3）战略。战略是着重为实现组织长远目标所选择的途径，主要指出组织活动方向、工作重点和资源配置优先次序的总纲，但不确切说明怎样达到目标。

（4）政策。政策的作用是为组织建立活动的一般指南。政策是指明组织的活动范围和方针，表明组织鼓励什么和限制什么,以保证行动同目标一致的计划的一系列导向性规定,如我国的计划生育政策,中、小企业技术创新优惠政策。

(5)程序。程序是指处理问题的例行方法和步骤。它是指导如何采取行动的工作步骤,程序一般按照例行方法和步骤的时间顺序对必要的活动进行排列,如企业的处理订单程序、会计部门记载往来业务的程序。

(6)规则。规则通常是一种简单形式的计划,它为组织的具体工作做出一系列限制和规定,详细阐明哪些是必需的行动、非必需的行动,并且没有酌情处理的余地,如比赛规则。

(7)规划。规划是综合性的计划,包括目标、政策、程序、规则、任务分配、要采取的步骤、要使用的资源,如我国第十三个五年规划。

(8)预算。预算是用数字表示预期结果的报表,是一种数字化的计划。在许多公司型组织中,预算是基本的计划工作手段,它通常是为规划服务的,同时预算也是一种控制手段。不同的预算在精确性、详细性和目的性上是不同的。

想一想 4-3

请问各种计划类型之间有怎样的联系?

四、编制计划的程序

任何计划工作的程序,即工作步骤都是相似的,依次包括以下内容:估量机会,确定目标,确定计划的前提条件,拟订可供选择的方案,评价各种备选方案,选择方案,拟订派订计划,编制预算。

(一)估量机会

对机会的估量,要在实际的计划工作开始之前就着手进行,它虽然不是计划的一个组成部分,但却是计划工作的一个真正起点。在确定目标前,首先要对未来可能出现变化和预示的机会进行初步分析判断,根据自己的长处和短处搞清自己所处的地位;了解自己利用机会的能力;对主要的不肯定因素,分析其发生的可能性和影响程度;在反复斟酌的基础上,下定决心,扬长避短。

(二)确定目标

计划工作的第一步是在估量机会的基础上,为组织及其所属的下级单位确定计划工作的目标。在这一步骤上,要说明基本的方向和要达到的目标,说明制定战略、政策、规则、程序、规划和预算的任务并指出工作的重点。

(三)确定计划的前提条件

计划工作的第二步是确定一些关键性的计划的前提条件,并使设计人员对此取得共识。所谓计划工作的前提条件就是计划工作的假设条件,即计划实施时的预期环境。

(四)拟订可供选择的方案

计划工作的第三步是调查和设想可供选的行动方案。通常,最显眼的方案不一定就是最好的方案。在过去的计划方案上稍加修改和略加推演也不会得到最好的方案。这一步工作必须发挥创造性。此外,方案也不是越多越好。即使我们可以采用数学方法和借助电子计算机的手段,还是要对候选方案的数量加以限制,以便把主要精力集中在少数最有希望的方案的分析方面。

（五）评价各种备选方案

计划工作的第四步是按照前提和目标来权衡各种因素，比较各个方案的利与弊，对各个方案进行评价。评价实质上是一种价值判断。它一方面取决于评价者所采用的标准；另一方面取决于评价者对各个标准所赋予的权数。显然，确定目标和确定计划的前提条件的工作质量直接影响到方案的评价。

（六）选择方案

计划工作的第五步是选定方案。这是在前四步工作基础上做出的关键一步，也是决策的实质性阶段——抉择阶段。可能遇到情况是，有时会发现同时有两个可取的方案。在这种情况下，必须确定出先采取哪个方案，而将另一个方案也进行细化和完善，以作为后备方案。

（七）拟订派生计划

派生计划就是在总计划下的分计划。总计划要靠派生计划来保证，派生计划是总计划的基础。

（八）编制预算

计划工作的最后一步是把计划转化为预算，使之数字化。预算实质上是资源的分配计划。预算工作做好了，可以成为汇总和综合平衡各类计划的一种工具，也可以成为衡量计划完成进度的重要标准。

想一想 4-4

如何理解编制计划必须遵循书中所列步骤？

五、编制计划的方法

实践中，编制计划行之有效的方法主要有目标管理、滚动计划法和网络计划技术等。

（一）目标管理

目标管理（Management By Objectives，MBO）是以泰勒的科学管理和行为科学管理理论为基础而形成的一套管理制度，其概念是管理专家彼得·德鲁克（Peter Ducker）1954 年在其名著《管理实践》中最先提出的，其后他又提出"目标管理和自我控制"的主张。

德鲁克认为，并不是有了工作才有目标，而是相反，有了目标才能确定每个人的工作，所以"企业的使命和任务，必须转化为目标"，如果一个领域没有目标，这个领域的工作必然被忽视。因此管理者应该通过目标对下级进行管理，当组织最高层管理者确定了组织目标后，必须对其进行有效分解，转变成各个部门及各个人的分目标，管理者根据分目标的完成情况对下级进行考核、评价和奖惩。

（二）滚动计划法

滚动计划法是按照"近细远粗"的原则制订一定时期内的计划，然后按照计划的执行情况和环境变化，调整和修订未来的计划，并逐期向后移动，把短期计划和中期计划结合起来的一种计划方法。

这种方法根据计划的执行情况和环境变化定期修订未来的计划，并逐期向前推移，使短期计划、中期计划有机地结合起来。由于在计划工作中很难准确地预测将来影响组织生存与发展的经济、政治、文化、技术、产业、顾客等各种变化因素，而且随着计划期的延长，这种不确定性就越来越大。因此，如果机械地按几年以前编制的计划实施，或者机械地、静态地执行战略性计划，则可能导致巨大的错误和损失。滚动计划法可以避免这种不确定性带来的不良后果。

（三）网络计划技术

网络计划技术是20世纪50年代后期在美国产生和发展起来的。这种方法包括各种以网络为基础的判定方法，如关键路径法、计划评审技术、组合网络法等。

网络计划技术是一种科学的计划管理方法，它是随着现代科学技术和工业生产的发展而产生的。20世纪50年代，为了适应科学研究和新的生产组织管理的需要，国外陆续出现了一些计划管理的新方法。1956年，美国杜邦公司研究创立了网络计划技术的关键线路方法，并试用于一个化学工程上，取得了良好的经济效果。1958年美国海军武器部在研制"北极星"导弹计划时，应用了计划评审方法进行项目的计划安排、评价、审查和控制，获得了巨大成功。20世纪60年代初期，网络计划技术在美国得到了推广，一切新建工程全面采用这种计划管理新方法，并开始将该方法引入日本和西欧其他国家。随着现代科学技术的迅猛发展、管理水平的不断提高，网络计划技术也在不断发展和完善。目前，它已广泛地应用于世界各国的工业、国防、建筑、运输和科研等领域，已成为发达国家盛行的一种现代生产管理的科学方法。

六、计划工作的原理

（一）限定因素原理

限定因素是指妨碍目标得以实现的因素。在其他因素不变的情况下，抓住这些因素，就能实现期望的目标。限定因素原理是指在计划工作中，越是能够了解和找到对达到所要求目标起限制性和决定性作用的因素，就越能准确地、客观地选择可行的方案。限定因素原理是决策的精髓，决策的关键就是解决抉择方案所提出的问题，即尽可能地找出和解决限定性的或策略性的因素。

 知识链接

木桶原理

限定因素原理又称木桶原理。木桶原理是由美国管理学家彼得提出的，说的是由多块木板构成的木桶，其价值在于其盛水量的多少，但决定木桶盛水量多少的关键因素不是其最长的板块，而是其最短的板块。这块短板就成了这个木桶盛水量的"限制因素"。若要使此木桶盛水量增加，只有换掉短板或将短板加长才可以。所以这一规律就被总结为"水桶定律"，又称"短板理论"。由此又延伸出以下推理：一是木桶能盛多少水，取决于木板之间缝隙的疏密程度；二是木桶能盛多少水，取决于木板整体的高度；三是斜着放置的木桶能盛多少水，取决于最长的木板。

想一想 4-5

木桶原理对你有何启示？

（二）许诺原理

许诺原理是指在制订计划时要根据完成一定的计划目标和计划任务所需耗费的时间来确定合理的计划期限。任何一项计划都是对完成各项工作所做出的许诺，许诺越大，实现许诺的时间就越长，实现许诺的可能性就越小。由于制订计划和它所依据的预测工作常常要支付成本，如果从效益的角度分析，就必须考虑合理的计划期限，以降低风险。遵循许诺原理，可以使人们通过考虑"实现决策中所许诺的任务必须花费的时间"来确定合理的计划期限。一般地，计划期限的长短取决于实现决策中所许诺的任务的必需时间。

（三）灵活性原理

灵活性原理是指行动计划的灵活性越大，因未来意外事件引起损失的可能性就越小，两者呈反比例关系。灵活性原理是行动计划工作中最主要的原理，它主要针对计划的制订过程，使计划本身具有适应性，要求计划的制订"量力而行，留有余地"。至于计划的执行，则必须严格准确，要"尽力而为，不留余地"。

想一想 4-6
计划的执行也具有灵活性吗？

（四）改变航道原理

改变航道原理是指计划工作为将来承诺得越多，主管人员定期检查现状和预期前景，以及为保证所要达到的目标而重新制订计划就越重要。计划的总目标不变，但实现目标的进程（即航道）可以因情况的变化而随时改变。计划制订出来后，计划工作者就要管理计划，促使计划的实施，但又不能被计划所"管理"，不能被计划框住，必要时可以根据当时的实际情况做必要的检查和修订。因为未来情况随时都可能发生变化，制订出来的计划不可能一成不变。尽管我们在制订计划时预见了未来可能发生的情况，并制订了相应的应变措施，但计划往往赶不上变化，因而在必要时就要调整计划或重新制订计划。就像航海家一样，必须经常核对航线，一旦遇到情况就可绕道而行，故此原理称为"改变航道原理"。这个原理与灵活性原理不同，灵活性原理是使计划本身具有适应性，而改变航道原理是使计划执行过程具有应变能力，为此，计划工作者就必须经常地检查计划，重新调整、修订计划，以此达到预期的目标。

想一想 4-7
灵活性原理和改变航道原理有何区别？

知识链接

不拉马的士兵

"不拉马的士兵"是一个流传已久的管理故事：一位年轻有为的炮兵军官上任伊始，到下属部队参观演习，他发现有一个炮班把大炮安装好，每个人各就各位，但其中有一个人站在旁边一动不动，直到整个演练结束，这个人也没有做任何事。军官奇怪地问："这个人没做任何动作，也没什么事情，他是干什么的？"大家一愣，说："原来在训练教材里就是讲这样编队的，一个炮班 11 个人，其中一个人站在这个地方。我们也不知道为什么。"军官回去后，经过查阅资料才知道这一个人的由来：原来，早期的大炮是用马拉的，炮车到了战场上，大炮一响，马就要跳、就要跑，一个士兵就负责拉马。到了现代战争，大炮实现了机械化运输，不再用马拉，而那个士兵却没有被减掉，仍旧站在那里。

管理启示：我们的许多企业里，也同样可能存在"不拉马的士兵"，特别是如今大变革、大整合的时代，企业改革或所处的环境发生了变化、企业的工作流程或工作方式发生了变化、企业的技术得以革新等，如果企业自身没有意识到，并仍遵循原来的运作模式，此时，也许就会使一些人力、物力出现"不拉马"现象。"不拉马"现象直接占用了企业的资源，使组织运作的效能降低。

案例 4-1

宏大实业发展有限公司的发展计划

宏大实业发展有限公司（以下简称宏大公司）的总经理汤军一直在想着两件事：一是年终已到，应抽时间开个会议，好好总结一下一年来的工作。今年外部环境发生了很大的变化，尽管公司想方设法拓展市场，仍困难重重，好在公司经营比较灵活，苦苦挣扎，这一年总算摇摇晃晃走过来了，现在是该好好总结一下，看看问题到底在哪儿。二是该好好谋划一下明年怎么办，更远的该想想以后五年怎么干，乃至于以后十年怎么干。上个月汤总从事务堆里抽出身来，到淮海大学去听了两次关于现代企业管理的讲座，教授的精彩演讲对他触动很大。宏大公司成立至今，转眼已有十多个年头了。十多年来，宏大公司取得过很大的成就，靠运气、靠机遇，当然也靠大家的努力。细细想来，宏大公司的管理全靠经验，特别是靠汤总自己的经验，遇事都由汤总拍板，从来没有公司通盘的目标与计划，因而常常是干到哪儿是哪儿。可现在宏大公司已有几千万元资产、三百来号人，再这样下去可不行了。汤总每想到这些，晚上都睡不着觉，到底该怎样制订公司的目标与计划呢？这正是最近汤总一直在苦苦思考的问题。

宏大公司是一家民营企业，是改革开放的春风为宏大公司的建立和发展创造了条件。因此汤总常对职工讲，宏大公司之所以有今天，一靠他们三兄弟拼命苦干，但更主要的是靠改革开放带来的机遇。十五年前，汤氏三兄弟只身来到了省里的工业重镇 A 市，当时他们口袋里只有父母给的全家的积蓄 800 元，但汤氏三兄弟决心用这 800 元创一番事业，摆脱祖祖辈辈日出而作、日落而归的脸朝黄土、背朝天的农民生活。到了 A 市，汤氏三兄弟借了一处棚户房落脚，每天分头出去找营生，在一年时间里他们收过破烂，贩过水果，打过短工，但他们感到这都不是他们要干的。老大汤军经过观察和向人请教，发现 A 市的建筑业发展很快，城市要建设，老百姓要造房子，所以建筑公司业务不少，但当时由于种种原因，建筑材料却常常短缺，因而建筑公司也失去了很多工程。汤军得知，建筑材料中水泥、黄沙都很缺。他想到，在老家镇边上，他表舅开了家小水泥厂，生产出的水泥在当地还销不完，因而不得不减少生产。他与老二、老三一商量决定做水泥生意。他们在 A 市找需要水泥的建筑队，讲好价，然后到老家租船、借车把水泥运出来，去掉成本每袋水泥能净得几块钱。利虽然不厚，但积少成多，一年下来他们挣了几万元。在当时的中国，"万元户"可是个令人羡慕的名称。当然这一年中，汤氏三兄弟也吃尽了苦，汤军一年里住了两次医院，一次是劳累过度晕在路边被人送进医院，一次是肝炎住院，医生的诊断是营养严重不良引起抵抗力差而得肝炎。虽然如此，看到一年下来的收获，汤氏三兄弟感到第一步走对了，决心继续走下去。他们又干了两年贩运水泥的活，那时他们已有一定的经济实力了，同时又认识了很多人，有了一张不错的关系网。汤军在贩运水泥中，看到改革开放后，A市的角角落落都在大兴土木，建筑队的活忙得干不过来，他想，家乡也有木工、泥瓦匠，何不把他们组织起来，建个工程队，到城里来闯天下呢？三兄弟商量后说干就干，没几个月一个工程队开进了城。当然水泥照样贩，这也算是两条腿走路了。

一晃十五年过去了，当初贩运水泥起家的汤氏三兄弟，今天已是拥有几千万资产的宏大公司的老板了。宏大公司现有一家贸易公司、建筑装饰公司和一家房地产公司，有员工近300人。老大汤军当公司总经理，老二、老三做副总经理，并分兼下属公司的经理。汤军妻子的叔叔任财务主管，他们表舅的大儿子任公司销售主管。总之，宏大公司的主要职位都是家族里面的人担任，汤军具有绝对权威。

公司总经理汤军是汤氏兄弟中的老大，当初到A市时只有24岁，他在老家读完了小学，接着断断续续地花了六年时间才读完了初中，原因是家里穷，又遇上了水灾，两度休学，但他读书的决心很大，一旦条件许可，他就去上学，而且边读书边干农活。十五年前，是他带着两个弟弟离开农村进城闯天下的。他为人真诚，好交朋友，又能吃苦耐劳，因此深得两位弟弟的敬重，只要他讲如何做，他们都会去拼命干。正是在他的带领下，宏大公司从无到有、从小到大。现在在A市，汤氏三兄弟的宏大公司已是大名鼎鼎，特别是去年，汤军代表宏大公司一下子拿出50万元捐给省里的贫困县建希望小学后，民营企业家汤军的名声更响了。但汤军心里明白，公司这几年日子也不太好过，特别是今年。建筑公司任务还可以，但由于成本上升，创利已不能与前几年同日而语，只能是维持，略有盈余。况且建筑市场竞争日益加剧，宏大公司的前景难以预料。贸易公司能勉强维持已是上上大吉了，今年做了两笔大生意，挣了点钱，其余的生意均没成功，况且仓库里还积压了不少货无法出手。房地产公司更是一年不如一年，当初刚开办房地产公司时，由于时机抓准了，两个楼盘，着实赚了一大笔，这为宏大公司的发展立了大功。可是好景不长，房地产市场疲软，生意越来越难做。好在汤总当机立断，微利或持平地把积压的房屋作为动迁房而基本脱手了，要不后果不堪设想。就是这样，现在还留着的几十套房子把公司压得喘不过气来。

面对这些困难，汤总一直在想如何摆脱现在这种状况、如何发展。发展的机会也不是没有，上个月在淮海大学听讲座时，汤军认识了A市的一家国有大公司的老总，交谈中汤总得知，这家公司正在寻找在非洲销售他们公司当家产品——小型柴油机的代理商，据说这种产品在非洲很有市场。这家公司的老总很想与宏大公司合作，利用民营企业的优势，去抢占非洲市场。汤军深感这是个机会，但该如何把握呢？10月1日汤总与市建委的一位处长在一起吃饭，这位老乡告诉他，市里规划从明年开始江海路拓宽工程，江海路在A市就像上海的南京路，两边均是商店。借着这一机会，好多大商店都想扩建商厦，但苦于资金不够。这位老乡问汤军，有没有兴趣进军江海路，如想的话，他可牵线搭桥。宏大公司的贸易公司早想进驻江海路了，但苦于没机会，现在机会来了，而且还很诱人，但投入也不会少，该怎么办？随着改革开放的深入，住房分配制度将有一个根本的变化，随着福利分房的结束，汤军想到房地产市场一定会逐步转暖。宏大公司的房地产公司已有一段时间没正常运作了，现在是不是该动了？

总之，摆在宏大公司老板汤军面前的困难很多，但机会也不少。新的一年到底该干些什么？怎么干？以后的五年、十年又该如何干？这些问题一直盘旋在汤总的脑海中。

思考与分析：
（1）你如何评价宏大公司？如何评价汤总？
（2）宏大公司是否应制订短、中、长期计划？为什么？
（3）如果你是汤总，你该如何编制公司发展计划？

第二节　目标及目标管理

一、目标的概念

目标是根据组织的使命而提出的组织在一定时期内所要达到的预期成果。

目标具有层次性，组织的目标是分层次、分等级的。我们还可以进一步将组织目标简化和概括为三个层次：

环境层——社会加于组织的目标。例如，企业的目标是为社会提供所需要的优质产品和服务，并创造出尽可能多的价值。

组织层——作为一个利益共同体和一个系统的整体目标。例如，企业提高经济效益、增强自我改造和发展的能力、改善员工生活、保障员工的劳动安全，以及创造文明的工作环境等目标。

个人层——组织成员的目标。例如，经济收入、工作丰富化、兴趣爱好、荣誉和成就感等。

二、目标的性质

（一）目标具有多样性

一个组织的目标具有多样性，即使是组织的主要目标，一般也是多种多样的。例如，对工商企业来说，通常要在八个主要方面设立目标，它们是：①市场地位；②创新和技术进步；③生产效率；④物质和财力资源；⑤利润率；⑥主管人员的绩效和发展；⑦员工的工作质量和劳动态度；⑧社会责任。

尽管组织的目标是多种多样的，组织除了主要目标之外，还有一些次要的目标，但并非目标越多越好。相反，应当尽量减少目标的数量，尽量突出主要的目标。

（二）目标呈网络化

组织中各类、各级目标构成一个网络，网络表示各目标间的相互关系。一个组织的目标通常是通过各种活动的相互联系、相互促进来实现的。所以，目标和具体的计划通常构成一个网络。目标和计划既然构成一个网络，它们就很少表现为线性的方式，即目标与目标之间左右关联、上下贯通、彼此呼应、融会成一个整体。正因为目标和计划是按一定的网络方式互相连接的，因此要使一个网络具有效果，就必须使各个目标彼此协调、互相支援、互相连接。

（三）目标具有时间性

按时间长度，可以将目标分为短期目标和长期目标。短期目标与长期目标的区分是相对而言的。短期目标是长期目标的基础，任何长期目标的实现必然是由近及远，在长期计划的第一年中实现的短期目标应该是全面而具体的。一方面，第一年所要做的工作必须为以后相继各年所要做的工作打下基础；另一方面，短期目标必须体现长期目标，必须是为了实现长期目标。为了使长期计划和短期计划之间形成一个整体关系，首先应使长期目标和短期目标之间形成一个整体关系。所以，确定短期目标的过程实质上是确定长期目标实现的先后次序的过程。为了使短期目标有助于长期目标的实现，必须拟定实现每个目标的计划，并把这些计划汇合成一个总计划，以此来检查它们是否合乎逻辑、是否协调一致、是否切实可行。

（四）目标的可考核性

按考核目标的性质，可以将目标分为定量目标和定性目标。目标必须是可考核的，而使目标具有可考核性的最方便的方法就是使之定量化。但是，许多目标是不宜用数量表示的，硬性地将一些定性的目标数量化和简单化，这种做法可能是危险的，其结果有可能将管理工作引入歧途。这方面最典型的例子就是关于中学是否以升学率作为主要目标的争论。在组织的经营活动中，定性目标是不可缺少的，主管人员在组织中的地位越高，其定性目标就可能越多。有时，提出一个定性目标可能比规定一个定量目标会使主管人员处于更有利、更主动的地位。

从某种意义上说，定性目标类似于模糊目标。大多数定性目标也是可以考核的，但考核定性目标不可能和定量目标一样考核得那么准确。定性目标在多数情况下是用"多好"的标准来衡量的。尽管确定可考核的目标是十分困难的，但任何定性目标都能用详细说明规划或其他目标的特征和完成日期的方法来提高其可考核的程度。

想一想 4-8

将追逐利润最大化作为企业唯一目标对不对？为什么？

课堂讨论

马和驴子的目标

唐太宗贞观年间，长安城西的一家磨坊里，有一匹马和一头驴子。它们是好朋友，马在外面拉东西，驴子在屋里推磨。贞观三年，这匹马被玄奘大师选中，出发经西域前往印度取经。

十七年后，这匹马驮着佛经回到长安。它重到磨坊会见驴子朋友，并谈起了这次旅途的经历：浩瀚无边的沙漠、高入云霄的山岭、凌峰的冰雪、热海的波澜……那些神话般的境界，使驴子听了大为惊异。驴子惊叹道："你有多么丰富的见闻啊！那么遥远的道路，我连想都不敢想。""其实，"老马说，"我们跨过的距离是大体相等的，当我向西域前行的时候，你一步也没停止。不同的是，我同玄奘大师有一个遥远的目标，按照始终如一的方向前进，所以我们打开了一个广阔的世界。而你被蒙住了眼睛，一生就围着磨盘打转，所以永远也走不出这个狭隘的天地。"

请讨论：

（1）成功的计划和失败的计划是否与制订合理的目标有关？

（2）有目标是不是就是好目标？

三、目标管理

（一）目标管理的概念

所谓的目标管理，是指组织的最高管理层根据组织面临的形势和社会需要，制订组织一定

时期的总目标，然后层层展开到组织中每个部门、每个个人，被管理者"自我控制，自我达标"，管理者实行最终成果考核的一种现代管理思想和管理方法。从这个概念中可知，目标管理是以目标为导向，以人为中心，以成果为标准，自上而下地确定工作目标，并在工作中实行"自我控制"，自下而上地保证目标实现的一种参与式管理模式。

管理定律：目标置换效应——让员工牢记目标。

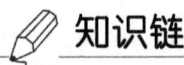 **知识链接**

目标管理由来

目标管理是美国管理大师彼得·德鲁克于1954年在其名著《管理实践》中最先提出的概念。目标管理提出以后，便在美国迅速流传。时值第二次世界大战后西方经济由恢复转向迅速发展的时期，企业急需采用新的方法调动员工积极性以提高竞争能力，目标管理的出现可谓应运而生，遂被广泛应用，并很快为日本、西欧国家的企业所仿效，在世界管理界大行其道。目标管理方法提出来后，美国通用电气公司最先采用，并取得了明显效果。其后，在美国、西欧、日本等许多国家和地区得到迅速推广，被公认为是一种加强计划管理的先进科学管理方法。中国80年代初开始在企业中推广，采取的干部任期目标制、企业层层承包等，都是目标管理方法的具体运用。

（二）目标管理过程

由于各个组织活动的性质不同，目标管理的步骤可以不完全一样，但一般来说，可以分为以下几步。

1. 建立一套完整的目标体系

实行目标管理，首先要建立一套完整的目标体系。这项工作总是从企业的最高主管部门开始的，然后由上而下地逐级确定目标。上、下级的目标之间通常是一种"目的—手段"的关系；某一级的目标，要用一定的手段来实现，这些手段就成为下一级的次目标，按级顺推下去，直到作业层的作业目标，从而构成一种锁链式的目标体系。

2. 组织实施

目标既定，主管人员就应放手把权力交给下级成员，而自己去抓重点的综合性管理。完成目标任务主要靠执行者的自我控制。如果在明确了目标之后，作为上级主管人员还像从前那样事必躬亲，便违背了目标管理的主旨，不能获得目标管理的效果。当然，这并不是说，上级在确定目标后就可以撒手不管了。上级的管理应主要表现在指导、协助、提出问题、提供情报及创造良好的工作环境方面。

3. 检查和评价

对各级目标的完成情况，要事先规定出期限，定期进行检查，检查的方法可灵活地采用自检、互检和责成专门的部门进行检查。检查的依据就是事先确定的目标。对于最终结果，应当根据目标进行评价，并根据评价结果进行奖罚。经过评价，使得目标管理进入下一轮循环过程。

知识链接

目标管理过程的故事

1984年,在东京国际马拉松邀请赛中,名不见经传的日本选手山田本一出人意外地夺得了世界冠军。十年后,这个谜终于被解开了,他在自传中是这么说的:"每次比赛之前,我都要乘车把比赛的线路仔细地看一遍,并把沿途比较醒目的标志画下来,例如,第一个标志是银行;第二个标志是一棵大树;第三个标志是一座红房子……这样一直画到赛程的终点。比赛开始后,我就以百米的速度奋力地向第一个目标冲去,等到达第一个目标后,我又以同样的速度向第二个目标冲去。40多公里的赛程,就被我分解成这么几个小目标轻松地跑完了。起初,我并不懂这样的道理,我把我的目标定在40多公里外终点线上的那面旗帜上,结果我跑到十几公里时就疲惫不堪了,我被前面那段遥远的路程给吓倒了。"

目标要被分解,一个人制订目标的时候,要有最终目标,如成为世界冠军,更要有明确的绩效目标,如在某个时间内成绩提高多少。最终目标是宏大的、引领方向的目标,而绩效目标就是一个具体的、有明确衡量标准的目标,当目标被清晰地分解,目标的激励作用就显现了,当我们实现了一个目标的时候,我们就及时地得到了一个正面激励,这对于培养我们挑战目标的信心的作用是非常巨大的。

(三)实行目标管理的优、缺点

1. 目标管理的优点

(1)目标管理对组织内易于度量和分解的目标会带来良好的绩效。对于那些在技术上具有可分性的工作,由于责任、任务明确,目标管理常常会起到立竿见影的效果。

(2)目标管理有助于改进组织结构的职责分工。由于组织目标的成果和责任力图划归一个职位或部门,容易发现授权不足与职责不清等缺陷。

(3)目标管理启发了自觉,调动了职工的主动性、积极性、创造性。由于强调自我控制、自我调节,将个人利益和组织利益紧密联系起来,因而可以提高士气。

(4)目标管理促进了意见交流和相互了解,改善了人际关系。

2. 目标管理的缺点

在实际操作中,目标管理也存在许多明显的缺点,主要表现在:

(1)目标难以制订。组织内的许多目标难以定量化、具体化;许多团队工作在技术上不可解;组织环境的可变因素越来越多、变化越来越快,组织的内部活动日益复杂,使组织活动的不确定性越来越大。这些都使得组织的许多活动制订数量化目标是很困难的。

(2)目标管理的理论假设不一定都存在。Y理论对人类的动机做了过分乐观的假设,实际中的人是有"机会主义本性"的,尤其在监督不力的情况下。因此在许多情况下,目标管理所要求的承诺、自觉、自治气氛难以形成。

(3)目标商定可能增加管理成本。目标商定要上下沟通、统一思想,是很费时间的,每个单位、个人都关注自身目标的完成,很可能忽略了相互协作和组织目标的实现,滋长本位主义、临时观点和急功近利倾向。

（4）有时奖惩不一定都能和目标成果相配合，也很难保证公正性，从而削弱了目标管理的效果。

鉴于上述分析，在实际中推行目标管理时，除了掌握具体的方法以外，还要特别注意把握工作的性质，分析其分解和量化的可能；提高员工的职业道德水平，培养合作精神，建立健全各项规章制度，注意改进领导作风和工作方法，使目标管理的推行建立在一定的思想基础和科学管理基础上；要逐步推行，长期坚持，不断完善，从而使目标管理发挥预期的作用。

想一想 4-9

德鲁克说："企业唯一而有效的目标是'创造顾客'。"这种说法的理由是什么？

案例 4-2

某机床厂推行目标管理

为了充分发挥各职能部门的作用，充分调动一千多名职能部门人员的积极性，某机床厂首先对厂部和科室实施了目标管理。经过一段时间的试点后，逐步推广到全厂各车间、工段和班组。经过多年的实践表明，目标管理改善了企业经营管理，挖掘了企业内部潜力，增强了企业的应变能力，提高了企业素质，取得了较好的经济效益。按照目标管理的原则，该厂把目标管理分为三个阶段进行。

（一）第一阶段：目标制订阶段

1. 总目标的制订

该厂通过对国内外市场机床需求的调查，结合长远规划的要求，并根据企业的具体生产能力，提出了20××年"三提高""三突破"的总方针。"三提高"是指提高经济效益、提高管理水平和提高竞争能力；"三突破"是指在新产品数目、创汇和增收节支方面有较大的突破。在此基础上，该厂把总目标具体化、数量化，初步制订出总目标方案，并发动全厂员工反复讨论、不断补充，然后送职工代表大会研究通过，最后正式制订出全厂20××年的总目标。

2. 部门目标的制订

企业总目标由厂长向全厂宣布后，全厂就对总目标进行层层分解、层层落实。各部门的分目标由各部门和厂企业管理委员会共同商定，先确定项目，再制订各项目的指标标准。其制订依据是厂总目标和有关部门负责拟定、经厂部批准下达的各项计划任务，原则是各部门的工作目标值只能高于总目标中约定量目标值，同时，为了集中精力抓好目标的完成，目标的数量不可太多。为此，各部门的目标分为必考目标和参考目标两种。必考目标包括厂部明确下达的目标和部门主要的经济技术指标；参考目标包括部门的日常工作目标或主要协作项目。其中，必考目标一般控制在 2～4 项，参考目标项目可以多一些。目标完成标准由各部门以目标卡片的形式填报厂部，通过协调和讨论最后由厂部批准。

3. 目标的进一步分解和落实

部门的目标确定了以后，接下来的工作就是目标的进一步分解并层层落实到每个人。

（1）部门内部小组（个人）目标制订与部门目标制订的形式和要求相类似，拟定目标也采用目标卡片，由部门自行负责实施和考核，要求各个小组（个人）努力完成各自目标值，保证部门目标的如期完成。

（2）该厂部门目标的分解是采用流程图方式进行的。具体方法是：先把部门目标分解落实到职能组，然后再分解落实到工段，工段再下达给个人。通过层层分解，全厂的总目标就落实到每个人身上。

（二）第二阶段：目标实施阶段

1. 自我检查、自我控制和自我管理

目标卡片经主管副厂长批准后，一份存在企业管理委员会，一份由制订单位自存。由于每个部门、每个人都有了具体的、定量的明确目标，所以在目标实施过程中，人们会自觉地、努力地实现这些目标，并对照目标进行自我检查、自我控制和自我管理。这种"自我管理"能充分调动各部门及每个人的主观能动性和工作热情，充分挖掘自己的潜力，因此，完全改变了过去那种上级只管下达任务，下级只管汇报完成情况，并由上级不断检查、监督的传统管理办法。

2. 加强经济考核

虽然该厂目标管理的循环周期为一年，但为了进一步落实经济责任制，及时纠正目标实施过程中与原目标之间的偏差，该厂打破了目标管理的一个循环周期只能考核一次、评定一次的束缚，坚持每一季度考核一次和年终总评定。这种加强经济考核的做法，进一步调动了广大职工的积极性，有力地促进了经济责任制的落实。

3. 重视信息反馈

为了随时了解目标实施过程中的动态情况，以便采取措施、及时协调，使目标能顺利实现，该厂十分重视目标实施过程中的信息反馈工作，并采用了两种信息反馈方法。

（1）建立"工作质量联系单"来及时反映工作质量和服务协作方面的情况。尤其当两个部门发生工作纠纷时，厂管理部门就能从"工作质量联系单"中及时了解情况，经过深入调查，尽快加以解决，这样就大大提高了工作效率，减少了部门之间不协调现象。

（2）通过"修正目标方案"来调整目标。"修正目标方案"内容包括目标项目名称、原定目标、修正目标及修正原因等，并规定在工作条件发生重大变化要修改目标时，责任部门必须撰写"拟修正目标方案"，提交给企业管理委员会，由该委员会提出意见交主管副厂长批准后方能修正目标。

该厂在实施过程中由于狠抓了以上三项工作，因此，不仅大大加强了对目标实施动态的了解，更重要的是加强了各部门的责任心和主动性，从而使全厂各部门从过去等待问题找上门的被动局面，转变为积极寻找和解决问题的主动局面。

（三）第三阶段：目标成果评定阶段

目标管理实际上就是根据目标成果来进行管理的，使目标成果评定阶段显得十分重要。该厂采用"自我评价"和上级主管评价相结合的做法，即在下一个季度第一个月的 10 日之前，每个部门必须把一份季度工作目标完成情况表报送企业管理委员会（在这份报表上，要求每个部门自己对上一阶段的工作做一个恰如其分的评价）；企业管理委员会核实后，也给予恰当的评分。例如，必考目标为 30 分，参考目标为 15 分，每一项目标超过指标 3%加 1 分，以后每增加 3%再加 1 分；参考目标有一项未完成而不影响其他部门目标完成的，扣一般项目中的 3 分；影响其他部门目标完成的则扣分增加到 5 分；加 1 分相当于增加该部门基本奖金的 1%，减 1 分则扣该部门奖金的 1%；如果有一项必考目标未完成则扣至少 10%的奖金。

该厂在目标成果评定工作中深深体会到，目标管理的基础是经济责任制，目标管理只有同明确的责任划分结合起来，才能深入持久，才能具有生命力，达到最终的成功。

思考与分析：
（1）本企业实行目标管理有哪些优点和缺点？
（2）在目标管理过程中，应注意哪些问题？

知识小结

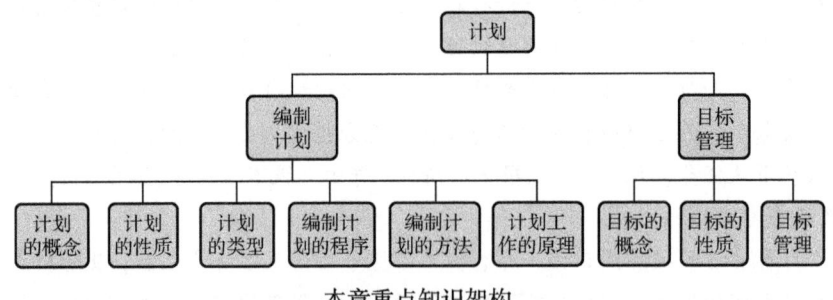

本章重点知识架构

技能训练

情 景 模 拟

【目标与情景】
目标：培养学生制订计划的能力。
情景：某公司是一家食品公司，自 2006 年成立以来，发展良好，有良好的技术、管理和市场开拓队伍，产品销售一直很好。近年来，随着业务的发展，为了扩大产品市场的占有率，提升公司的竞争力，公司根据自身的资源拥有情况和经营特点考虑，准备扩大生产，决定增加产品的品种和原产品的产量。公司现有产品的品种有液态鲜奶的塑料包装和纸质包装两种、盒装和瓶装酸奶。塑料包装的液态鲜奶的产量为 10 吨/年，纸质包装的液态鲜奶的产量为 15 吨/年，盒装酸奶的产量为 8 吨/年，瓶装酸奶的产量为 5 吨/年。

【模拟训练】
（1）同学们自由组合成若干个小组，分别承担公司的生产部门、供应部门、销售部门和研发部门的计划工作，做出该部门在下一年的年度计划。
（2）每个小组推荐一名代表上台扮演部门经理，阐述部门的年度计划，其中有的同学扮演公司的经理、副经理或其他部门负责人进行现场提问。

拓展训练

乔森家具公司五年目标

乔森家具公司是乔森先生在 20 世纪中期创建的，开始时主要经营卧室和会客室家具，取得了相当的成功，随着规模的扩大，自 20 世纪 70 年代开始，乔森家具公司又进一步经营餐桌和儿童家具。1975 年，乔森退休，他的儿子约翰继承父业，不断拓展卧室家具业务，扩大产品市场占有率，使得公司产品深受顾客欢迎。到 1985 年，乔森家具公司卧室家具的销售量比 1975

年增长了近两倍。但乔森家具公司在餐桌和儿童家具的经营方面一直不得法，面临着严重的困难。

（一）董事长提出的五年发展目标

乔森家具公司自创建之日起便规定，每年12月份召开一次公司中、高层管理人员会议，研究讨论有关的战略和政策。1985年12月14日，乔森家具公司又召开了每年一次的例会，会议由董事长兼总经理约翰先生主持。约翰先生在会上首先指出了乔森家具公司存在的员工思想懒散、生产效率不高的问题，并对此进行了严厉的批评，要求迅速扭转这种局面。与此同时，他还为公司制订了今后五年的发展目标，具体包括：

（1）卧室和会客室家具销售量增加20%。

（2）餐桌和儿童家具销售量增长100%。

（3）总生产费用降低10%。

（4）减少补缺职工人数3%。

（5）建立一条庭院金属桌椅生产线，争取五年内年销售额达到500万美元。

这些目标主要是想增加公司收入、降低成本、获取更大的利润。但公司副总经理托马斯跟随乔森先生工作多年，了解约翰董事长制订这些目标的真实意图。尽管约翰开始承接父业时，对家具经营还颇感兴趣。但后来，他的兴趣开始转移，试图经营房地产业。为此，他努力寻找机会想以一个好价钱将公司卖掉。为了能提高公司的声望和价值，他准备在近几年狠抓一下经营，改善公司的绩效。

托马斯副总经理意识到自己历来与约翰董事长的意见不一致，因此在会议上没有发表什么意见。会议很快就结束了，大部分与会者都带着反应冷淡的表情离开了会场。托马斯有些垂头丧气，但他仍想会后找董事长就公司发展目标问题谈谈自己的看法。

（二）副总经理对公司发展目标的质疑

公司副总经理托马斯觉得，董事长根本就不了解公司的具体情况，不知道他所制订的目标意味着什么。这些目标听起来很好，但托马斯认为并不适合本公司的情况。他心里这样分析道：

第一项目标太容易了——这是本公司最强的业务，用不着花什么力气就可使销售量增加20%。

第二项目标很不现实——在这个领域的市场上，本公司就不如竞争对手，决不可能实现100%的增长。

第三项和第四项目标也难以实现——由于要扩大生产，又要降低成本，这无疑会对工人施加更大的压力，从而也就迫使更多的工人离开公司，这样空缺的岗位就越来越多，在这种情况下，怎么可能降低补缺职工人数3%呢？

第五项目标倒有些意义，可改变本公司现有产品线都是以木材为主的经营格局。但未经市场调查和预测，怎么能确定五年内我们的年销售额达到500万美元呢？

经过这样的分析后，托马斯认为他有足够的理由对董事长所制订的目标提出质问。除此之外，还有另外一些问题使他困扰不解——一段时期以来，发现董事长似乎对这公司已失去了兴趣；他已50多岁，快要退休了。他独身一人，也从未提起过他家族将由谁来接替他的工作。如果他退休以后，那该怎么办呢？托马斯毫不怀疑，约翰先生似乎要把这家公司卖掉。董事长企图通过扩大销售量，开辟新的生产线，增加利润收入，使公司具有更大的吸引力，以便在出卖中捞个好价钱。托马斯说："如果董事长真是这样的话，我也无话可说了。他退休以后，公司将会变成什么样子，他是不会在乎的。他自己愿意在短期内葬送掉自己的公司，我有什么办法呢？"

思考与分析：

（1）你认为约翰董事长为公司制订的发展目标合理吗？为什么？你能否从本案例中概括出制订目标需注意哪些基本要求？

（2）约翰董事长的目标制订体现了何种决策和领导方式？其利弊如何？

（3）假如你是托马斯，如果董事长在听取了你的意见后同意重新考虑公司目标的制订，并责成你提出更合理的公司发展目标，你将怎么做？

第五章

决 策

 学习目标

通过本章的学习，掌握以下内容：
1. 了解决策的概念及决策的类型
2. 理解并掌握决策的过程
3. 理解并熟练运用决策的方法

案例导入

蔬菜管理

彼得·莫斯是一名生产和经营蔬菜的企业家，他拥有50 000平方米的蔬菜温室大棚和一座毗邻的办公大楼，并且聘请了一批农艺专家顾问。

莫斯经营蔬菜业务是从一个偶然事件开始的。有一天，他在一家杂货店看到一种硬花球与花椰菜的杂交品种，他突发奇想，决定自己建立温室培育杂交蔬菜。莫斯用从他祖父那里继承下来的一部分钱，雇用了一班专门搞蔬菜杂交的农艺专家，这个专家小组负责开发类似于他在杂货店中看到的那些杂交品种蔬菜并不断向莫斯提出新建议。例如，建议他开发菠生菜（菠菜与生菜杂交品种）、橡子萝卜瓜、橡子南瓜及萝卜的杂交品种。特别是一种柠檬辣椒，是一种略带甜味和柠檬味的辣椒，他们的开发很受顾客欢迎。同时，莫斯也用水栽法生产传统的蔬菜，其销路很好。生意发展如此之快，以致他前一个时期，很少有时间更多考虑公司的长远建设与发展。最近，他觉得要对一些问题着手进行决策了，包括职工的职责范围、生活质量、市场与定价策略、公司的形象等。

莫斯热衷于使他的员工感到自身工作的价值。他希望通过让每个员工"参与管理"了解公司的现状，调动职工的积极性。他相信，这是维持员工兴趣和激励他们的最好办法。

他决定在本年度12月1日9点召开一次由每个农艺专家参加的会议，主要对下面问题进行讨论决策。

（1）周末，我们要有一个农艺专家在蔬菜种植现场值班，能够随叫随到，并为他配备一台步话机，目的是一旦蔬菜突然脱水或枯萎，可以找到这个专家处理紧急情况，要做的决策是：应该由谁来值班？他的责任是什么？

（2）我们公司的颜色是绿色的，要做的决策是：新地毯、墙纸及工作服等应该采取什么样的绿色色调？

（3）公司有一些独特的产品，还没有竞争对手，而另外一些产品，在市场上竞争十分激烈。要做的决策是：对不同的蔬菜产品应当如何定价？

莫斯要求大家务必准时到会，积极参与发表意见，并期望得到最有效的决策结果。

（资料来源：王建国.管理案例分析[M].北京：北京大学出版社，2011.）

第一节 决策概述

一、决策的内涵

（一）决策的概念

决策与我们的生活息息相关，是生活中不可缺少的活动。大至国家经济政策的选择，小到我们早餐的选择，几乎都涉及决策。决策的优劣关系到整个事件的成败。

有关决策的概念，不同的管理学派从不同的角度进行了描述。综合各方面观点认为：决策就是决策者为了解决组织面临的问题、实现组织目标，在充分搜集并详细分析相关信息的基础上，提出解决问题和实现目标的各种可行性方案，并依据评定准则和标准而选定一个满意的方案并加以实施的活动过程。

从以上定义中可知：

（1）决策的主体是管理者。管理者可以是个人，也可以是一个决策群体。

（2）决策的目的是为了解决问题、实现组织在未来某一段时间内要努力实现的目标。

（3）做出的决策必须具有可行性方案。

（4）决策的重点在于对每个备选方案进行综合的分析与评价，确定每个方案对目标的贡献程度和可能带来的潜在问题，以明确每个方案的利弊。

（5）科学决策遵循"满意原则"，即追求的是在现实条件下的诸多方案中能够使主要目标得以实现，其他次要目标也足够好的可行方案。

（二）决策的重要性

美国卡内基·梅隆大学教授、1978年诺贝尔经济学奖获得者赫伯特·西蒙提出"管理就是决策，决策贯穿于管理过程的始终。"这句话的目的是为了强调决策在管理中核心地位。

正是为了突出决策的地位和作用，所以我们通常说，决策是管理的中心，管理就是决策。

决策是管理者从事管理工作的基础，在管理过程中，管理者会面临各种各样的问题，它们都需要管理者予以决策并加以解决。

管理定律：布利丹效应——成功始于果敢的决策。

想一想 5-1

西蒙提出"管理就是决策"，能否说管理就等于决策？为什么？

二、决策的类型

（一）按其活动规范性划分

1. 程序化决策

程序化决策又称常规决策，是指对经常重复出现的问题，运用一定的程序、模式及标准来处理的决策。例如，企业中财务和统计报表的编制与分析，这类决策可以规定出一定程序，建立决策模式，按规定的程序、方法和标准进行处理。程序化决策一般是授权基层管理者来做的，它能够提高组织的效率，管理工作应尽量程序化。

2. 非程序化决策

非程序化决策又称非常规决策，是指不经常出现的偶然性决策或非重复出现的新决策，没有既定的程序及模式为依据。这类决策由于缺乏准确可靠的统计数据和资料，在很大程度上依赖于决策者的知识、经验、洞察力和创造性思维，其中知觉和经验是主要的决定因素。一般来说，高层管理者所做的决策诸如兼并、收购和接管及组织设计决策多属此类决策。由于决策者具有很大的主观性，决策风险也较大，所以非程序化决策对管理者而言，特别是对高层管理者提出了更高的素质要求。程序化决策和非程序化决策只有程度上的差别，没有性质上的差别，运用好它们可以降低运营成本，提高管理工作效率。程序化决策与非程序化决策的比较如表 5-1 所示。

表 5-1　程序化决策与非程序化决策的比较

决策种类	问题	解决程序	例子
程序化决策	重复的；例行的	标准程序的解决方式	企业：处理工资单 大学：处理入学申请 医院：准备诊治病人 政府：利用国产汽车
非程序化决策	偶然的；新的	创造性的解决方式	企业：引入新产品 大学：建立新的教学设施 医院：对地方疾病采取措施 政府：解决禽流感问题

（二）按决策的重要程度划分

1. 战略决策

战略决策是指直接关系到组织的生存发展的全局性、长远性问题的决策。例如，企业经营中目标、方针、产品的更新、新技术的采用等。这些问题大多比较抽象、复杂、未遇到过，因此管理者常常还要借助于自己的经验、直觉和创造力进行判断。战略决策一般由高层管理者做出。

2. 战术决策

战术决策又称管理决策或策略决策，是指战略决策执行过程中的筹措和有效运用企业资源而做出的带有局部性的战术性决策，是在组织内贯彻的决策。例如，企业生产计划、销售计划的制订，新产品设计方案的选择，新产品的定价等。战术决策是为了保证战略决策的实现而做的决策，所面临的大多是实施方案的选择、资源的分配、实际业绩的评估方面的问题，比较具体，带有局部性且灵活性较大，有时也较多地依赖于管理者的经验判断。战术决策一般由中层管理者做出。

3. 业务决策

业务决策又称执行性决策或日常管理决策，是指在日常业务活动中为了提高效率所做出的决策，只对组织产生局部影响。例如，生产任务的日常安排，工作定额的制定等。业务决策一般由基层管理者做出。

想一想 5-2

请问业务决策属于例外决策的范畴吗？为什么？

（三）按参加并制定决策的人员划分

决策按参加并制定决策的人员，可划分为个人决策和集体决策。

决策的过程是在组织内进行的，它受到来自各个方面的影响：内部的同事、监督人员、检查人员、上司和下属等，外部的竞争者、原料的供应者、顾客等。在这么多与决策有关的人员中，如果决策活动由一个人来完成，这种决策称为个人决策。如果决策的活动由包括两个人以上的群体来完成，这种决策称为集体决策。区分集体决策还是个人决策的关键在于：决策活动中只要有一个活动是由合作来完成的，就可以认为是集体决策。当然组织的活动必须由组织来执行，无论是个人决策还是集体决策，决策的执行都是集体共同的任务。集体决策与个人决策各有利弊。应在不同的条件下采用不同的决策方式。集体决策与个人决策的比较如表 5-2 所示。

表 5-2 集体决策与个人决策的比较

比 较 项 目	集 体 决 策	个 人 决 策
果断性	差	佳
责任明确	差	佳
决策成本	高	低
决策质量	佳	一般
一贯性	佳	差
可实施性	佳	一般
开放性	佳	差

知识链接

老鼠们的决策与执行

一群老鼠吃尽了猫的苦头，他们召开全体大会，号召大家贡献智慧，商量对付那些猫的万全之策，争取一劳永逸地解决事关大家生死存亡的大问题。

众老鼠冥思苦想。有的提议培养猫吃鱼、吃鸡的新习惯，有的建议加紧研制毒猫药。最后还是一只老奸巨猾的老鼠出的主意让大家佩服得五体投地，连呼高明。那就是给猫的脖子上挂上个铃铛，只要猫一动，就有响声，大家就可事先得到警报，躲起来。

这一决议终于被一致通过，但问题是谁去给这只猫脖子上挂铃铛。

这个故事告诉我们一个道理，集体决策再好，如果责任不明，不能进行果断执行，也就失去了意义。

三、决策的标准

我们知道管理者要做决策，必须以信息为基础，决策者是以有界的理性，还是理性的信息为基础，将导致决策的标准选择不同。一般决策标准有以下三类。

（一）最优化标准

决策者全面掌握有关决策环境的信息情报，充分了解备选方案的情况，决策者是理性的，能按最优化的原则做选择。

（二）满意标准

认为人是有界理性的，介于完全理性与非理性之间。决策者在做决策时，会受到不确定的复杂的决策环境的影响、知觉上偏差的影响、决策时间及可利用资源的限制等，只能做出满意的方案选择。

（三）合理性标准

由于决策的未来环境包含的不肯定因素，做到完全合理是很难的，主管人员必须确定的合理性是有一定限度的，是"有界合理性"。因此主管人员应在合理性的限度内，根据环境尽其所能地做出最好的决策。

想一想 5-3

请问现代决策是以什么作为标准来进行方案选择的？

知识链接

将谁扔出去

在一个充气不足、即将坠毁的热气球上面，载着三位关系人类兴亡的科学家，必须扔出一个减轻重量。三个人中，一位是环保专家，他的研究可以拯救无数因环境污染而身陷死亡的生命；另一位是原子专家，他有绝对的能力防止全球性的原子战争；还有一位是粮食专家，他能使不毛之地遍生谷物，让数以亿计的人脱离饥饿。将谁扔出去呢？

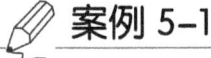

如何选择行动方案

安娜从一所不太著名的大学计算机学院毕业后，十年来一直在某发展中的大城市里的一家中等规模的计算机公司当程序设计员。现在，她的年薪为 50 000 美元。她工作的这家公司，每年要增加 4~6 个部门。这样扩大下去，公司的前景还是很好的，也增加了很多新的管理职位。其中有些职位，包括优厚的年终分红在内，公司每年要付给 90 000 美元的年薪。有时，公司还提升程序员为分公司的经理。虽然，过去没有让女性任过这样的管理职位，但安娜小姐相信，凭她的工作资历和对这一行业的不断了解，在不久的将来她会得到这样的机会。安娜的父亲雷森先生自己开了一家计算机维修公司，主要是维修计算机硬件，并为一些大的计算机公司做售后服务，同时也销售一些计算配件。最近，由于健康和年龄的原因，雷森先生不得不退休。他雇了位刚毕业的大学生来临时经营计算机维修公司，店里的其他部门继续由安娜的母亲经营。雷森想让女儿安娜回来经营她最终要继承的计算机维修公司。而且，由于近年来购买计算机的个人不断增加，计算机维修行业的前景是十分看好的。雷森先生在前几年的经营过程中，建立了良好的信誉，不断有大的计算机公司委托其做该城市的售后维修中心，计算机维修公司发展和扩大的可能性是很大的。

安娜和双亲讨论时，得知计算机维修公司现在一年的营业额大约为 400 000 美元，而毛利润差不多是 170 000 美元。由于雷森先生的退休，他和他的太太要提支工资 80 000 美元，交税前的净利润为每年 30 000 美元加上每年 60 000 美元的经营费。自雷森先生退休以来，从计算机维修公司得到的利润基本上和从前相同。目前，他付给新雇用的大学毕业生的年薪为 36 000 美元，雷森夫人得到的年薪为 35 000 美元，雷森先生自己不再从计算机维修公司支取薪金了。

如果安娜决定担任起计算机维修公司的管理工作，雷森先生打算也按他退休前的工资数付给她 50 000 美元的年薪。他还打算，开始时，把维修公司经营所得利润的 25%作为安娜的分红；两年后增加到 50%。因为雷森夫人将不再在该公司任职，就必须再雇一个非全日制的办事员帮助安娜经营计算机维修公司，他估计这笔费用大约需要 16 000 美元。雷森先生已知有人试图出 600 000 美元买他的计算机维修公司。安娜在不久的将来是要继承这笔款项的大部分的。对雷森夫妇来说，他们的经济状况并不要过多地去用这笔资金来养老。

（资料来源：张平亮.管理学基础[M].北京：机械工业出版社，2011.）

思考与分析：
（1）对安娜来说，有哪些行动方案可供选择？
（2）你建议采取哪种备选方案？
（3）安娜的个人价值观会对她的决策有何影响？

第二节　决策的过程与方法

一、决策过程

决策过程是指从问题到方案确定所经历的过程。决策是一项复杂的活动，有其自身的工作规律性，须要遵循一定的科学程序。在现实工作中，导致决策失败的原因之一就是没有严格按照科学的程序进行决策。因此，明确和掌握科学的决策过程，是管理者提高决策正确率的一个重要方面。

一般来说，决策过程大致包括以下几个步骤。

（一）判断问题——认识和分析问题

决策是为了解决现实中提出的要解决的问题或达到要实现的目标。决策是围绕着问题而展开的。没有问题就不需要决策，问题不明，则难以做出正确的决策。

决策的正确与否首先取决于判断的准确程度，因此，认识和分析问题是决策过程中最为重要、最为困难的环节。例如，在一个企业中，存在着企业如何在市场竞争中发展自己、开发什么样的新产品、开发新产品的资金如何筹措等问题。现代管理要求管理人员运用现代管理科学的"望远镜和显微镜"及分析问题的系统化技术,揭开纷繁的现象,显示其本质和核心,以使管理决策立足于真正问题之源上。

因此,决策的第一步就要求决策者必须主动深入实际并调查研究,及时发现并提出新问题,进而解决问题,以保证组织的健康发展。

管理定律:吉德林法则——认识到问题就等于解决了一半。

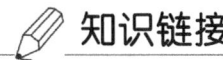 **知识链接**

问题的识别

日本索尼公司的盛田昭夫经常讲一个故事:两个卖鞋的商人旅行,来到非洲一个落后的农村地区,其中一个商人向他的公司发电报,内容是"当地人都赤脚,没有销售前景"。另一个商人也向他的公司发电报,内容却是"居民赤脚,急需鞋子,立即运货"。

(二)明确决策目标

在所要解决的问题及其责任人明确以后,则要确定应当解决到什么程度,明确预期的结果是什么,也就是要明确决策目标。所谓决策目标是指在一定的环境和条件下,根据预测,对这一问题所希望得到的结果。

(三)拟订可供选择的行动方案

决策实际上是对解决问题的种种行动方案进行选择的过程。为解决问题,必须寻找切实可行的各种行动方案。各种行动方案都有优点和缺陷,决策要求以"满意原则"来确定方案。

(四)分析评价各行动方案

决策过程的第四步是对已制定的备选方案逐个进行评价。为此,首先要建立一套有助于指导和检验、判断正确性的决策准则。决策准则表明了决策者关心的主要是哪些方面,其中主要包括目标达成度、成本、可行程度等。然后根据这些方面来衡量每个方案,并据此列出各方案满足决策准则的程度和限制因素,即确定每个方案对于解决问题或实现目标所能达到的程度和所需的代价,以及采用这些方案后可能带来的后果。继而分析每个方案的利弊,比较各方案之间的优劣。最后根据决策者对各决策目标的重视程度和对各种代价的承受程度进行综合评价,结合分析比较结果,提出推荐方案。

(五)选择满意方案并组织实施

在对各方案进行有限理性分析比较的基础上,决策者最后要从中选择一个满意方案并付诸实施。

(六)监督与反馈

监督与反馈是决策过程中的最后一个步骤。一个决策者应该通过信息的反馈来衡量决策的效果。决策是一种事前的设想,在实际的实施过程中,随着形势的发展,实施决策的条件不可能与设想的条件完全相吻合,况且,在一些不可控因素的作用下,实施条件和环境与决策方案所依据的条件之间可能会有较大的出入,这时要改变的不是现实,而是决策方案了。所以,在决策实施过程中,决策者应及时了解、掌握决策实施的各种信息,及时发现各种新问题,并对原来的决策进行必要的修订、补充或完善，使之不断地适应变化了的新形势和条件。

想一想 5-4
决策是出主意还是拿主意？

二、决策的影响因素

在一个决策过程中，影响决策的因素是比较多的，最重要的有以下几种。

（一）环境

环境首先影响组织活动的选择。例如，在一个相对稳定的市场环境中，企业的决策相对简单，大多数决策都可以在过去决策的基础上做出；如果市场环境复杂，变化频繁，那么企业就可能要经常面对许多非程序性的、过去所没有遇到过的问题。

此外，对环境的习惯反应模式也影响着组织活动的选择。即使在相同的环境背景下，不同的组织也可能做出不同的反应。而这种组织与环境之间关系的模式一旦形成，就会趋向固定，影响人们对行动方案的选择。

（二）过去的决策

"非零起点"是一切决策的基本特点。因此，当前的决策不可能不受过去决策的影响。在大多数情况下，组织决策绝不是在一张白纸上进行初始决策，而是对初始决策的完善、调整或改革。组织过去的决策是当前决策的起点；过去选择的方案的实施，不仅伴随着人力、物力、财力等资源的消耗，而且伴随着内部状况的改善，带来了对外部环境的影响。

过去决策对目前决策的制约程度，主要由过去决策与现任决策者的关系决定。如果过去的决策是由现任的决策者制定的，由于决策者通常要对自己的选择及其后果负责，也为了保证决策的连续性，因此决策者一般不愿对组织的活动进行重大调整，而趋向于仍将大部分资源投入过去未完成的方案执行中。相反，如果现在的主要决策者与组织过去的重大决策没有很深的渊源关系，则会易于接受重大改变。

（三）决策者的风险态度

决策是人们确定未来活动的方向、内容和行动的目标，由于人们对未来的认识能力有限，目前预测的未来状况与未来的实际情况不可能完全相符，因此任何决策都存在一定的风险。风险指的是一种不确定性。人们对待风险的态度是不同的，有人喜欢冒险，在多种选择中趋向于选择风险大的方案；而另一些人则不太愿意冒险，在多种选择中趋向于选择风险小的方案。因此决策者的风险偏好对决策的选择就会产生直接的影响。

（四）组织成员对组织变化所持的态度

任何决策的制定与实施，都会给组织带来某种程度的变化。组织成员对这种可能产生的变化会表现出抵制或欢迎两种截然不同的态度。组织成员通常会根据过去的标准来判断现在的决策，总是会担心在变化中会失去什么，对将要发生的变化产生抵御的心理，这样可能会给任何新决策、特别是创新决策的实施带来灾难性的后果。相反，如果组织成员以发展的眼光来分析变化的合理性并希望在可能的变化中得到什么而支持变化，这就有利于新决策的实施，特别是创新决策的实施。因此，组织成员对变化的态度对决策的影响是较大的。在前一种情况下，为了有效实施新的决策，首先必须做好大量的工作来改变组织成员的态度。

三、现代决策方法

（一）主观决策法

主观决策法是一种定性的方法，又称决策的软技术，是指建立在心理学、社会学等社会科学基础上的一种凭借个人经验，充分发挥人的创造力对问题进行分析、做出决策的方法。该方法简单易行、经济方便，在日常生活中大量采用的决策方法都是主观决策方法。主观决策法主要包括下面几种。

1. 德尔菲法

德尔菲法是由美国兰德公司命名并首先使用的。这种方法又称专家意见法或函询调查法，它是对传统专家会议法的改进和发展。它采用匿名通信或反复征求意见的形式，使专家们在互不知晓、彼此隔离的情况下交换意见，这些意见经技术处理后会得出预测的结果。

首先要设计意见征询表。征询表具体要求如下：

（1）问题含义要明确，以免应答者对问题产生不同的理解，出现答非所问的情况。

（2）问题具有独立性，对一个问题的回答不应以对另一个问题的回答为条件。

（3）回答问题的方法要统一，否则就难以对预测的结果做出比较。德尔菲法的一般程序如图 5-1 所示。

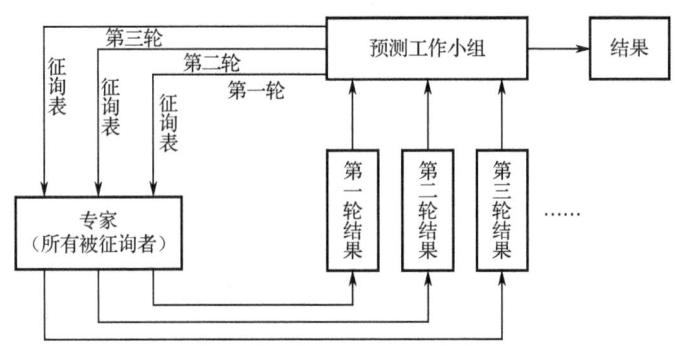

图 5-1 德尔菲法的一般程序图

第一轮：把意见征询表分给专家小组的成员，请他们填写意见。预测小组收回调查表后，进行初步的统计和计算，发现具有共识性的意见和看法。

第二轮：将第一轮得到的相对比较集中的意见再反馈给每位专家，要求他们以此为参考，重新填写意见。如果某位专家做出的第二轮预测仍与多数人的意见不符，则要求他陈述理由，说明为什么他的意见不同于大多数人的意见。

第三轮：将第二轮统计结果及有些专家的陈述理由告之每位专家，请他们在这个基础上进行新的预测。

一般来讲，经过三轮或四轮调查后，专家意见会比较集中，这时就可以把最后调查所得到的结果作为专家小组的意见。

想一想 5–5

采用德尔菲法时要召集专家开会商讨吗？

2. 头脑风暴法

头脑风暴法是由一群人通过相互启发以尽可能形成多种方案的一种方法。小组一般由 5～9 人组成，在讨论过程中，鼓励参加者提出各种建议，并禁止对他人想法进行阻拦，以便各种创新方案不断地被提出。实践证明，这种方法确实是激发人们创造性思维的一种行之有效的方法，经常用于决策的方案设计阶段，以获得广泛的、具有创造的新设想。同时，在制定备选方案时还要充分考虑各方面的制约因素，如政府法律方面的限制、传统道德观念的限制、管理者本身权力和能力的限制，以及技术条件、经济因素等方面的限制。

（二）定量决策法

定量决策法是利用现有数据，运用数学模型进行决策的一种方法。它能使决策精确化和程序化。

1. 确定型决策法

确定型决策法是指假设事件的各种自然状态是完全肯定而且明确的，经过分析计算可以得到各方案的明确结果的方法。确定型决策法主要有差量分析法、量本利分析法、ABC 分析法、线性规划法、经济批量法、投资效果分析法等。

（1）差量分析法。

差量分析法是一种进行短期决策的常用方法，它是在充分了解各决策方案不同收入与不同成本之间存在差异的基础上，进行方案选优的一种决策方法。

为了顺利运用差量分析法，必须在计算中引入两个基本概念：固定成本和变动成本。固定成本是指在一定的生产规模下，成本总额中不随产量变动的那一部分成本，如折旧费、管理人员工资、办公费及其他一般性开支等。这部分成本因为不管产量增加与否总是要支出的，所以，在差量成本中可视为无关的成本，在计算成本的差量中可不予考虑。变动成本是指在成本总额中随产品产量变化而成比例变动的成本，如原料和主要材料、基本生产工人工资等。在采用差量分析法进行决策时，主要是考虑这部分成本之间的差额。

【例 5-1】某企业生产能力有余，但订货量不足，单位产品销售价格为 48 元，单位产品的完全成本为 42 元（其中单位产品变动成本为 33 元）。买方愿意订货的价格是 39 元/件，订量为 6 000 件，而且生产该产品的工艺有特殊要求，要添置 2 400 元的专用工具，企业能否接受此项订货？

从完全成本看，企业接受订货将会遭受损失，其损失金额为

损失金额=6 000×（42-39）+2 400=20 400（元）

但是，仔细分析，接受订货还是有利的。因为固定成本不管产量增加与否都是要支付的，这笔费用在订货中可不必考虑，只要考虑用户所出定价高于本企业生产所需的变动成本加上要添置专用工具的费用就可以了。

本例若接受该项订货（在不考虑固定成本的情况下），其收益为

收入=6 000×39=234 000（元）

成本=6 000×33+2 400=200 400（元）

收益=234 000-200 400=33 600（元）

通过差量分析法表明，企业接受此项订货可多盈利 33 600 元，所以，在生产能力有余的情况下，应该接受此项订货。

如果有若干个方案，则通过差量分析法将各方案的收益都计算出来，然后选优。

（2）量本利分析法。

量本利分析法是产量—成本—利润分析法的简称，它依据与决策方案相关的产品产（销）量、成本与盈利之间的相互关系，来分析决策方案对企业经营盈亏所产生的影响，从而评价和选择方案的一种决策方法。

一般而言，企业的产品销售收入与产品销售量成正比关系。那么，销售收入、固定成本、变动成本、总成本（固定成本与变动成本之和）的关系可用图 5-2 表示。

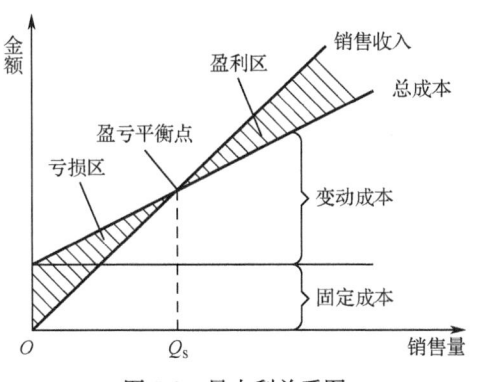

图 5-2 量本利关系图

从图 5-2 可以看出，销售收入线和总成本线有一个交点，在交点上，销售收入与总成本相等，即此点利润为零。所以将此点称为盈亏平衡点，又称保本点。

设总成本为 Y，固定成本为 F，单位产品变动成本为 V，销售量为 Q，销售收入为 S，单位产品价格为 P，利润为 I，则有利润=收入-成本，用公式表示为

$$I=S-Y$$
$$I=PQ-(F+VQ)$$

当利润 I 为零时，有

$$PQ-(F+VQ)=0$$

从而得到盈亏平衡点销售量 Q_0 和盈亏平衡点销售收入 S_0 的计算公式为

$$Q_0 = \frac{F}{P-V}$$

$$S_0 = \frac{F}{1-\dfrac{V}{P}}$$

【例 5-2】 某工业企业欲新建一条生产线生产一种新产品，年固定成本需要 10 万元，单位产品变动成本为 40 元，产品单价预计为 80 元。该产品市场需求量很大，企业生产多少就可以销售多少，但该生产线的设计能力较低，仅为年产 2 000 台，若按此方案建新生产线，企业是盈利还是亏损？方案是否可取？请决策。

解：首先计算盈亏平衡点销售量 Q_0 为

$$Q_0 = \frac{100\,000}{80-40} = 2\,500（台）$$

然后分析判断，由计算可知，企业生产 2 500 台才能保本，因设计生产能力只有 2 000 台/年，小于盈亏平衡点销售量。显然，如按此方案建生产线，企业是要亏损的，所以此方案不可取。达到设计能力 2 000 台时，企业的亏损额为

销售收入-总成本=80×2 000-（100 000+40×2 000）=-20 000（元）

【例5-3】 某公司生产某产品，年固定成本为20万元，单位变动成本为30元，单位产品价格为50元，若企业欲实现年利润5万元，其产品应达到的产量为多少？

解：已知 I=50 000元，P=50元，F=200 000元，V=30元，根据公式 $I=PQ-(F+VQ)$，可得

$$Q = \frac{I+F}{P-V} = \frac{50\,000+200\,000}{50-30} = 12\,500（件）$$

经计算，企业欲实现5万元的目标利润，要生产该产品12 500件。

利用盈亏平衡分析还可以判断企业经营状况，其主要方法是通过计算经营安全率 L 来加以判断。L 越大表示企业经营越安全。

经营安全率用公式表示为

$$L = \frac{Q_1 - Q_0}{Q_1} \times 100\%$$

式中：Q_0——盈亏平衡点销售量；
Q_1——现实或新方案销售量。

经营安全率还可作为反映企业经营状况的综合性指标，它可以说明企业经营的安全程度。经营安全率越接近1，企业经营越安全；而经营安全率越接近零，企业经营越不安全。一般可用表5-3所列数据来判明企业的经营安全状态。

表5-3　企业经营安全状态判定数据表

经营安全率	>0.30	0.30~0.25	0.25~0.15	0.15~0.10	<0.10
安全状况	安全	较安全	不太好	要警惕	危险

【例5-4】 某企业生产某产品，年固定费用为20万元，单位变动费用为10元，产品销售单价为20元，2012年企业销售产品为25 000件，2013年预计销售产品为30 000件，试判断该企业这两年的经营安全状况。

解：先计算企业产品的盈亏平衡点销售量为

$$Q_0 = \frac{200\,000}{20-10} = 20\,000（件）$$

再计算2012年与2013年的经营安全率为

$$2012年经营安全率 = \frac{25\,000-20\,000}{25\,000} \times 100\% = 20\%$$

$$2013年经营安全率 = \frac{30\,000-20\,000}{30\,000} \times 100\% = 33\%$$

最后，将计算所得两年的经营安全率与企业经营安全状态判断数据表所列数值进行比较，可以得知，该企业2012年经营安全状况不太好，2013年如果能实现预计的产量，则经营状况是安全的。

想一想5-6

如果企业生产的产量低于盈亏平衡点销售量，就必须停止生产吗？

2. 不确定型决策法

不确定型决策法是指方案实施可能会出现的自然状态或所带来的后果不能做出预计的决策的方法。它主要是凭决策者的主观意识和经验来做决策，因而不同的决策者对同一个问题可能有完全不同的方案选择。

【例5-5】 某公司生产某产品，需要大量的零部件，经研究有三种方案可以满足要求：①新建生产线，增加生产能力；②改建原有生产线，提高产量；③零部件通过外部协作解决。

虽然该产品的市场需求量无法估计，但对不同情况下的销售收益则可大致估计出，如表5-4所示。

表5-4　三种方案下的销售收益　　　　　　　　　　　　　　　　单位：万元

自然状态 \ 损益值 \ 行动方案	收益值（或后悔值）			最小收益值	最大收益值（或后悔值）
	畅销	一般	滞销		
新建生产线	110（0）	50（0）	−5（25）	−5	110（25）
改建生产线	60（50）	35（15）	10（10）	10	60（50）
零部件外协	40（70）	25（25）	20（0）	20	40（70）

注：表中括号内的数值为后悔值。

这时，决策者可有以下几种不同的选择方法。

（1）小中取大法。

小中取大法又称悲观决策法，这是从最坏的客观状态出发，从各方案的最小收益值中选取其中的最大收益值的方案作为最优方案（如果是损失值，则取损失最小的方案为最优方案）的方法。如表5-4所示，"零部件外协"所得收益值最大，应为最优方案。

（2）大中取大法。

大中取大法又称乐观决策法，它是在各方案都处于最好结局的情况下，从中选择收益值最大的方案为最优方案的方法。如表5-4所示，选定新建方案为最优方案。这种决策方法是一种比较冒险的方法。

（3）后悔值最小法。

后悔值最小法又称机会损失最小值决策法。所谓后悔值是指当某种自然状态出现时，决策者由于从若干方案中选优时没有采取能获得最大收益的方案，而采取了其他方案，以致在收益上产生了某种损失，这种损失就叫后悔值。用这种方法来做决策，首先要求出各方案在不同情况下的后悔值，然后找出各方案的最大后悔值，最后从各方案的最大后悔值中选取后悔值最小的方案作为最优方案。

从表5-4中可以看出，"新建生产线"的后悔值最小，仅为25万元，应作为优选方案。这种决策方法，既没有小中取大法那么保守，有没有大中取大法那样冒险，因此，易于为人们所接受。

3. 风险型决策法

风险型决策法又称概率型决策法或随机型决策法。在风险型决策法中，决策者虽不能准确地知道每种决策的后果如何，但可以估计出每种方案出现的概率。知道了概率及各种条件值，就可以确定每种方案的期望值。概率是指方案成功的可能性，条件值是该方案成功时公司可能获得的利润，期望值是条件值与概率的乘积。决策者可以根据各个方案的最终期望值的大小来决定其方案的选择。

风险型决策法有很多种,如表格法、矩阵决策法和决策树法等。这里主要介绍决策树法。

【例5-6】某公司为扩大产品销售量,拟建设新厂并服务十年,但面临三种可供选择的方案。A:建一座大厂。如果销路好,则可以完全占领市场,并获很大收益;但若销路差,则会亏损。B:建一座小厂。即使销路差,仍可以收回投资,并获一定收益;但若销路好,则会被竞争对手占领市场,不仅失去机会,还可能因竞争使原有效益降低。C:先建一座小厂,若销路好,三年后再加以扩建。这看上去似乎稳妥,但同样的生产能力,两次投资的总和要大于一次投资,又由于没能及时占领市场,可能会给竞争对手以可乘之机,最终影响收益。决策方案资料表如表5-5所示。

表5-5 决策方案资料表

销路状况	概率	方案及收益/(万元/年)				投资/万元		
		A	B	C		A	B	C
				前三年	后七年			
销路好	0.7	100	40	40	95	300	140	200(追加)
销路差	0.3	20	30	30	30			

问:公司如何决策才能获得最大的经济效益?

根据以上条件,绘制决策树:

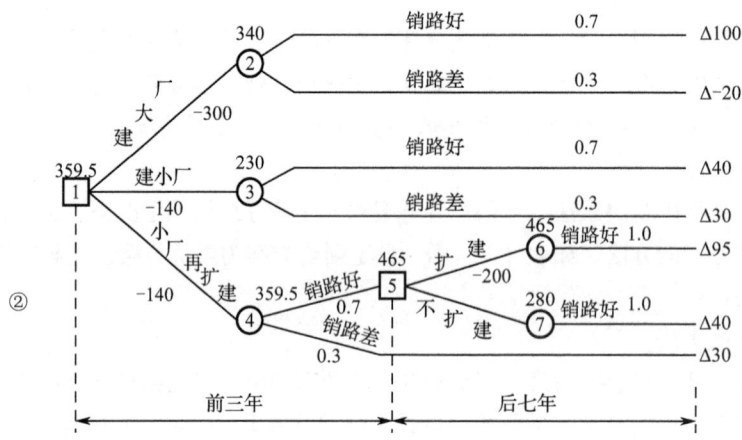

计算各点期望值为

点②:$(100×0.7-20×0.3)×10-300=340$(万元)

点③:$(40×0.7+30×0.3)×10-140=230$(万元)

点⑥:$95×1.0×7-200=465$(万元)

点⑦:$40×1.0×7=280$(万元)

比较点⑥、点⑦,显然点⑥期望值高,取扩建方案,"剪枝"舍去不扩建的方案。

点④:$[(465×0.7+40×0.7×3)+30×0.3×10]-140=359.5$(万元)

比较点②、点③、点④,显然点④期望值高,取C方案,舍去A、B两方案。

想一想5-7

假如决策时各方案在各自然状态的概率为未知,无法求得各项行动方案的预期收益值,这时应采用哪种决策方法?

案例 5-2

Z 公司扩大生产能力的决策问题

Z 公司 CEO 王某对扩大工厂生产能力的建议大为反对,他在董事会上的报告中说:"扩充设备是个馊主意,目前的市场需求并没有增大,我们的供应如果增加了,到哪儿去发展市场呢?我们知道,在 2010 年一年之内,新添了四家竞争对手,眼看着还有三家正在筹备之中,新竞争者的出现,是因为他们看见我们这个行业有利可图。可是,高价格和高利润的时代已经过去了。在我看来,至少在今后十年内,我们必将面对严酷的竞争,实在没有扩充生产能力的必要。我们应该做的是投资另一个新的事业,选择一个能有 15%投资报酬率的事业,我们公司却反其道而行之,居然大胆地打算将工厂生产能力扩充 25%!将我们的鸡蛋通通地放进一个篮子里,这是多么危险的事!"董事会人人都聚精会神地听取王某的报告,但是最后还是没能采纳这位 CEO 的意见。董事会依然决定扩充工厂,而且决定在 18 个月内完成。

王某自然只得服从董事会的决定,在这样的局面下,他认为要挽救公司的恶境,唯一的办法便是设法扩大市场对 Z 公司产品的需求。王某和其他高级主管经过 10 个月的调查和研究,认为有以下三项基本策略:

第一,增加广告费用,估计广告力量加强后,全年利润可增加 3 000 万元。

第二,可将售价压低 20%,据市场研究部门估计,降价后的利润可增加 6 000 万元。

第三,加强研究和开发。据估计,研究发展经费如果投入 100 万元,第二年的利润就可以增加 2 500 万元。

以上三种策略,成功的概率各有不同,王某等人认为,第一项策略成功概率为 60%,第二项策略为 20%,第三项策略则为 70%。此外,采取不同的策略,税务负担也各有不同,三种策略税率分别为 48%、50%及 46%。

思考与分析:

(1)为执行董事会的决定,王某找到了三个方案,并要从中做出选择。他所要做出的决策属于哪种类型?

(2)三种策略的期望值分别为多少?

(3)将税率考虑进去,哪一种策略是最佳策略?

知识小结

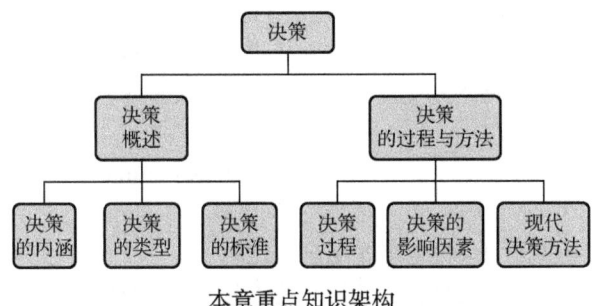

本章重点知识架构

技能训练

情 景 模 拟

【目标与情景】

目标：增强学生对决策的认知。

情景：航空公司的经营游戏。

参与者程序：

（1）将学生分成 5~6 个组，每个组将分别代表一家航空公司在市场经营。

（2）市场经营的规则是：所有航空公司的利润率都维持在 9%；如果有三家以下的公司采取降价策略，降价的公司由于薄利多销，利润率可达 12%，而没有采取降价策略的公司利润率则为 6%；如果有三家和三家以上的公司同时降价，则所有公司的利润率都只有 6%。

【模拟训练】

（1）每个小组先讨论本公司是否降价。

（2）各小组派代表协商，并达成关于是否降价的意见。

（3）初步协商之后小组代表回到小组，并将情况向小组汇报。

（4）小组经过五分钟讨论之后，要做出最终的决策：降价还是不降价？并将决定写在纸条上，同时交给老师。

（5）老师公布本次各组经营决策的结果。

 拓展训练

关上你的窗帘

美国的首都华盛顿广场的杰弗逊纪念馆大厦，年时已久，建筑物出现了斑驳、裂纹，政府耗费巨资也毫无办法。无奈之下，派出专家来解决这个头痛的难题。刚开始的时候，大家都认为造成大厦严重蚀损的原因是酸雨。后来发现是冲洗墙壁所含的清洁剂对建筑物有酸蚀作用。而这座大厦天天都要冲洗，冲洗的频率比一般的建筑高得多，所以受酸蚀损害更严重。

但是为什么每天都要冲洗大厦呢？因为大厦每天被许多鸟粪弄脏。为什么大厦有那么多鸟粪呢？因为大厦周围聚集了很多燕子。为什么燕子专喜聚在这里呢？因为大厦建筑物上有燕子爱吃的蜘蛛。为什么这里的蜘蛛多呢？因为墙上有蜘蛛最喜欢的飞虫。为什么这里飞虫多呢？因为飞虫在这里繁殖得特别快。为什么这里飞虫繁殖得快呢？因为这里的尘埃最适合飞虫繁殖。为什么这里的尘埃最适合飞虫繁殖呢？灰尘本来没什么，只是因为从窗外照射进的阳光形成了特别能够刺激飞虫拼命繁殖的温床。因为开着的窗阳光充足，大量飞虫聚集在这里，尽情繁殖，吸引蜘蛛来此享受美餐，蜘蛛的聚集又引来了燕子的大量集结，燕子吃饱后就在大厦上屙屎……

令你想不到的是：政府耗费了巨资没法解决的问题，答案仅仅是四个字：关上窗帘！

一个耗费了重金、让人头痛的大难题，如果得不到解决，就会天天重复冲洗，直到出现大裂痕，出现斑驳、剥落直到坍塌。

（资料来源：http://y.3edu.net/zlgs/23498.html.）

思考与分析：

（1）你如何从本决策中找出决策的顺序关系链流程。

（2）在遇到重重问题迷雾的时候，你真的能关上你的窗帘吗？

第六章

组　　织

  学习目标

通过本章的学习，掌握以下内容：
1. 如何设计组织结构
2. 组织结构的类型
3. 组织职权如何配置
4. 主管人员招聘与考核

案例导入

新疆特变电工股份有限公司组织结构设计

新疆特变电工股份有限公司是中国变压器行业首家上市公司，是电工制造行业的骨干企业，新疆机电行业的支柱企业。该公司位于距乌鲁木齐市 30 公里的昌吉市，距乌鲁木齐国际机场 18 公里。目前，该公司拥有总资产 8 亿元、净资产 45 亿元、员工 1 100 余人，具有大、中专以上学历和中、高级专业技术职称的人员占 35%。该公司下辖有变压器厂、线缆厂和电子消毒设备厂。1998 年组建了新疆特变电工股份有限公司，实现强强联合，控股四川德阳电缆厂。同年组建了进出口公司，其产品销往东南亚周边国家、非洲和海湾国家。新疆特变电工股份有限公司原先是一个街道变压器小厂，负债 73 万元，在当年仅有 26 岁的张新总经理的领导下，短短的十年时间发展到拥有 45 亿元净资产的上市公司。在此期间，兼并了国有线缆厂。这些业绩的取得是张新等一班人的奋力拼搏、勇于开拓的结果。为此，张新总经理在全厂职工的心中威望极高。

新疆特变电工股份有限公司建立健全了合理的组织结构，目前的新疆特变电工股份有限公司的组织结构如图 6-1 所示。

目前，新疆特变电工股份有限公司实现的管理方式是把下属的变压器厂、线缆厂和电子消毒厂作为利润中心来考核。年初由总经理和下属厂长签订承包协议，规定当年必须完成的销售额和利润。但这一管理模式也暴露出一些问题。最突出的是销售多头对外，公司没有形成一个统一的销售网络，无统一的营销策略，造成营销资源严重浪费，其品牌和形象也没有确立。为了改变这一状况，该公司领导想把销售部的责权加强，宣布由销售部统一掌管全公司的销售。从实行的情况看，由于销售部的人员比较年轻，对变压器的技术也不熟悉，尚不能承担全公司的销售重任。更为困难的是，年初的承包协议规定了各厂厂长的利润指标，使得销售部与各厂之间出现了矛盾，销售部为了扩大销售额，对外报价倾向于降低，而变压器厂追求的是利润，认为无利可图便不愿接订单。因此，实行全公司统一对外销售的方案仅维持了3个月，便又回到了老的体制上，还是由各厂各自对外销售。

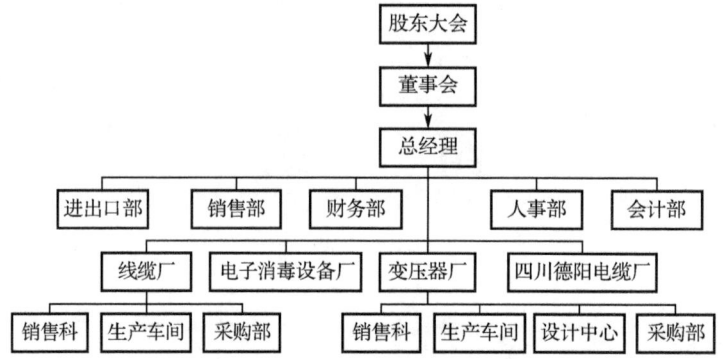

图6-1 新疆特变电工股份有限公司的组织结构

新疆特变电工股份有限公司是否要对现有的销售组织结构进行调整？多头对外销售的弊端如何克服？在进行组织结构调整时要考虑哪些因素？如何解决调整中的冲突？

（资料来源：武智慧.管理学基础[M].北京：科学出版社，2007.）

第一节 组织结构设计

一、组织的含义和分类

（一）组织的含义

组织包括两层含义：其一是静态的组织含义，即从组织结构上来讲，是指由若干因素构成的有序的结构系统；其二是动态的组织含义，即组织工作，是指根据一定的目的，按照一定的程序，对一些事物进行安排和处理的活动或行为。组织是分工的前提，又是协作的基础。在管理活动中，组织是一种管理主体，同时又是管理客体、管理对象。

综合以上两层含义，可以把组织的概念定义为：为了有效地配置内部资源和开展活动，实现一定的共同目标而按照一定的规则、程序所构成的一种责权结构安排和人员协作关系，其目的在于以最高的效率使目标得以实现。

组织工作的内容和过程如图6-2所示。

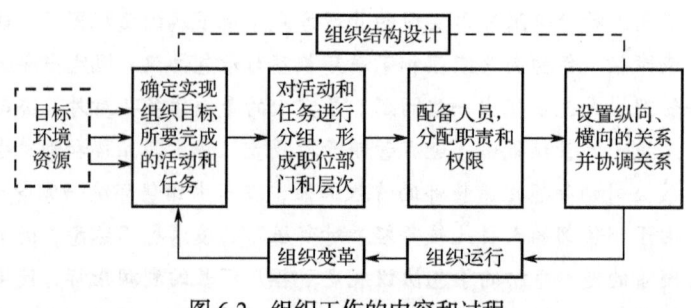

图6-2 组织工作的内容和过程

（二）组织的分类

从不同的角度，组织可以划分为不同的类别。按组织规模划分，组织可分为小型组织、中型组织和大型组织；按社会职能划分，组织可分为文化性组织、经济性组织和政治性组织；按内部是否有正式分工关系划分，组织可分为正式组织和非正式组织。

 知识链接

正式组织与非正式组织如表 6-1 所示。

表 6-1　正式组织与非正式组织

项　目	正式组织	非正式组织
形成原因	为了实现共同目标而有意识地组织起来	因人们性格、爱好、交往、感情等逐渐形成，并无自觉的共同目标
表现形式	是有形的组织，表现为组织图、职务说明书等	是无形的组织，无任何成文的表现形式
成员范围	按组织设计规定的层次，部门配备合格的人员，人数相对稳定	自愿结合，不受正式组织规定的层次、部门、职务等限制，人数不定
行为标准	以效率逻辑作为标准，制定明确的方针、程序、规章制度，要求严格执行	以感情逻辑作为标准，只有不成文的约定，如有违反，则受到疏远或排斥
领导者的产生方式	按有关规定选拔产生	自然产生，往往是团体中交往最多者或威望最高者

 想一想 6-1

非正式组织和正式组织对组织来说都很重要，这种说法对吗？

二、组织结构设计的任务

组织结构设计就是进行专业分工和建立使各部门相互协调配合的系统的过程。具体地说，组织结构设计的任务是建立组织结构和明确组织内部的相互关系，提供组织结构图和职务说明书。

（一）组织结构图

组织结构的设计应该明确谁去做什么，谁要对什么结果负责，并且消除由于分工含糊不清造成的执行中的障碍，还要提供能反映和支持企业目标的决策和沟通网络，设计合理的组织结构，其目的在于有效地实现组织的目标和计划，达到良好的组织业绩。

组织设计的结果是绘制出清晰的组织结构图，规划和设计组织中各部门的职能、职权和职责，确定组织中直线职权、参谋职权、职能职权等的活动范围及相互关系。

（二）职务说明书

职务说明书要求能够简单而明确地指出该管理职务的工作内容、职责与权力、与组织中其他部门和职务的关系，以及要求担任该项职务者所必须具备的基本素质、技术知识、工作经验、处理问题的能力等。例如，A 产品生产技术负责人的职务说明书应该包括以下内容：他要对 A 产品的生产情况总负责；对产品的研究与开发、生产制造、质量控制有决策权，要对结果负责；他受 A 产品经理的直接领导，与营销负责人是平级关系，他领导三个下属；另外，担任该职务

的主管人员，应该具备中层管理人员的基本素质，同时还要对 A 产品的生产技术熟悉等。

编制职务说明书是防止企业内各工作岗位之间互相扯皮、推诿的有效方法。同时，编制职务说明书有利于改进工作方法，并可作为招聘、培训、任用、提升、调动、考评等人力资源管理各种功能的依据。

三、组织设计的原则

如果组织所处的环境、采用的技术、制定的战略、发展的规模等情况不同，那么它所需的职务和部门及其相互关系也不同。尽管如此，在进行组织设计时，还是可以找到一些要共同遵守的原则。

（一）目标统一原则

目标统一原则是指组织结构的设计和组织形式的选择必须有利于组织目标的实现。组织目标层层分解，机构层层建立下去，直到每个人都了解自己在总目标实现中应完成的任务，这样建立起来的组织机构才是一个有机整体，才能为保证组织目标的实现奠定基础。在组织设计时，要求从工作特点和需要出发，因事设机构、设职，因职用人。

（二）分工协作原则

分工是按照提高专业化程度和工作效率的要求，把组织的目标任务进行分解，明确各层次、各部门乃至个人的职责。协作是明确部门与部门之间及部门内部的协调关系与配合方法。只有分工没有合作，分工就失去了意义；但如果没有分工，也就谈不上协作，两者是相辅相成的。

（三）职、责、权、利相对应原则

有了分工，就意味着明确了职务，承担了责任，就要有与职务和责任相等的权力，并享有相应的利益。这就是职、责、权、利相对应的原则，简称权责对等原则。该原则要求：职务要实在、责任要明确、权力要恰当、利益要合理。它们的关系应当呈相互对应的正方形形状。

如果责任大而权力和利益小，会导致下属缺乏主动性、积极性，难以有效履行责任；如果权力和利益偏大而责任较小，下属就有可能不负责任地滥用权力，容易助长官僚主义的习气。

（四）统一指挥原则

统一指挥原则是指组织中的每位下属都应当有一个而且只能有一个上级主管，向一个人直接汇报工作，从而形成一条清晰的指挥链。如果一个下属有多个上级，那么就会由于上级之间可能彼此不同甚至互相冲突的命令而导致政出多门、指挥不统一，令下属产生无所适从之感。

（五）有效管理幅度原则

管理幅度是指一名主管人员有效地指挥、监督、管理的直接下属的人数。一般来说，任何主管人员能够有效地指挥和监督的下属的数量总是有限的。

 知识链接

苛希纳定律

实际管理人员数比最佳人员数多时，工作时间不但不会减少，反而会随之增加，而工作成本就要成倍增加。如果实际管理人员数比最佳人员数多两倍，工作时间就要多两倍，工作成本就要

多 4 倍；如果实际管理人员数比最佳人员数多 3 倍，工作时间就要多 3 倍，工作成本就要多 6 倍。

苛希纳定律告诉人们：在管理上，并不是人多就好，有时管理人员越多，工作效率反而越低。只有找到一个最合适的人数，管理才能收到最好的效果。苛希纳定律虽是针对管理层人员而言的，但它同样适用于对公司一般人员的管理。在一个公司中，只有每个部门都真正达到了最佳人员数，才能最大限度地减少无用的工作时间，降低工作成本，从而达到企业的利益最大化。

有了管理幅度就会有管理层次。所谓管理层次，又称组织层次，是指组织内部从最高层到最基层的纵向等级结构和层级数目，它反映了组织内部纵向分工关系。

当组织规模一定时，管理层次和管理幅度之间存在着一种反比例的关系。管理幅度越大，管理层次就越少；反之，管理幅度越小，则管理层次就越多。这两种情况相应地对应着两种类型的组织结构形态：扁平化组织结构和高耸型组织结构。

（1）扁平化组织结构。其特点是管理层次较少，每一层次的管理幅度较大，是一种网络信息技术出现的现代组织结构基本形态。它的优点是信息传递、反馈速度快，失真可能性较小；有利于下属发挥工作的积极性和创造性。它的缺点是主管用于协调管理下属的工作时间增多，有时可能会造成管理失控；信息传递反馈中信息冗余较高，会造成信息利用的准确性下降。

（2）高耸型组织结构。其特点是管理层次较多，每一层次的管理幅度较窄，是一种传统意义上的行政组织结构基本形态。它的优点是主管的权威性、有效性得以提高；信息上下传递冗余较少，利用准确性高。它的缺点是信息传递、反馈速度慢，环节过多会造成失真；高度集权控制会影响下属工作的积极性和创造性；组织内的监控体系复杂。

想一想 6-2

扁平化组织结构和高耸型组织结构有什么不同？现代组织结构为什么呈现更加扁平化趋势？

知识链接

影响管理幅度的因素

影响管理幅度的因素包括职务的性质、管理者和下属工作能力的强弱、工作的标准化程度、计划的完善程度、问题的频度、工作条件和工作环境、信息沟通的难易程度等。

（六）集权与分权相结合原则

集权与分权是反映组织纵向职权关系的一个特征，用于描述组织中决策权限的集中与分散程度。所谓分权，指的是组织的决策权分配给较低层次的部门或人员的一种倾向。而集权则是指组织的决策权主要集中在较高层次的管理人员手中。集权和分权各有优、缺点，过分集权或分权都会给组织带来问题。实际中的组织应根据自身的具体条件选择合适的分权程度，从而在集权和分权的平衡中获得良好发展。

想一想 6-3

现代组织是集权好还是分权好？

（七）精简与效率原则

德鲁克认为，组织设计要"努力用经济来维持管理，并把摩擦减至最小限度"。组织的管理机构必须精干简明、以一当十，这样才能提高效率。如果机构臃肿、层次繁多、手续繁杂，则必然导致人浮于事、效率低下。国际上著名的"帕金森定律"揭示了组织管理中的职位数与效率之间恶性循环的特征，即在金字塔结构的组织中，随着各级管理人员职位的增多，人们之间的相互关系会进一步复杂化，推诿扯皮的现象会增加，内耗也就增大，于是又要增加管理人员……如此反复，机构不断膨胀，管理效率却日益降低，从而形成恶性循环。

（八）稳定性与弹性结构相结合原则

稳定性与弹性结构相结合原则是指组织结构及形式要有相对的稳定性，不能轻易变动。因为组织的变动，涉及人员、分工、职责、协调等方面的调整，对人员的情绪、工作方法、工作习惯带来各种影响，都要有一个适应过程。但同时组织为了适应多变的环境、提高竞争能力和效率，又必须能够灵活地对所涉及的结构进行动态的调整。

（九）执行与监督分离原则

在组织设计时，应将外部监督人员与执行人员分设，否则由于监督者与被监督者在利益上趋于一体化，会导致监督职能形同虚设。例如，车间的专职质量检查员应归属总厂质检部管理，由质检部对其工作进行考核和奖惩，而不应归车间管理、由车间考核和奖惩，只有这样才能确保其严格履行质量检查职责。

课堂讨论

三个老鼠偷油喝

三只老鼠一同去偷油喝。找到一个油瓶，三只老鼠商量，一只踩着一只的肩膀，轮流上去喝油。于是三只老鼠开始"叠罗汉"，当最后一只老鼠刚刚爬到另外两只老鼠的肩膀上，不知道什么原因，油瓶倒了，惊动了人，三只老鼠逃跑了。回到老鼠窝，大家开会讨论为什么会失败。最上面的老鼠说："我没有喝到油，而且推倒了油瓶，是因为下面第二只老鼠抖动了一下，所以我推倒了油瓶。"第二只老鼠说："我抖动了一下，但我是因为感觉到第三只老鼠抽搐了一下，我才抖动了一下。"第三只老鼠说："对，对，我好像听见门外有猫的叫声，所以抖了一下。"哦，原来如此啊！

请讨论：

该则寓言故事给你的启示。

四、组织结构设计的步骤

组织结构设计的步骤如图 6-3 所示。

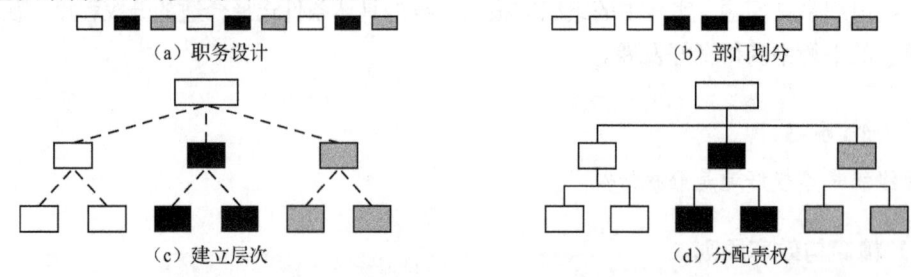

图 6-3　组织结构设计的步骤

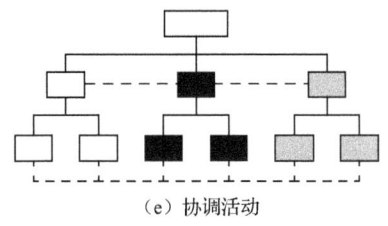

(e)协调活动

图 6-3 组织结构设计的步骤（续）

（一）职务设计

职务设计是组织设计最基础的工作。职务设计就是将实现组织目标所必须进行的活动逐步分解，划分成若干较小的任务单元，以便于每个人专门从事某一部分的活动，而不是全部活动，这就是劳动分工。劳动分工的重要意义在于把复杂的工作分成一项项简单的工作，每个人不断地重复做相同的工作、利用同一种设备，从而大大提高劳动生产率。

对活动进行分工后，还要将若干工作任务组合起来构成一个完整的职位，以便由组织员工来承担相应的职务。

（二）部门划分

在选择和设计好职务和工作岗位后，就要考虑如何将这些工作岗位按照一定的逻辑科学加以安排，形成部门或工作单位，以便进行有效管理。部门是一个组织中把不同工作组织起来的基本单位，是组织中的主管人员为完成规定的任务而有权管辖的一个特定领域。部门的划分是组织的横向分工，其目的在于确定组织中各项任务的分配与责任的归属，并应做到分工合理、职责分明，从而有效地达到组织的目标。

（三）建立层次

部门划分是对组织活动进行横向的分工，在此基础上还要进行纵向的划分，即建立上下级报告的层次关系，构成多层次结构的组织系统。建立层次需要解决好管理跨度与管理层次的关系问题。

（四）分配责权

通过建立层次形成的组织结构，表明了组织内各层次上下级相互作用的关系模式。在此基础上还应将一个组织中的责权分配到各个层次、各个部门和各个岗位上去，即规定哪个岗位应该对哪些工作负责，规定不同岗位所应具备的权利，并最终形成组织中从最高领导层一直贯穿到最低操作层的权力线，即通常所说的指挥链。

（五）协调活动

分工和协作是组织管理中的两大要素。在把实现组织目标所需完成的任务分配到不同的职位和部门，并进行责权安排之后，还必须在此基础上进行整合，以使组织中的个人或部门协同运作，实现组织的整体目标。根据系统论的观点，组织设计的目的就是发挥整体大于部分之和的优势，使有限的资源形成最佳的综合效果。因此，协调是组织设计的重要步骤，也是组织目标得以顺利实现的根本保障。

五、组织结构的类型

（一）直线型组织结构

直线型组织结构是指组织没有职能机构，从最高管理层到最基层，实行直线垂直领导。直线型组织结构形式如图6-4所示。直线型组织结构把职务按垂直系统直线排列，各级管理者对所属下级拥有直接的一切职权，下属必须绝对服从其上级主管，又称"军队式组织"。

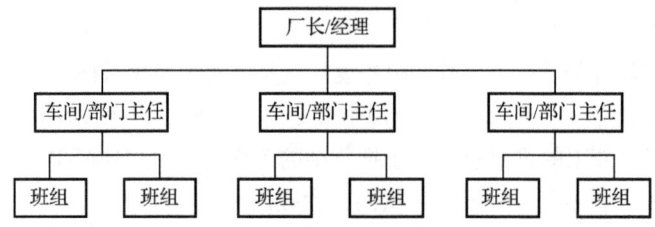

图6-4　直线型组织结构形式

这种组织结构简单，责任分明，权力集中，命令统一，联系简捷，沟通迅速，主要适用于规模较小、任务比较单一的小型组织，或者是现场的作业管理。

（二）职能型组织结构

职能型组织结构的特点是采用专业分工的管理者，代替直线型组织结构中的全能型管理者。即在组织内设置若干职能部门，各职能部门都有权在各自业务范围内向下级下达命令和指示，也就是各基层组织除服从上级直接领导外，还要接受各职能部门的领导。即各级领导者都配有通晓各门业务的专门人员和职能机构作为辅助者直接向下发号施令。职能型组织结构形式如图6-5所示。

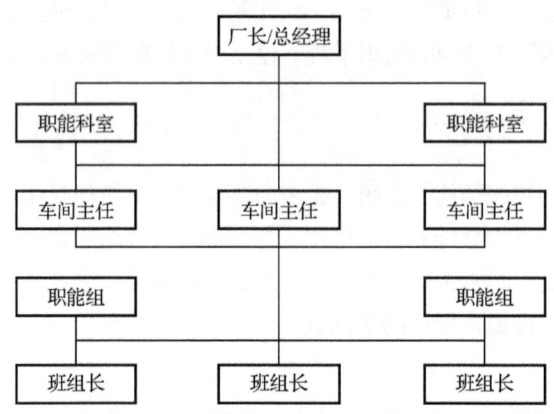

图6-5　职能型组织结构形式

这种组织结构适应现代组织技术比较复杂和制度管理分工较细的特点，能够发挥职能机构的专业管理作用，从而减轻上层管理者的负担。但是，它违背了集中管理和统一指挥原则，形成了多头领导，对基层来讲是"上边千条线，下面一根针"，无所适从，容易造成制度管理的混乱；各部门容易过分强调本部门的重要性，而忽视与其他部门的配合及组织的整体目标；提高了最高主管监督协调整个组织的要求。这是我国的高科技私营企业较为普遍采用的形式。

（三）直线职能型组织结构

直线职能型组织结构是对职能型组织结构的改进，是以直线型组织结构为基础，在各级直线主管之下设置相应的职能部门而建立的二维组织结构。即设置了两套系统：一套是按命令统一原则组织的纵向指挥系统；另一套是按专业化原则组织的横向管理职能系统。其特点是：直线部门和人员在自己的职责范围内有决定权，对其所属下级的工作进行指挥和命令，并负全部责任，而职能部门和人员仅是直线主管的参谋，只能对下级机构提供建议和业务指导，没有指挥和命令的权力。职能部门拟订的计划、方案及有关的指令，统一由直线领导批准下达。直线职能型组织结构形式如图 6-6 所示。

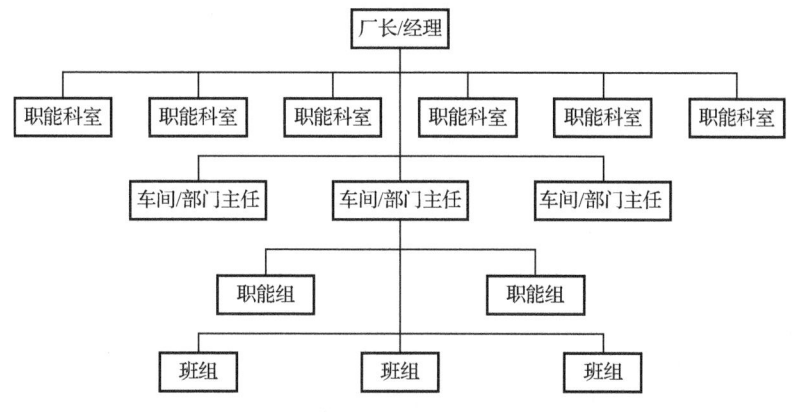

图 6-6 直线职能型组织结构形式

直线职能型组织结构既保持了直线型组织结构的集中统一指挥的优点，又吸取了职能型组织结构的发挥专业化管理的长处，管理权力高度集中，任务明确，决策迅速，指挥灵活，效率高，稳定性高。其缺点是：权力集中于高层领导，下级缺乏必要的自主权，职能人员之间横向联系较差，目标不易统一，缺乏全局观念，信息传递较慢，难以适应环境变化。

直线职能型组织结构属于典型的"集权"式结构，是一种普遍适用的组织形式。目前，绝大多数企业和非营利性组织均采用这种组织形式。

（四）矩阵型组织结构

这是一种把按职能划分的部门同按产品、服务、活动、研究或工程项目划分的部门结合起来的组织形式。矩阵型组织结构形式如图 6-7 所示。在这种组织中，每个成员既要接受垂直部门的领导，又要在执行某项任务时接受项目负责人的指挥。两者结合起来就形成一个矩阵，故借助数学语言，称为矩阵型组织结构。可以说，矩阵型组织结构有意识地违背了统一指挥原则。矩阵型组织结构的特点是：在项目负责人的主持下，从纵向的各职能部门抽调人员，组成项目组，共同从事活动项目或研究项目的工作；项目完成后，人员返回本部门，项目组随即撤销；每个项目负责人都是在厂长的直接领导下专门负责项目工作。

矩阵型组织结构在不增加机构和人员的条件下，将不同部门集中在一起，组建方便，可实现资源在不同项目之间的柔性分配，灵活性和适应性较强，有利于加强各职能部门之间的协作和配合，并且有利于开发新技术、新产品和激发组织成员的创造性。其缺点是：存在双重指挥，容易引起冲突，需要大量的协调工作，组织结构稳定性差，而且还可能导致项目经理过多、机构臃肿。

这种组织结构主要适用于：采用非常规技术和创新性较强的科研、设计、项目规划等工作，职能部门内部和相互之间的依赖程度很高的情况；或者工作环境非常不确定，需要灵活的适应性结构的组织；突击性、临时性任务需要，如大型赛事组织、考核评估、摄制组、建筑工程等。

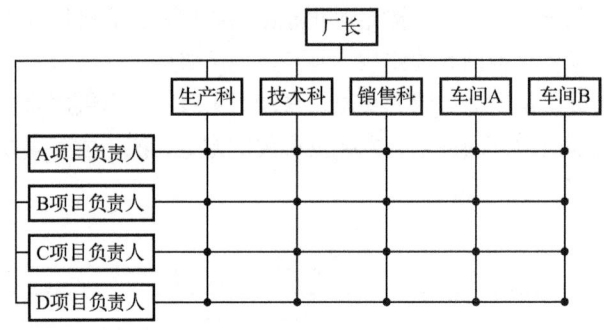

图 6-7　矩阵型组织结构形式

（五）事业部型组织结构

事业部型组织结构首创于 20 世纪 20 年代，最初是由美国通用汽车公司副总经理斯隆创立的，故又称"斯隆模型"。该结构是在直线职能型结构基础上，按地区或所经营的各种产品、项目或地域设置独立核算、自主经营、自负盈亏的事业部，同时，事关大政方针、长远目标及一些全局性问题的重大决策集中在总部，以保证企业的统一性。这种组织结构形式最突出的特点是：集中决策，分散经营。事业部型组织结构形式如图 6-8 所示。

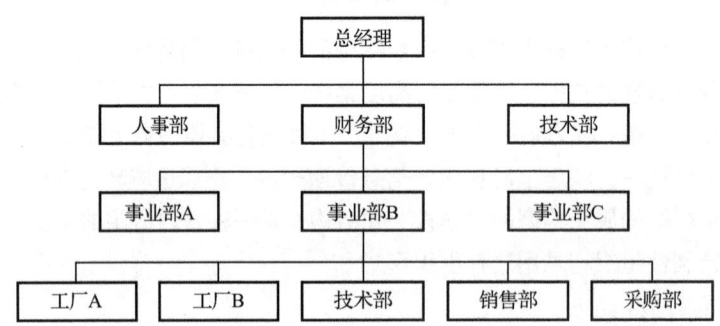

图 6-8　事业部型组织结构形式

事业部型组织结构有利于发挥事业部的积极性、主动性；公司高层可摆脱日常事务，集中思考战略问题；各事业部高度专业化，集中从事某方面的经营，有利于提高效率和适应性；经营责任和权限明确，绩效容易考核，可促进部门间的竞争；有利于培养高级综合管理人才。其缺点是：机构、活动和资源重复配置，管理成本高；各事业部独立经营，易形成本位主义，相互支援和协作较差；对管理者要求较高，事业部经理要熟悉全部业务和管理知识。

这种组织结构是"集权"与"分权"相结合的形式，主要适用于生产经营多样化、面对多个不同市场或所处地理位置差异大、要求适应性较强的大型企业。

管理定律：木尼斯法则——构造有机适应型组织。

（六）网络型组织结构

网络型组织结构是基于当今飞速发展的现代信息技术手段而建立和发展起来的一种新型企业组织结构。网络型组织结构是一种只有很精干的中心机构，以合同（契约）关系的建立和维持为基础，依靠外部机构进行制造、销售或其他重要业务经营活动的组织结构形式。被联结的各经营单位之间并没有正式的资本所有关系和行政隶属关系，只是以相对松散的契约为纽带，通过一种互惠互利、相互协作、相互信任和支持的机制来进行密切的合作。网络型组织结构形式如图6-9所示。

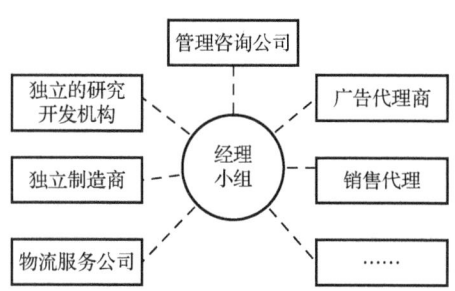

图6-9 网络型组织结构形式

这种组织结构的特色是：将企业内部各项工作（包括生产、销售、财务等），通过承包合同交给不同的专门企业去承担，而总公司只保留为数有限的职员，它的主要工作是制定政策及协调各承包公司的关系。其特点是：企业组织结构相当扁平化，管理尽量充分向各个基层组织成员授权，只有大的战略性的企业决策权仍留在最高管理层手中，其余决策权和日常管理工作全部交给企业员工自己独立进行。

网络型组织结构有两大前提条件：一是企业的员工必须是分工明确并且完全有能力在企业制定的授权范围内自我管理；二是虽然大量决策是由员工自己现场做出的，但管理沟通的信息技术与设备及环境，均支持员工与领导者及时高效地进行管理沟通，高层管理者随时都可获取各下属的工作信息，发现偏差时，能够及时予以纠正。在网络状态下，企业可以具备更大的灵活性和工作效率，从而有利于提高企业资源利用率和产出效能。其最大的优点是：利用社会上现有的资源使自己快速发展壮大起来，目前已经成为国际上流行的一种组织结构形式。

知识链接

虚拟企业

虚拟企业（Virtual Enterprise）是指当市场出现新机遇时，具有不同资源与优势的企业为了共同开拓市场、共同对付其他的竞争者而组织的，建立在信息网络基础上的，共享技术与信息、分担费用、联合开发的互利的企业联盟体。当参与联盟的企业追求一种完全靠自身能力达不到的超常目标，即这种目标要高于企业运用自身资源可以达到的限度时，常常会出现虚拟企业。因此，当企业自发地要求突破自身的组织界限时，必须与其他对此目标有共识的企业实现全方位的战略联盟，共建虚拟企业，才有可能实现这一目标。

案例6-1

华为公司的组织机构变迁

华为公司从成立到现在正好走过三十年的历程，其战略随着环境的变化不断调整，而组织

结构也在追随着战略进行优化,从而保持了华为公司的持续前进,并在中国企业发展史上树立了一面旗帜。截至2016年年底,其销售规模达5 216亿元。华为公司这三十年来组织结构的发展历程,大致上可以分为四个阶段:

第一阶段,1987—1995年,直线型/直线职能型组织结构。

1987年,任正非与五位合伙人共同出资2万元成立了华为公司。在华为公司刚成立的时候,只有6个人,还没有所谓的组织结构。到了1991年,华为公司也才有20几个人,尽管有组织结构,但也是非常简单的中、小企业普遍采用的直线型组织结构,所有员工都是直接向任正非汇报。

直到1994年,华为公司的销售额突破8亿元,员工人数达600多人。组织结构也开始从直线型组织结构转变为直线职能型组织结构,除了有业务流程部门,如研发、市场销售、制造等部门外,也有了支撑流程部门,如财经、行政管理等部门。

这一时期,华为公司与其他大多数公司一样,产品单一,销售上采取低价策略,组织结构简单,权力集中,能够迅速统一调配资源参与竞争,并对市场做出快速反应。直线职能型组织结构与华为公司当时的战略发展也是相匹配的。

第二阶段:1996—2003年,二维矩阵型组织结构。

1995年,华为公司在北京成立研究所。1996年,华为公司开始进军国际市场。这一阶段,组织结构也在随着战略的变化而进行调整。2000年,华为公司销售额突破200亿元,并连续五年以100%的速度在增长。华为公司在这段时期的战略逐渐从集中化转向横向一体化,从单一产品逐渐进入移动通信、传输等多种产品领域,开始朝着多元化方向发展,成为一个能提供全面通信解决方案的公司。

这一时期,直线型组织结构的优势已经变成发展的劣势,制约了华为公司的进一步发展。因此,华为公司开始进行管理变革,从划小经营单位开始,建立了事业部制与地区部相结合的二维矩阵型组织结构:事业部在华为公司规定的经营范围内承担开发、生产、销售和用户服务的职责,可以按产品领域建立扩张型的事业部,实行集中决策、分权经营,它是华为公司的利润中心;地区公司是按地区划分的、全资或由总公司控股的、具有法人资格的子公司,在华为公司规定的区域市场内有效利用华为公司的资源开展经营。地区公司在规定的区域市场和事业领域内,充分运用华为公司分派的资源和尽量调动华为公司的公共资源寻求发展,对利润承担全部责任。而华为公司的管理资源、研究资源、中试资源、认证资源、生产管理资源、市场资源、财政资源、人力资源和信息资源等是华为公司的公共资源。

华为公司总部对华为公司公共资源进行管理,对各事业部、子公司、业务部门进行指导和监督。总部主要做重大决策控制和服务,以集中优势资源和精力突破市场难点。

第三阶段:2004—2012年,以产品为主导的矩阵型组织结构。

经过两年的低速增长,华为公司在2003年,销售额很快突破300亿元,依然保持了超过50%的增长。2012年,其销售额超过2 000亿元,员工人数从2004年的3万人,增长到2012年的13.8万人,正式成为通信业的老大。到2009年,任正非又开始酝酿新的改革,确定了"以代表处系统部铁三角组织为基础的、轻装及能力综合化的海军陆作战式"作战队形,培育机会、发现机会并咬住机会,在小范围内完成对合同获取、合同交付的作战组织及对中、大项目支持的规划与请求。

华为公司的组织结构从事业部与地区部相结合的组织结构,转变成以产品线为主导的组织结构。产品线形式的采用能够更有效地和顾客就产品展开广泛的交流，并及时发现和满足客户需求，从而有力增强了华为公司的国际市场竞争力。

第四个阶段：2013年至今，动态的矩阵型组织结构。

目前，华为公司已经是一家多元化企业，形成了运营商业务、企业业务、消费者业务三大业务体系，组织结构在未来依然还会保持这样一种矩阵型组织结构。

而这个巨大的矩阵型组织结构是动态的，随时会跟随着战略的调整而调整。当企业遭遇外部环境挑战时，这个网络就会收缩并进行叠加，即会进行岗位、人员的精简；而外部环境向好、需要扩张时，这个网络就会打开，并进行岗位与人员的扩张。但其基本的业务流程却是会保持相对稳定的。

（改编自搜狐网：科技《解密华为——华为的组织结构变革》，2017年12月28日）

思考与分析：
（1）华为公司为什么要进行组织结构变迁？
（2）华为公司组织结构的变迁发展有哪些价值？

第二节　组织配置

一、职权的类型

职权是构成组织结构的核心要素，是组织联系的主线，对于组织的合理构建与有效运行具有关键性作用。一个正式组织的职权有直线职权、参谋职权和职能职权三种。

（一）直线职权

直线职权是指直接从事产品和业务的生产指挥、直接领导下属工作的直线管理人员所拥有的职权，包括决策权、发布命令权和执行权三个部分，也就是通常所说的决策指挥权。

直线职权是组织中一种最基本、最重要的职权。缺少了直线职权的有效行使，整个组织的运转就会出现混乱，乃至陷入瘫痪。直线职权是遵循着组织等级链发生的职权关系。例如，在企业生产系统中，总裁——负责生产制造的副总裁——制造分部总经理——分厂经理——车间主任——工段长——班组长，从上级到下级构成了严密的指挥链关系。在组织等级链中的每个管理人员称为直线人员（如公司的总裁到基层的班组长），他们拥有各自的直线职权，但由于所处的管理层次不同，其职权大小及职权范围也就有所不同。

（二）参谋职权

参谋职权的产生是由于组织规模不断扩大，高层管理者面临的管理问题日益复杂，此时仅凭直线管理人员个人的知识和经验已显得很不够，于是需要借助参谋专家的作用来帮助他们行使直接指挥的权力。参谋职权是顾问性质或服务性质的，其为直线管理人员提供服务的形式有两种：一是个人参谋的形式，如总经理助理；二是专业化参谋的形式，如智囊团、顾问委员会等。因此，参谋职权是指作为主管人员的参谋或幕僚所拥有的辅助性职权，主要是评价直线系统的活动情况，进而提出建议或提供咨询的权力和专业指导权。

知识链接

参谋人员的职责范围

提供私人秘书性质的服务；提供对上的咨询服务；提供全方位的咨询服务；按规定要求提供服务；由直线人员对服务的内容、方式、时间等做出具体的要求和规定，参谋机构和参谋人员按质、按量、按时提供相应的服务；提供特定的专家技术服务；参谋行使职能职权，提供独立的监督服务。

（三）职能职权

职能职权是指参谋人员或某职能部门的主管人员所拥有的、由直线主管人员授予的、在一定范围内行使的决策与指挥权。

职能职权的设立主要是为了能充分发挥专家的核心作用，减轻直线主管的工作负荷，提高管理工作效率。

必须指出，参谋部门有了职能职权以后，虽然可以保证参谋人员专业知识和作用的发挥，但也带来多头领导、破坏命令统一性的危险。企业中的分厂厂长或事业部经理除了有一个直线上司以外，可能同时还要接受好几个职能部门负责人的指导甚至是领导。这些职能上司的存在虽然是由解决复杂问题所需的专业知识决定的，但同样不可忽视的是，多头领导往往会造成组织关系的混乱和职责不清。因此，组织中要谨慎地授予职能职权。

（四）直线与参谋的关系

直线与参谋的概念除了指职权关系以外，还可以泛指部门的设置。直线部门通常被认为是对组织目标的实现直接做出贡献的单位，如大工业公司中的生产系统、销售系统都被列为直线部门，而把采购、会计、人事、设备维修和质量管理等列为参谋部门。但从职权关系来看，无论是在生产系统、销售系统内部，还是在辅助性的参谋单位内部，只要存在上下级关系，就必定存在直线职权。生产系统和销售系统同是直线部门，但它们是两条线上的直线关系，如果销售部门主管跨系统对生产部门人员提出如包装产品的要求，这就不是直线关系，而是非直线关系了。我们将跨系统发生的非直线关系，以及参谋部门对直线部门提供的辅助关系，统称为参谋职权或参谋关系。

从理论上来说，设置参谋职务不仅可以保证直线的统一指挥，而且能够适应管理复杂活动需要多种专业知识的要求。然而在实践中，直线人员与参谋人员的矛盾往往是组织缺乏效率的原因之一。考察这些低效率的组织活动，通常可以发现两种不同的倾向：或者虽然保持了命令的统一性，但参谋作用不能充分发挥；或者参谋作用发挥失当，破坏了统一指挥的原则。因此，在实际工作中，直线人员与参谋人员都有可能产生对对方的不满情绪。

直线人员要对自己所辖部门的工作结果负责，因此有时可能认为参谋人员及其部门人员干预了自己的工作，闯进了自己的领地，从而可能对他们产生不满。直线人员对参谋人员作用的敌视或忽视会导致参谋人员的不满。引起直线人员与参谋人员矛盾的另一个可能原因是参谋人员过高地估计了自己的作用。

解决这对矛盾的关键是要合理利用参谋人员的工作，明确直线与参谋的关系，授予参谋机构必要的职能权力。为此，首先要建立清晰的等级链，其次要明确划分权责界限，然后要制定并严格执行政策、程序和规范,最后各级管理人员必须充分尊重别人的职权,同时无论是上下级之间,还是同级之间,必须注意及时沟通,并加强工作中的支持与配合,以建立融洽的职权关系。

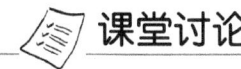

想一想 6-4

组织运行中如何处理直线人员与参谋人员的关系?

课堂讨论

谁拥有权力

王某近来感到十分沮丧。一年半前,他获得某名牌大学工商管理硕士学位后,在毕业生人才交流会上,他凭着满腹经纶和出众的口才成为某大公司的高级管理职员。由于其卓越的管理才华,一年后,他又被公司委以重任,出任该公司下属的一家面临困境的企业的厂长。当时,公司总经理及董事会希望王某能重新整顿企业,使其扭亏为盈,并保证王某拥有完成这些工作所需的权力。考虑到王某年轻,且肩负重任,公司还为他配备了一名高级顾问严某(原厂主管生产的副厂长),为其出谋划策。

然而,在担任厂长半年后,王某开始怀疑自己能否控制住局势。他向办公室高主任抱怨道:"在我执行厂管理改革方案时,我要各部门制订明确的工作职责、目标和工作程序,而严某却认为,管理固然重要,但眼下第一位的还是抓生产、开拓市场。更糟糕的是,我原来手下的主管人员居然也持有类似的想法,结果这些经集体讨论的管理措施执行受阻。倒是那些生产方面的事情推行起来十分顺利。有时我感到在厂里发布的一些命令,就像石头扔进了水里,我只看见了波纹,过不了多久,所有的事情又回到了命令发布以前的状态,什么都没改变。"

请讨论:

(1)王某和严某的权力各来源于何处?

(2)严某在实际工作中行使的是什么权力?你认为严某作为顾问应该行使什么样的职权?

(3)这家下属企业在管理中存在什么问题?如果你是公司总经理助理,请就案例中该企业存在的问题向总经理提出你的建议以改善现状。

二、集权和分权

集权与分权反映了组织的纵向职权关系。集权是指决策权在组织系统中较高管理层次的一定程度的集中;与此相对应,分权是指决策权在组织系统中较低管理层次的一定程度上的分散。

集权和分权是一个相对的概念。绝对的集权意味着组织中的全部权力集中在一个主管手中,组织活动的所有决策均由主管做出,主管直接面对所有的实施执行者,没有任何中间管理人员,没有任何中层管理机构。这在现代社会经济组织中显然是不可能的。而绝对的分权则意味着全部权力分散在各个管理部门,甚至分散在各个执行、操作者手中,没有任何集中的权力,因此主管的职位显然是多余的,一个统一的组织也不复存在。所以,在现实社会中的组织,可能是集权的成分多一点,也可能是分权的成分多一点。我们要研究的不是应该集权还是分权,而是哪些权力宜于集中,哪些权力宜于分散,在什么样的情况下集权的成分应多一点,何时又需要较多的分权。

（一）影响集权与分权的主要因素

决定集权与分权的关键在于所集中或分散权力的类型与大小。高层管理者应重点控制计划、人事、财务等决策权；而将业务与日常管理权尽可能多地放给基层。同时，应根据组织目标、环境与条件的需要正确决定集权与分权的程度。

1. 组织因素

组织因素包括组织规模的大小、所管理的工作的性质与特点、管理职责与决策的重要性、管理控制技术发展程度。

根据组织生命周期理论，组织创立初期通常采取高度集权的管理方式。但随着组织逐渐成长、规模日益扩大和组织层次的增多，这种管理方式使上下沟通的速度减慢，从而造成信息的延误和失真，工作效率降低，这时应由集权的管理方式逐渐转向分权的管理方式。决策的重要程度、难度和代价的大小是决定分权程度的主要因素。通常，决策越是重要、决策的难度越大，可能带来的风险也就越大，因而也越不宜交给下级人员处理。高层主管在向下分权时，必须保证对下级工作和绩效的控制，许多主管之所以不愿意授权，就是担心失去控制，因而控制的技术与手段也是影响分权程度的一个因素。通信技术的发展、统计方法和控制等技术的改进，都有助于组织分权程度的提高。

2. 环境因素

环境因素包括组织所面临环境的复杂程度、组织所属部门各自面临环境的差异程度。

组织在发展过程中，必然要受到外界政治、经济、技术等环境的影响，当组织所处的环境竞争比较激烈时，会促使组织集权化。正如戴尔所说："困难时期和竞争加剧可主张集权制。"当企业面临复杂多变的市场时，必须进行分权，以便更及时、更准确地适应市场的需要。

3. 管理者与下级因素

管理者与下级因素包括管理者的素质、偏好与个性风格，被管理者的素质、对工作的熟悉程度与控制能力，管理者与被管理者之间的关系等因素。

管理者的个性与管理哲学对组织的分权程度有很大的影响。专制、独裁的管理者通常具有较强烈的权力需求，不能容忍他人触犯其权力，因而往往采用集权式管理；反之，则倾向于分权。如果组织中的下属管理者数目充足，素质和能力较强，经验丰富，且愿负责任，则可以较多地分权。反之，则会限制分权。

（二）集权与分权的弊端

1. 集权的弊端

（1）降低决策的质量。大规模组织的主管远离基层，基层发生的问题要经过层层请示、汇报后再做决策，这样不仅影响决策的正确性，而且影响决策的及时性。

（2）降低组织的适应能力。作为社会细胞的组织，其整体和各个部分与社会环境有着多方的联系。过度集权的组织，可能使各个部门失去自适应和自调整的能力，从而削弱组织整体的应变能力。

（3）降低员工的工作热情。权力的高度集中，组织中的大部分决策均由最高主管或高层管理人员制定，长此以往，会使得基层管理人员和员工的积极性、主动性、创造性被逐渐磨灭，工作热情消失，劳动效率下降，从而使组织的发展失去基础。

2. 分权的弊端

（1）破坏政策的统一性。组织作为一个统一的社会单位，要求内部的各方面政策是统一的，分权则可能对组织的统一性起到某种破坏作用。

（2）影响工作的质量稳定性。分权的适当，要求接受权力的管理人员或员工拥有比较高的素质和相关管理能力，如果组织过度分权则有可能导致权力没有得到正确和有效的运用。

（三）分权程度的标志

通常，组织中分权的程度可以从以下四个方面来衡量。

1. 下级决策的数量

组织中较低管理层次做出决策的数目越多、越频繁，表明该组织的分权程度越高。

2. 下级决策的范围

组织中较低管理层次做出决策的影响范围越广、涉及的职能越多、参与决策制定过程的环节越多，则分权程度越高。

3. 下级决策的重要性

组织中较低管理层次做出决策所涉及的费用越高、重大性质的决策越多，则分权程度越高。例如，如果下级在不请示任何上级的情况下，可以做出购买价值 20 万元设备的决定，显然比购买决策权被限制在 2 万元以内的分权程度高。

4. 对下级决策的控制程度

下级做出的决策要经常向上级请示与汇报，且要受到严格监控，则表明分权程度较低。反之，如果上级对组织中较低管理层次做出的决策的审批手续越少、执行中监控越少，则分权程度越高。

想一想 6-5

为什么说集权与分权具有相对性？

三、授权

所谓授权，就是指上级赋予下级一定的权力和责任，使下属在一定的监督之下，拥有相当的自主权而行动。授权者对被授权者有指挥、监督权，被授权者对授权者负有汇报情况及完成任务之责。韩非说过："上君尽人之智，中君尽人之力，下君尽己之能。"

管理定律：古狄逊定理——不做一个被累坏的主管。

（一）授权的过程

第一步：分派任务。分派任务是指授权者希望被授权者去做某项工作，这项工作可能是要求被授权者写一个报告或计划，也可能是要求其担任某一职务，承担一系列职责。

第二步：授予权力。授予权力是指选择授权的对象及确定权力范围。

第三步：明确责任。被授权者的责任主要表现为向授权者承诺保证完成所分派的任务，是工作责任。授权者负有最终责任，在失误面前，授权者应首先承担责任。

第四步：监督与控制。授权者在授权过程中对被授权者有监控权，有权对受权者的工作进展情况和权力使用情况进行监督检查，并根据检查结果，调整所授权力或收回权力。

(二)如何有效授权

依工作任务的实际需要授权,以保证下级能有效地开展工作;适度授权,该放给基层的权力一定要放下去,但也要防止授权过度;授权过程中,必须使下级职、责、权、利相当,真正使被授权者有职、有权、有责、有利;实行最终职责绝对性原则,即上级授权给下级,但对工作的最终责任还是要由上级来承担;上级必须坚持有效监控原则,授权不等于放任自流,上级必须保留必要的控制,使所授之权不失控,确保组织目标的实现。

想一想 6-6

授权过程的责任可以转授吗?

知识链接

管理者有效授权十一绝技

要诀一:不要只问"懂了吗"。要诀二:明确绩效指标与期限。要诀三:授权后也要适时闻问。要诀四:为下次授权做"检讨"。要诀五:授权不一定要是大事。要诀六:先列清单再授权。要诀七:授权的限度要弄明白。要诀八:找对你打算授权的人。要诀九:排定支持措施。要诀十:授了权就该适度放手。要诀十一:帮员工设想可成长项目。

课堂讨论

不要授权给猴子

有一个国王老待在王宫里,感到很无聊,为了解闷,他叫人牵了一只猴子来给自己做伴。猴子天性聪明,很快就得到国王的喜爱。这只猴子到王宫后,国王给了它很多好吃的东西,猴子渐渐地长胖了,国王周围的人都很尊重它。国王对这只猴子更是十分相信和宠爱,甚至连自己的宝剑都让猴子拿着。

在王宫的附近,有一座供人游乐的树林。当春天来临的时候,这座树林简直美极了,成群结队的蜜蜂嗡嗡地咏叹着爱神的光荣,争芳斗艳的鲜花用香气把林子弄得芳香扑鼻。国王被那里的美景所吸引,带着他的正宫娘娘到林子里去了。他把所有的随从都留在树林的外边,只留下猴子给自己做伴。

国王在树林里好奇地游玩了一遍,感到有点疲倦,就对猴子说:"我想在这座花房里睡一会儿。如果有什么人想伤害我,你就要竭尽全力来保护我。"说完这几句话,国王就睡着了。

一只蜜蜂闻到花香飞了过来,落在国王头上。猴子一看就火了,心想:"这个倒霉的家伙竟敢在我的眼前螫国王!"于是,它就开始阻挡。但是这只蜜蜂被赶走了,又有一只蜜蜂飞到国王身上。猴子大怒,抽出宝剑就照着蜜蜂砍下去,结果把国王的脑袋给砍了下来。

同国王睡在一起的正宫娘娘吓了一跳,爬起来大声喊起来:"哎呀!你这个傻猴子,你究竟干了什么事儿呀!"

猴子把事情的经过原原本本地说了一遍,聚集在那里的人们把它骂了一顿,将它带走了。

请讨论:

为什么不该授权给猴子?

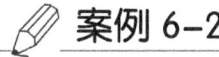 案例 6-2

美的公司的有效授权

在中国家电业内,何享健被认为是最潇洒的企业家。他甚至从不用手机,也没有手机。"很多事,他们不用请示我。我要找人,几分钟就能找到。每天我一下班就回家,一步都不再离开,晚上从来不干活。"何享健笑说。在业界,他对高尔夫球的钟爱很是出名,除了周六、日要打球,周一至周五也总有一两天在绿茵场上度过。而同在顺德,同为家族企业的格兰仕公司,两位创始人老板据说现在每天工作还超过 10 个小时。

一位非常熟悉美的公司内部运作的同业人士指出,何享健指导管理者的本事是"能把职业经理人放得很远,又能收得很紧"。经理人在享受充分授权的同时,也接受着严峻的业绩考验。长久以来,何享健十分认可一些跨国企业的做法,经营单位两个季度未完成指标尚可原谅,第三个季度还没完成,经理人就要下课。在美的,每个人证明自己的时间很短,基层的业务员一般只有 3 至 6 个月,事业部总经理也是一年一聘。美的人习惯于接受这样一种文化,业绩指标达不到,即刻换人,如果达到了,上至经理人下到一个普通的销售员所获得的奖金激励也是行业内最为可观的,甚至有知情人士用"多得吓人"来形容。

让别人替自己操心正是何享健最让同行艳羡的地方。美的公司经理人对企业未来 3 至 5 年的危机感显而易见,他们中一些人的忧虑感甚至更强于企业真正的老板。"办企业靠的是人才,在行业里我认为我的经理人是最优秀的。在企业里,我什么都不想干、不想管。我也告诉我的部下,不要整天想自己怎么把所有的事情做好,而是要想如何把事情让别人去干,找谁干,怎样为别人创造一个环境,你要做的是掌控住这个体系。"何享健笑言。

思考与分析:
(1) 何享健是如何进行授权管理企业的?
(2) 有效的授权对于企业有什么好处呢?

第三节 组织变革

组织变革是指对组织结构、组织关系、职权层次、指挥和信息系统所进行的调整和改变。组织建立起来,是为实现管理目标服务的,当管理目标发生变化时,组织也要通过变革自身来适应这种新的变化要求。即使管理目标没有发生变化,但影响组织的外部环境和内部环境如果发生了变化,那么组织也必须对自身进行变革,才能保证管理目标的实现。因此,组织不是僵硬的、一成不变的。管理目标的变化或影响组织存在和管理目标实现的各种因素的变化,必然会带来组织模式、组织结构、组织关系等的相应变化,否则,就无法使管理目标得到实现。

组织变革的目标是通过在人力资源管理、管理机构和体制等方面有计划的组织干预活动,帮助管理人员计划变革,组织和促进各级管理者与员工形成高度的承诺、协调和岗位胜任力,从而增强组织效能和员工综合胜任力。

知识链接

苹果公司的组织创新

1. 强调责任制文化

在苹果公司内部，乔布斯一直通过每周的数次例会来向员工灌输一种责任制文化。每周一，他与公司执行管理团队总结近期重要项目并商讨战略；每周三，他主持市场营销和公关部会议。架构简明意味着责任清晰，他在 2008 年曾向美国《财富》杂志解释说："每周一，我们回顾整个公司运转情况，了解正在研发的每件产品的进展。虽然每周例会上的讨论事项有 80% 都与上周情况相同，而且在苹果公司内部，没有太多的流程，但这种例会是少有的需要坚持的制度。"从产品设计角度来看，让每位一线设计师能直接获取管理层的反馈堪称撒手锏，他们不仅可以根据中肯的建议对产品进行改进，而且能在偏离轨道时及时觉醒。

2. 简明的组织

除了责任分明，组织简明也是苹果公司管理架构的核心所在。苹果公司没有执委会，只有首席财务官才会有 P&L（盈亏表），或者说只有他才为影响收益或亏损的成本和支出负责。这也是苹果公司与其他公司的不同所在。多数公司将 P&L 看成经理工作表现的最终考核指标，而在苹果公司，这些效益指标只是首席财务官要考虑的。这就成就了更易于想法分享的指挥控制结构。乔布斯通常将苹果公司和竞争对手索尼公司做比较。他认为索尼公司的分支部门太多，所以它们造不出 iPod，苹果公司则相反，部门少，承载的功能多，效率高。

3. 聚焦能力

在苹果公司，"说不"与"说行"一样可贵。一位最近刚刚离开苹果公司的经理回忆说："乔布斯不止一次说过，学会放手是一种能力。"这对于一个 3 200 亿美元市值的大公司来说绝非易事。很显然，这种聚焦能力已成为苹果公司最核心的能力。正如在摄影时，为了突出目标物体，往往要配备一个长焦镜头来对焦目标、虚化背景。同样，战略聚焦也要配备镜头，企业要透过它来审查自己的业务。这种镜头可以是企业擅长生产的产品种类，也可以是表现出色的产品品牌，或者是经营良好的地区市场，以及服务于公司产品和品牌的统一平台。

（资料来源：谢祖墀.苹果的组织创新[J].管理学家，2011.）

一、组织变革的动因

（一）外部动因

组织变革的外部动因包含政治、经济、文化、技术、市场等方面的各种因素和压力。其中，与变革动力密切相关的有以下几方面。

1. 社会政治、经济变化

国家的经济政策、发展战略和创新思路等社会政治因素，对于各类组织形成强大的变革推动力。同时，国家产业结构的调整、经济发展布局和产业发展战略的梯度转移等，也是组织变革的推动力。

2. 技术发展

机械化、自动化，特别是计算机技术对于组织管理产生广泛的影响，成为组织变革的推动力。由于高新技术的日新月异，计算机数控、计算机辅助设计、计算机集成制造及网络技术等的广泛应用，对组织的结构、体制、群体管理和社会心理系统等提出了变革的要求。尤其是网络系统的应用显著缩短了管理和经营的时间和距离，电子商务打开了新的商业机会，也迫使企业领导者重新思考组织的构架和员工的胜任力要求。

3. 市场竞争

全球化经济形成新的伙伴关系、战略联盟和竞争格局，迫使企业改变原有的经营与竞争方式。同时，国内市场竞争日趋激烈，劳务市场正在发生深刻的变化，使得企业为提高竞争能力而加快重组步伐，管理人才日益成为竞争的焦点。

（二）内部动因

组织变革的内部动因包括组织战略、组织再造、人力资源管理、经营决策和组织发展等方面的因素。

1. 组织战略调整的要求

组织机构的设置必须与组织的阶段性战略目标相一致，当组织根据环境的变化进行战略调整时，就要求为之提供和支持新的组织结构和方式。

2. 组织再造的要求

由于外部的动力带来组织的兼并与重组，或者因为战略的调整，要求对组织结构加以改造。这样往往会影响到整个组织管理的程序和工作的流程。因此，组织再造工程也成为管理学与其他学科研究的新领域。

3. 人力资源管理的要求

由于劳动人事制度的改革不断深入，干部、员工来源和技能背景构成更为多样化，企业组织需要更为有效的人力资源管理。为了保证组织战略的实现，要对企业组织的任务做出有效的预测、计划和协调，对组织成员进行多层次的培训，对企业不断进行积极的挖潜和创新等。这些管理活动是组织变革的必要基础和条件。

4. 提高组织效率的要求

组织在运行中可能会出现机能失效的现象，即组织的主要机能不能发挥效率，或者不能起到真正的作用。其中的原因可能是由于机构重叠、职责不明，也可能是由于人浮于事、目标冲突，造成信息沟通不良、决策错误或迟缓，这时就要通过及时的组织变革来消除这些导致低效率的因素。

5. 团队工作模式变化

各类企业组织日益注重团队建设和目标价值观的更新，形成了组织变革的一种新的推动力。组织成员的士气、动机、态度、行为等的改变，对于整个组织有着重要的影响。同时，随着电子商务的迅猛发展，虚拟团队管理对组织变革提出了更新的要求。

二、组织变革的阻力及管理

（一）组织变革阻力

组织变革作为战略发展的重要途径，总是伴随着不确定性和风险，并且会遇到各种阻力。常见的组织变革阻力来自组织、群体和个体三个方面。

1. 组织方面的阻力

在组织变革中，组织惰性是形成变革阻力主要的因素。组织惰性是组织在面临变革形势时表现得比较刻板、缺乏灵活性，难以适应环境的要求或内部的变革需要。造成组织惰性的因素较多，

如组织内部体制不顺、决策程序不良、职能焦点狭窄、部门利益和陈旧文化等，都会使组织产生惰性。此外，组织文化、奖励制度等组织因素及变革的时机也会影响组织变革的进程。

2. 群体方面的阻力

研究表明，对组织变革形成阻力的群体因素主要有群体规范和群体内聚力等。群体规范具有层次性，边缘规范比较容易改变，而核心规范由于包含着群体的认同，难以变化。同样，内聚力很高的群体也往往不容易接受组织变革。研究还表明，当推动群体变革的力和抑制群体变革的力之间的平衡被打破时，也就形成了组织变革。不平衡状况"解冻"了原有模式，群体在新的、与以前不同的平衡水平上重新"冻结"。

3. 个体方面的阻力

人们往往会由于担心组织变革的后果而抵制变革。

一是职业认同与安全感。在组织变革中，人们要从熟悉、稳定和具有安全感的工作任务转向不确定性较高的变革过程，其"职业认同"受到影响，产生对组织变革的抵制。

二是地位与经济上的考虑。人们会感到变革影响他们在企业组织中的权力和地位，或者担心变革会影响自己的经济收入。

三是由于个性特征、职业保障、信任关系、职业习惯等方面的原因，产生对组织变革的抵制。

（二）消除组织变革阻力的管理对策

为确保组织变革的顺利进行，必须制定出相应的管理对策来消除变革过程中的阻力。在实施过程中主要的措施如下。

1. 参与和投入

研究表明，人们对工作的参与程度越大，就越会承担工作责任，支持工作的进程。个体很难抵制他们自己参与做出的变革决定。在变革之前，应该把持反对意见的人吸收进决策过程中。如果参与者具有一定的专业知识并能为决策做出有意义的贡献，那么通过他们的参与，可以减少阻力、获得承诺、提高变革决策的质量。但是，这种方法常常比较费时间，在变革计划不充分时，有一定风险。

2. 教育和沟通

加强教育和沟通，是克服组织变革阻力的有效途径。通过与员工进行沟通，帮助他们了解变革的逻辑缘由，会使变革的阻力降低。沟通可以减少信息失真和不良沟通的影响，沟通有助于"推销"变革的必要性。

3. 组织变革的时间和进程

即使不存在对变革的抵制，也需要时间来完成变革。干部员工需要时间去适应新的制度，排除障碍。如果领导觉得不耐烦，加快速度推行变革，下级会产生一种压迫感及以前没有过的抵制。因此，管理部门和领导者要清楚地懂得人际关系影响着变革的速度。

4. 群体促进和支持

许多管理心理学家提出，运用"变革的群体动力学"，可以推动组织变革。这里包括创造强烈的群体归属感、设置群体共同目标、培养群体规范、建立关键成员威信、改变成员态度价值观和行为等。这种方法在人们由于心理调整不良而产生抵制时使用比较有效。

5. 谈判

以某些有价值的东西换取阻力的降低。变革阻力集中于少数有影响力的个人身上，可以商定一种具体的报酬方案来满足他们的个人需要。变革阻力非常大时,谈判可能是一种必要的策略。

 知识链接

彼得·圣吉的组织变革的十大挑战

①无暇顾及;②缺乏帮助;③毫不相干;④言行不一;⑤焦虑、恐惧;⑥此路不通;⑦傲慢、孤立;⑧无人负责;⑨原地踏步;⑩走向何方。

 课堂讨论

将军杀马

有一位勇猛的将军,在他年轻的时候,特别喜欢饮宴。每次他都喝得酩酊大醉,一边东摇西晃,一边同女人调笑。他总是到离家有一段距离的一个村子里享受他的放荡生活,通常一周光顾一次。他的青春年华就这样一天天虚度,自己的武艺也渐渐荒废。

终于,有一天早上,将军的母亲狠狠地训斥了他一顿,责怪他不该像一个花花公子那样无所事事。母亲情真意切的话令他猛醒,将军感到惭愧万分,向母亲发誓说他再也不会去那个村子了。从此,他开始拼命训练,立志一心向善,成为一个品行优秀的人。

一天傍晚,在进行了整日的野外训练之后,将军又累又乏,伏在他的爱驹上睡着了。马儿本来应该驮他回家,但这天恰好是周末,也就是以前他去那个村子游乐的时间。受过主人良好调教的马儿,一路上竟带他往他的乐土去了。

当将军醒来时,他发现自己违背了对母亲所发的誓言,又到了他不该去的地方。想到自己的失信,将军忍不住掉下泪来。他凝视着自己的马,这是他孩儿时就伴随着他的亲密伴侣,是他除了亲人以外的至爱。经过长久的沉默,他拔出剑来,杀了这匹马。

请讨论:

这则寓言故事给你的启示是什么?

三、组织变革的类型

想一想 6-7

组织变革时可以对组织加以改造、改组和重建吗?

(一)激进式变革与渐进式变革

激进式变革是指管理者力求在短时间内,对企业组织进行大幅度的全面调整,以求彻底打破组织现状模式并迅速建立目标状态组织模式。渐进式变革是指通过对组织进行小幅度的局部调整,力求通过一个渐进的过程,实现组织模式从现状向目标状态组织模式的转变。

激进式变革能以较快的速度达到目的,因为这种变革模式对组织进行的调整是大幅度的、全面的,所以变革过程就会较快;与此同时,容易导致组织的平稳性差,严重时会导致组织崩溃。这就是为什么许多企业的组织变革反而加速了企业灭亡的原因。与之相反,渐进式变革依靠持续的、小幅度的变革达到目标状态,但波动次数多,变革持续时间长,这样有利于组织稳定性。渐进式变革是通过局部的修补和调整来实现,对组织产生震动较小,而且可经常地、局部地进行调整,直至达到目的,但容易产生路径依赖,导致企业组织长期不能摆脱旧机制的束缚。

(二)自上而下的变革和自下而上的变革

自上而下的变革是由上级推动的变革,这样一种变革是从组织的管理层开始的,由管理层发起,因此一般来说,变革的进程要迅速一些。因为这样一种变革首先解决了领导层问题。

自下而上的变革是由下级或基层率先开展的变革。例如,我国 1978 年在农村开展的家庭联产承包责任制改革,就是从安徽凤阳县小岗村的农民开始的,后来成为在全国范围开展的农村改革。

案例 6-3

温特图书公司的组织改组

温特图书公司原是美国一家地方性的图书公司。近十年来,这个公司从一个中部小镇的书店发展成为一个跨越 7 个地区,拥有 47 家分店的图书公司。多年来,公司的经营管理基本上是成功的。下属各分店,除 7 个处于市镇的闹市区外,其余分店都位于僻静的地区。除了少数分店兼营一些其他商品外,绝大多数的分店都专营图书。每个分店的年销售量为 26 万美元,纯盈利达 2 万美元。但是近三年来,公司的利润开始下降。

两个月前,温特图书公司新聘苏珊任该图书公司的总经理。经过一段时间对温特图书公司历史和现状的调查了解,苏珊与温特图书公司的 3 位副总经理和 6 个地区经理共同讨论温特图书公司的形势。

苏珊认为,她首先要做的是对温特图书公司的组织进行改革。就目前来说,温特图书公司的 6 个地区经理都全权负责各自地区内的所有分店,并且掌握有关资金的借贷、各分店经理的任免、广告宣传和投资等权力。在阐述了自己的观点以后,苏珊便提出了组织改组的问题。

一位副总经理说道:"我同意你改组的意见。但是,我认为我们需要的是分权而不是集权。就目前的情况来说,我们虽聘任了各分店的经理,但是我们却没有给他们进行控制指挥的权力,我们应该使他成为一个有职有权、名副其实的经理,而不是有名无实、只有经理的虚名,实际上却做销售员的工作。"

另一位副总经理抢着发言:"你们认为应该对组织结构进行改革,这是对的。但是,在如何改的问题上,我认为你们的看法是错误的。我认为,我们不需要什么分店的业务经理。我们所需要的是更多的集权。我们公司的规模这么大,应该建立管理资讯系统。我们可以透过资讯系统在总部进行统一的控制指挥,广告工作也应由公司统一规划,而不是让各分店自行处理。如果统一集中的话,就用不着花这么多工夫去聘请这么多的分店经理了。"

"你们两位该不是忘记我们了吧?"一位地区经理插话说,"如果我们采用第一种计划,那么所有的工作都推到了分店经理的身上;如果采用第二种方案,那么总部就要包揽一切。我认为,如果不设立一些地区性的部门,要管理好这么多的分店是不可能的。"

"我们并不是要让你们失业。"苏珊插话说,"我们只是想把公司的工作做得更好。我要对组织进行改革,并不是要增加人手或是裁员。我只是认为,如果公司某些部门的组织能安排得更好,工作的效率就会提高。"

(资料来源:徐波.管理学案例集[M].上海:上海人民出版社,2004.)

思考与分析:
(1) 有哪些因素促使该图书公司要进行组织改革?
(2) 你认为该图书公司现有的组织形态和讨论会中两个副总经理所提出的计划怎么样?

第四节　主管人员配备

一、主管人员选聘

"得人者昌,失人者亡",这是古今中外公认的一个组织成功的要诀。在人才选用中,关键是管理人员的选用,因为管理人员的水平是任何一个组织不断取得成功的最重要的决定因素。因此,组织能否选拔和招聘到合适的管理人员,是关系到组织活动成败的关键。

管理人员的选聘就是要把符合管理者职位要求的人员遴选出来,并且聘用到管理岗位上。管理人员的选聘是以人的素质和能力为标准的,或者说,只有拥有一定素质和能力的人,才是有可能被选聘到管理岗位上的人。

管理定律:韦尔奇原则——选择适当的人。

 知识链接

管理小故事

一位著名企业家正在做报告,一位听众问:"你在事业上取得了巨大的成功,请问对你来说最重要的是什么?"企业家没有直接回答,他拿起粉笔在黑板上画了一个圈,只是并没有画圆满,留下一个缺口。他反问道:"这是什么?""零""圈""未完成的事业""成功",台下的听众七嘴八舌地答道。他对这些回答未置可否,并说:"其实,这只是一个未画完整的句号。你们问我为什么会取得辉煌的业绩,道理很简单,我不会把事情做得很圆满,就像画个句号,一定要留个缺口,让我的下属去填满它。"留个缺口给他人,并不是为了说明自己的能力不强。实际上,这是一种管理的智慧,是一种更高层次上带有全局性的圆满。给猴子一棵树,让它不停地攀登;给老虎一座山,让它自由纵横。也许,这就是企业管理用人的最高境界。

(一) 选聘方式

选聘管理人员的途径主要有两种:一是从组织内部提升;一是从组织外部招聘。

1. 从组织内部提升

从组织内部提升是指随着组织内部成员能力的增强,在得到充分证实后,对那些能够胜任的人员委以承担更大责任的更高职位。

2. 从组织外部招聘

从组织外部招聘是指根据一定的标准和程序,从组织外部的众多候选人中选择符合空缺职位工作要求的管理人员。

内部提升与外部招聘的优、缺点如表 6-2 所示。

表 6-2　内部提升与外部招聘的优、缺点

	优　点	缺　点
内部提升	① 有利于对选聘对象进行全面了解，以保证选聘工作的正确性 ② 被提升的组织成员对组织的历史、现状、目标及现存的问题比较了解，有利于被选聘者迅速开展工作 ③ 有利于鼓舞士气，激励组织成员的上进心和工作热情，调动成员的积极性	① 当组织内部人才储备的质或量不能满足组织发展的需要，如果仍然坚持从内部提升，将会使组织既失去得到一流人才的机会，又使不称职的人占据主管职位 ② 不易带来新的观念，容易造成"近亲繁殖"
外部招聘	① 有比较广泛的人才来源满足组织的需求，有可能招聘到一流的管理人才 ② 可给组织带来新的思想、新的方法，防止组织的僵化和停滞 ③ 大多数应聘者都具有一定的理论知识和实践经验，因而可节省在培训方面所耗费的大量时间和费用	① 组织内部员工的士气或积极性将受到影响 ② 应聘者对组织的历史或现状不了解，不能迅速开展工作

一般说来，当组织内有能够胜任空缺职位的人选时，应先从内部提升；当空缺的职位不很重要，并且组织已有既定的发展战略时，应当考虑从内部提升。然而，当组织急缺一个关键性的主管人员，而组织内又无胜任这一重要职位的人选时，就要从外部招聘，否则将会导致组织处于停顿甚至后退状态。

想一想 6-8

主管人员选聘与一般人员招聘有什么不同？

（二）选聘的基本程序

选聘的基本程序应包括的步骤，随组织的规模、性质，以及空缺主管职位的特殊性和要求而有所不同。不过在设计步骤时，应考虑到时间、费用、实际意义及难易程度等因素。一般来说，公开招聘的基本程序如下。

（1）人力资源计划与招聘决策。根据组织目标的需要，制订人力资源计划，并做出具体的招聘决策。

（2）发布招聘信息。要利用多条渠道，广泛发布招聘信息，以吸引更多的人才应聘。

（3）粗选。根据报名者的背景情况进行初步筛选。

（4）招聘测试。运用系统的、统一的标准及科学的、规范化的工具，对不同人员的各种素质加以公正而客观的评价。可采用的具体考核方式有智力与知识测验、竞聘演讲与答辩、案例分析与实际能力考核。

（5）民意测验。在选配管理人员时，特别是选配组织中较高管理层次的管理人员时，可以进行民意测验以判断组织成员对其接受程度。

（6）面试选定管理人员。

二、主管人员培训

管理人员的培训是人员配备职能中的一个重要方面。其目的是要提高组织中各级管理人员的素质、管理水平和管理能力，以适应管理工作的需要、适应新的挑战和要求，从而保证组织

目标的实现。应当把培训工作作为组织的一项长期活动的内容，建立起有效的培训机构和培训制度，针对各类管理人员的不同要求，采用各种方法进行培训，切实做好培训工作。

（一）管理人员培训的目标

（1）改变态度。通过培训，使他们逐步了解组织文化，接受组织的价值观念，按照组织认同的行动准则从事管理工作。

（2）传递信息。通过培训，要使管理人员了解组织在一定时期内的生产特点、产品性质、工艺流程、营销政策、市场状况等方面的情况，熟悉公司的生产经营业务。

（3）更新知识。利用培训的方法，对管理人员的科学、文化、技术知识进行及时的补充和更新。

（4）发展能力。根据管理工作的要求，努力提高管理人员在决策、用人、激励、沟通、创新等方面的管理能力。

（二）管理人员培训的方法

培训管理人员的方法多种多样，主要有入职培训、岗前培训、日常培训、实战培养、参加短训班、脱产进修、在岗培训、定期轮训、学术交流、出国考察、脱产培训、工作轮换、设立副职和助理职务、临时职务代理等。其中，工作轮换是使受训练者在不同部门的不同主管位置或非主管位置上轮流工作，使其全面了解整个组织的不同工作内容，得到各种不同的经验；副职的设立是要让受训者同有经验的主管人员一道密切工作，后者对于受训人员的发展给予特别的注意，这种副职常常以助理等头衔出现；临时职务代理是指当组织中某个主管由于出差、生病或度假等原因暂时不能上岗时，对于这种临时性的职务空缺，组织可以考虑由受培训者临时代理该主管的工作。

 知识链接

戴尔公司的"太太式培训"

戴尔（DELL）公司培训销售人员采取"太太式培训"。所谓"太太式培训"就是把销售经理比喻为销售新人的"太太"，销售经理像太太一样不断地在新人耳边唠叨、鼓励，让新人形成长期的良好销售习惯，从而让销售培训最终发挥作用。培训由培训经理和销售经理一起完成。销售新人不仅向直线经理汇报，还要向培训经理汇报。培训经理承担技能培训、跟踪、考核职能，每周给销售新人排名，用 E-mail 把排名情况通知他们。销售经理承担教练和管理职能，通过新人的最终执行，达到提高业绩的目的。先是为期三周的集中培训，由专家讲解销售的过程和技巧，邀请有经验的销售人员来分享经验；然后每周末召开会议，销售经理与培训经理都参加，检查新人上周进度，讨论分享工作心得，分析新的销售机会，制订下周的销售计划。销售经理与培训经理、新人们一起讨论新人的成长、下一步的走向。最终，"太太"在工作中能够自觉指导新人运用销售技巧，及时鼓励新人，有效管理新人。

"太太式培训"的效果非常惊人，用数字可以说明：DELL 销售代表每季度平均销售额是80万美元；没有"太太式培训"的时候，新人第一季度平均销售额为20万美元。经过这样的培训，新人在第一季度的平均业绩达到56万美元，远远高于以前。

（资料来源：苏华.DELL 公司的"太太式培训"[J].人才资源开发，2005.）

三、主管人员考评

考评就是考核、评价，是一种定期对管理人员的工作绩效、能力、素质等进行估计和衡量的过程。其目的是为了确定占据职位的人员是否确实符合要求、值得进一步提拔还是应当加以调整、管理人员的培训和培养工作的效果、管理人员的薪酬应当依据什么基准确定等。此外，通过考评，还可以起到相互学习、促进组织内部沟通的作用。它是对管理人员选聘的结果加以检查的必要手段，也是进一步做好管理人员选聘工作的前提。

（一）主管人员考评的内容

管理人员的考评是从属于组织存在与发展的现实要求和长远利益这两个方面的，因此，它应当包括对管理人员已经取得的业绩的考评和对管理人员素质和能力的考评。即管理人员的考评内容包括贡献考评和能力考评两个方面。

1. 贡献考评

贡献考评是指考评和评估管理人员在一定时期内担任某个职务的过程中对实现企业目标的贡献程度，即评价和对比组织要求某个管理职务及其所辖部门提供的贡献与该部门的实际贡献。贡献考评又称业绩考评，其结果可以作为决定管理人员报酬的主要依据。

2. 能力考评

能力考评是指通过考察管理人员在一定时间内的管理工作，评估他们的现实能力和发展潜力。即分析他们是否符合现任职务所具备的要求、任职后素质和能力是否有所提高，从而评估他们能否担任更重要的工作。

（二）主管人员考评的方法

（1）实测法。即通过各种项目实际测量进行考评的方法。例如，对员工进行生产技术技能的考评，通常采用现场作业，通过对其实际测量，进行技术测定、能力考核。

（2）成绩记录法。即将取得的各项成绩记录下来，以最后累积的结果进行评价的方法。这种方法主要适用于能实行日常连续记录的生产经营活动，如生产数量、进度、质量投诉等。

（3）书面考试法。即通过各种书面考试的形式进行考评的方法。这种方法适用于对员工所掌握的理论知识进行测定。

（4）直观评估法。即依据对被考评者平日的接触与观察，由考评者凭主观判断进行评价的方法。这种方法简便易行，但易受考评者的主观好恶影响，科学性差。

（5）情景模拟法。即设计特定情境，考察被考评者现场随机处置能力的一种方法。

（6）民主测评法。即由组织的人员集体打分评估的考评方法，一般采用问卷法。

（7）因素评分法。即分别评估各项考核因素，为各因素评分，然后汇总，并确定考核结果的一种考评方法。

想一想 6-9

什么是360度考评法？

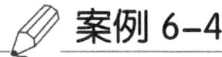 **案例 6-4**

不同的绩效考评结果

政府某部门年终的绩效考评结束了,小王的绩效考评分数低于他的同事小何。

小王和小何是同时应聘进入这个部门的,两个人做着同样的工作。这是她们进入单位后接受的第一次绩效考评,而且这一次的绩效考评结果,可能会影响到下一年度谁能够被提升的问题。

从进入这个部门开始,小王一直勤勤恳恳努力工作,并希望自己的这一付出能够得到上级领导的认可。并且,无论从学历来讲,还是就工作能力而言,小王都自认为优于小何,这一考评结果令小王产生了困惑。

这时,邻座的电话响了,电话铃声不由得使她想起了一件事情。刚刚进入这个部门后不久的一个周末,她和小何都在加班,因为有事情要请示领导,所以小何拨通了领导家的电话。刚开始接电话的可能是领导家 5 岁的儿子,领导接了电话后,小何并没有直接谈工作,而是先问"刚才接电话的是亮亮吗,真可爱,让他再和阿姨说几句话?贝贝在喊啊,是不是着急让你带它出去了?"小王觉得奇怪,她怎么会知道领导儿子的名字?贝贝又是谁?

事后她才知道贝贝原来是领导家的一条宠物狗。小王当时的感觉是这件事情很无聊,也很浪费时间,如果是她打电话,一定会直接和领导谈工作,别人的儿子(或狗)和工作又有什么关系?

现在小王开始明白了,自己恐怕是在人际关系方面出了问题,不仅仅是和领导,和同事之间也是这样。因为自己过于关注工作,忽视了很多和同事之间的这种沟通,并且在工作中过于认真的态度,也可能会令同事感觉紧张,会给人不够随和的感觉。但是,人际关系和工作质量有什么关系呢?小王自认为自己的工作质量和业绩是无可挑剔的,从到单位以来,承担了大量的工作,并且工作一直勤勤恳恳,这也是有目共睹的,为什么最后的考评结果仍然很低呢?毕竟人际关系也只是考核内容中的一方面而已呀。是不是搞好人际关系是考评的大前提?如果是这样的话,也许自己和单位的想法是不一样的。那么究竟是应该适应单位的这种方式,改变自己的个性,还是应该考虑重新找工作的问题呢?

对绩效考评结果产生困惑的不只是小王一个人。一些部门的工作人员对其他部门员工的成绩普遍高于自己而不满,而单位里有些年纪较大的人员也认为,他们的成绩低于年轻人是因为考核者认为他们年纪大,绩效就一定低。

绩效考评结束了,单位却开始变得不平静了,大家的这些抱怨也传到了一些领导的耳朵里。领导在思考究竟问题出在哪里。

思考与分析:

(1)请分析该单位绩效考核是以什么作为考核依据的。

(2)问题究竟出在哪里?

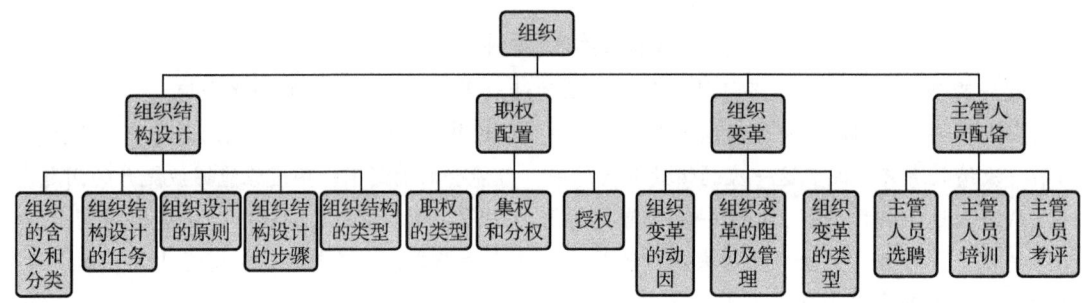

本章重点知识架构

团 队 模 拟

【目标与情景】

目标：培养学生的团队意识、团队效率和团队的责任心。

情景：报数。

根据班级人数，将全班分为若干个小组，每小组不少于 10 人，越多越好。老师担任教练。

所需时间：15～20 分钟。

【模拟训练】

（1）游戏第一步就是将所有参加的人，要求在两分钟之内平均分成两组，两组人数相同。

（2）挑选男、女队长各一名，组织团队进行比赛（队长不参加比赛）。

（3）教练要求队长宣誓，问三个问题："有没有信心战胜对手""如果失败，敢不敢于面对队员的指责""如果失败，愿不愿意承担由此所带来的一切责任"。

（4）教练宣布比赛规则：

① 全队同学进行报数，速度越快越好，用时少的一方为胜方。

② 分别进行 4 轮比赛，每轮比赛间隔休息 3 分钟、2 分钟（2 次）、1 分半钟（2 次）、1 分钟（2 次），用于队长带领大家讨论如何使效率变得更快。

③ 每轮比赛进行奖惩。输者，由队长率领队员向对方表示诚服，并对对方同学说："愿赌服输，恭喜你们！"并由男、女队长做俯卧撑 5 次，如果以后再输，俯卧撑的次数将会成倍递增。赢者，将全队哈哈大笑，以示胜利。

④ 将每轮比赛的结果记录在白板上。

（5）游戏结束，播放抒情音乐（熄灯），诵读一篇散文（记叙文，并在最后一轮失败的人做俯卧撑的时候，让同学深深感受到责任是一种非常重要的人生组成部分）。

（6）游戏结束后，老师引导大家讨论下列问题：

① 每个人都同意所有提高效率的办法吗？如果不同意，为什么？

② 谈谈责任心（包括工作责任心、社会责任心及家庭责任心）对我们人生及工作的体会。

拓展训练

企业文化在组织变革中涅槃

青岛啤酒公司百年基业,其文化沉淀厚重精深,特别是"少帅"金志国走马上任后"激情成就梦想",在全国范围内快速掀起了新一轮的跑马圈地运动,拉开了青岛啤酒公司发展的新纪元。1999年,青岛啤酒公司兼并 X 城啤酒厂,青岛啤酒 X 城有限公司(以下简称"X 城公司")挂牌成立。2000年,青岛啤酒公司淮海事业部正式成立,X 城公司划归该淮海事业部管理。因为青岛啤酒公司实行产销分离的经营管理体制,作为啤酒生产单位的 X 城公司只有生产任务,却不能直接干涉市场,在大大小小啤酒厂密集分布的淮北地区,啤酒市场是有限的,因此竞争异常惨烈,这使得具有 12 万吨产能的 X 城公司几乎有一半以上的资源处在闲置状态,企业连年亏损。

青岛啤酒公司为了改善这一现状,在 2001—2004 年,先后派去了 5 届领导,每一届领导到任后都不约而同大刀阔斧地对组织机构进行了调整,于是,部门间分分合合,岗位设置频繁更替,一次又一次地裁员,一次又一次地竞岗,导致公司风气日益恶化,员工怨声载道,青啤文化也受到了前所未有的抵制,加之市场萎缩、人心涣散,企业形象受到严重影响,这个一度激情澎湃、焕发勃勃生机的当地支柱性企业又处在倒闭的边缘。青啤文化在 X 城公司频繁的组织变革中无奈地叹息,这种情况直至第 5 任的 Y 经理时期才所有改观。第 5 任的 Y 经理到任后,也抵制住一些压力进行了大幅度的调整,内部实行服务链管理,按生产流程确定部门之间的权责关系,倡导"上级服务下级、部门服务一线"的管理理念,并明确提出"创建青啤在鲁西南地区的精益加工基地"企业使命,X 城公司发展状况日渐好转。

(资料来源:http://wenku.baidu.com/view/b8518040a8956bec0975e3ae.html。)

思考与分析:
(1)企业文化与企业变革之间有关联吗?
(2)企业文化认同度的高低取决于组织变革中管理者的认同吗?

第七章

领　　导

 学习目标

通过本章的学习，掌握以下内容：
1. 理解领导影响力的构成
2. 了解相关领导理论的内容
3. 掌握成功领导者应具备的素质
4. 掌握领导工作艺术的运用

案例导入

永不屈服的传奇英雄——艾柯卡

虽然可能一般人不太知道他是谁，但在美国、在商业界，他却是一个传奇性的人物，每个月里有成百上千个团体、单位邀请他去演讲。无论在美国的哪个城市，只要他一出现，就有许多人围着他，要他签名留念，他平均每天收到500封信，许多人都写信要求他去竞选总统。他的名字在美国几乎家喻户晓，他叫李·艾柯卡。他曾先后担任美国福特汽车公司的总经理、克莱斯勒汽车公司的总经理。他1985年发表的自传成为非小说类书籍中有史以来最畅销的书，印数高达150万册。

1946年8月，21岁的艾柯卡来到底特律，在福特汽车公司开始了他在汽车业中的传奇生涯。从一名见习工程师到出色的推销员，再到公司华盛顿特区经理，艾柯卡取得了骄人的成绩。不久，年仅32岁的艾柯卡又调到福特汽车公司总部，担任卡车和小汽车两个销售部的经理。在总部，他开始崭露非凡的领导才能并深得上司的赏识。四年后，艾柯卡担任了福特汽车公司副总裁和分部的总经理职务，时年36岁。这比艾柯卡在大学时发誓"要在35岁担任福特汽车公司副总裁"的时间，仅仅晚了一年。艾柯卡发迹速度之快在世界上实属罕见。

1970年12月10日，艾柯卡终于如愿以偿地登上福特汽车公司总裁的宝座，成了这家美国第二大汽车企业中地位仅次于福特汽车公司老板的第二号人物。可是，老天没有让他的高兴持续太久，1978年7月13日，由于"功高盖主"，他被妒火中烧的大老板亨利·福特开除了。面对突如其来的打击，他没有倒下去。而是继续选择了汽车业这一老行当。他接受了一个新的挑战——应聘到濒临破产的克莱斯勒汽车公司出任总经理。

但是克莱斯勒汽车公司的状况比他预料的还糟很多。由于前任的无能，该公司几乎处于无政府状态，纪律松弛，35位副总裁各把一方，互不通气；财务混乱，现金枯竭；产品粗制滥造，积压严重。就在艾柯卡上任当天，该公司宣布连续3个季度的亏损达1.6亿美元，公司处于生死存亡的关键时刻。为了拯救克莱斯勒汽车公司，确保65万员工的工作和生活，他没有简单地裁员，决定以紧缩开支为突破口，提出了"共同牺牲"的大政方针。艾柯卡从自己做起，把36万美元的年薪降为1美元，与此同时全体员工的年薪也降低125倍。艾柯卡把自己年薪减至1美元的做法在美国企业界没有先例，很自然地引起了轰动。从各级领导到普通员工，渐渐地达成共识。"共同牺牲"给克莱斯勒汽车公司带来了生机，使广大员工看到了希望。艾柯卡率领高层领导班子对营销、信贷、财务、计划和人事等部门进行整顿改革，积极扶持新产品的开发，花大力气抓生产制造。当然，更重要的是尽快拿出适销对路的产品。1982年，"道奇400"新型敞篷车先声夺人，畅销市场，多年来第一次使克莱斯勒汽车公司走在其他公司前面。K型车面市，也一下子占领小型车市场的20%以上。1983年8月15日，艾柯卡把他生平仅见的面额高达8亿1348万美元的支票，交到银行代表手里。至此，克莱斯勒汽车公司还清了所有债务。而恰恰是五年前的这一天，亨利·福特开除了他。

艾柯卡曾说过"一切企业经营归根到底就是3个词：人才、产品和利润，没有了人才，后两者都无法实现。"这充分表明了他对人才的重视。同时他还说："我在设法寻求那些有劲头的人，那些人不需要太多，有25个我就足以管好美国政府，而在克莱斯勒汽车公司，我大约有12个这样的人。"艾柯卡用好这12个人的关键在于他的知人善任。首先，他善于了解部下的心理，并且注重针对他们的心理讲话。其次，他总是尽力鼓励部下提出实际的想法和建议。同时，他还十分注重维护下属的积极性，他通常这样说："假如你要表扬一个人，请用书面方式；假如你要使被批评者不至于过分难看，那么请用电话方式。"艾柯卡在任福特汽车公司总裁时，他的周围聚集了一大批优秀的管理人才。而当他离开福特汽车公司到克莱斯勒汽车公司任总经理时，这批人又纷纷涌向克莱斯勒汽车公司，他们放弃了福特汽车公司的优厚待遇，谢绝了福特汽车公司的一再挽留，而甘愿和艾柯卡一起冒风险。由此可见，艾柯卡的用人艺术产生了多大的魔力。

无论是传奇般的经历，还是他奇特的用人艺术，艾柯卡用公司辉煌的业绩说明了自己的成就。1986年，克莱斯勒汽车公司排在全美500家公司之首。艾柯卡成了美国的英雄人物。他的照片频繁地出现在报纸杂志上，他的演讲受到热烈欢迎，他的自传成了世界畅销书，因为他大起大落的成功经历，给衰落的美国企业带来了复兴的希望。

（资料来源：康丽.88位世界富豪的成长记录[M].北京：中国戏剧出版社，2005.）

第一节 领导与领导者

一、领导的含义及本质

（一）领导的含义

领导是指领导者的行为，即指导和影响群体或组织成员的思想和行为，使其为实现群体或组织目标而做出努力和贡献的活动过程。

从领导的含义中，我们可以看出：领导活动是在组织中进行的；领导者必须有权力和追随者；领导者必须有影响追随者的能力或力量；领导工作的目的是通过影响部下来实现组织目标；领导的本质是一种影响力；领导的作用在于指挥、激励、协调、造势。

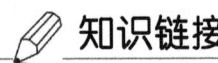

想一想 7-1

领导的实质是什么？

知识链接

管理小故事

有一天，一个男孩问华特（迪士尼创办人）："你是画米老鼠的吗？""不，不是。"华特说。"那么你负责想所有的笑话和点子吗？""没有。我不做这些。"最后，男孩追问："迪士尼先生，你到底都做些什么啊？"华特笑了笑回答："有时我把自己当作一只小蜜蜂，从片厂一角飞到另一角，搜集花粉，给每个人打打气，我猜，这就是我的工作。"在童言童语之间，领导者的角色不言而喻。不过，领导者不只是会替人打气的小蜜蜂，还是团队中的灵魂人物。

（二）领导的作用

（1）指挥作用。"只有糟糕的将军，没有糟糕的士兵"，在组织活动中，需要领导者有清醒的头脑，能胸怀全局、高瞻远瞩，指明活动的目标和途径。

（2）协调作用。组织在内外因素的干扰下，需要领导者来协调组织成员之间的关系和活动，朝着共同的目标前进。

（3）激励作用。组织的活力取决于员工士气，领导者应充分利用各种激励手段来激发员工的士气和能动性。

（4）创新作用。组织的持续发展在于组织的创新能力，组织的创新往往是由领导者发动的，组织的繁荣与发展有赖于领导者独特的创新精神，他们的创新意识会极大鼓舞组织员工创新，在内部形成创新氛围。

（三）领导的本质

领导的本质即领导影响力。领导影响力是指领导者有目的地影响下属心理与行为的能力。在企业组织中，各级领导者之所以能对下级职工施加影响，率领和引导下属为实现企业目标而努力，很重要的原因就在于他们拥有相应的领导影响力。

领导影响力的构成来源于两大方面：一是权力性影响力；二是非权力性影响力。

1. 权力性影响力

权力性影响力又称强制性影响力，它主要源于法律、职位、习惯和武力等。具体表现为：

（1）强制权。强制权是指由于领导者具有某种强大的能力或某种优势，使其可向他人施加种种惩罚性措施，使对方在精神上或物质上感到痛苦，从而被迫按其意志行事的权力。这种权力建立在惧怕惩罚的基础上，实质上是一种惩罚性权力，又称惩罚权或处罚权。

（2）奖赏权。奖赏权是指由于领导者具有某种强大的能力或某种优势，使其能够向他人提供诸如奖金、提薪、表扬、升职及其他任何令人愉悦的东西，从而诱导他人按其意志行事的权力，又称奖励权。

奖赏权来自下级追求满足的欲望，建立在利益性遵从的基础上。当下属认识到服从领导的意愿能带来更多的物质或非物质利益的满足时，就会自觉受其领导，领导者也因此享有相应的权力。

（3）法定权。法定权是指组织内各管理职位所固有的法定、正式的权力。法定权代表一个人在正式管理机构中占据某一职位而相应得到的权力。严格来说，法定权本身已包含着奖赏权和强制权，但它远比奖赏权和强制权的意义更为广泛。

法定权来自人们的传统观念，它主要说明，不管是谁，只要他占据这一职位，那么，所有处于下属地位的人都必须听从他的命令和指挥。

权力性影响力对人的影响带有强迫性、不可抗拒性，它是通过外推力的方式发挥其作用。在这种方式作用下，权力性影响力对人的心理和行为的激励是有限的。

2. 非权力性影响力

非权力性影响力又称非强制性影响力，它主要来源于领导者个人的人格魅力，来源于领导者与被领导者之间的相互感召和相互信赖。构成非权力性影响力的因素主要有品格因素、才能因素、知识因素、情感因素。具体表现为以下几点。

（1）专家权。专家权是指由于领导者具有某种专门知识、技能而产生的权力，又称专长权。这种权力来自下级对上级的敬佩和理性崇拜，领导者本人学识渊博、精通本行业务或具有某一领域的高级专门知识与技能，即获得一定的专长权。专长权的大小取决于领导者受教育的程度、求知欲望、掌握运用知识的能力，以及实践经验的丰富程度。领导者拥有的专家权越多，越容易获得下属的尊敬和主动服从。

（2）人格权。人格权是指因领导者的特殊品格、个性或个人魅力而形成的权力。一个拥有优秀个人品质和超凡魅力的人，往往会使周围的人认同他、景仰他、崇拜他、追随他，甚至达到模仿他的行为和态度的地步，这时，他就拥有了一定的人格权。所以人格权又称统御权或感召权。

人格权是建立在下属对领导者的尊重、信赖和感性认同的基础上。领导者勇于创新、胆略过人、知人善任、富有同情心、具有感召力、善于巧妙运用领导艺术，则易获得下属的尊重和依从，由此而来的影响力也比较持久。

无论权力性影响力或非权力性影响力都是领导影响力不可缺少的组成部分，其中权力性影响力构成领导权力的基础，非权力性影响力则是提高领导效能的重要方面。企业领导者应在合法权力内敢于用权、善于用权；同时，充分发挥非权力性影响力的作用，提高领导影响力。

想一想 7-2

权力性影响力和非权力性影响力哪个更重要？

知识链接

买鹦鹉

一个人去买鹦鹉，看到一只鹦鹉前标有"此鹦鹉会两门语言，售价二百元"字样。另一只鹦鹉前则标有"此鹦鹉会四门语言，售价四百元"字样。该买哪只呢？两只都毛色光鲜、机灵可爱。这个人转啊转，拿不定主意。结果突然发现一只老掉了牙的鹦鹉，毛色暗淡散乱，标价八百元。这个人赶紧将老板叫来问道："这只鹦鹉是不是会说八门语言？"店主说："不"。这人奇怪了，又问："那为什么它又老又丑、又没有能力，会值这个价钱呢？"店主回答："因为另外两只鹦鹉叫这只鹦鹉老板。"这个故事告诉我们，真正的领导者，不一定自己能力有多强，只

要懂信任、懂放权、懂珍惜，就能团结比自己更强的力量，从而提升自己的身价。相反，许多能力非常强的人却因为过于完美主义，事必躬亲，什么人都不如自己，最后只能做最好的公关人员、销售代表，却成不了优秀的领导者。

二、领导者

管理定律：领导者成长规律——人人都可以成为领导。

（一）领导者的界定

领导者是指在正式的社会组织中经合法途径被任用而担任一定领导职务、履行特定领导职能、掌握一定权力、肩负某种领导责任的个人和集体。

领导者是领导活动中的重要因素，它是社会组织顺利展开组织运作的重要条件。

首先，领导者是领导活动的主体，在领导活动中起主导作用，居中心地位。

其次，领导者在领导活动中起发动作用。它根据特定社会群体的利益和需求，进行科学决策，制订规划目标，发布指示命令，使领导活动处于动态状况。

再次，领导者在领导活动中起统率作用。它根据目标任务需要，设置组织机构，合理选人用人，安排计划实施，并在领导活动过程中，视情况的变化，协调各种关系，不断修正、完善决策。

（二）领导者的基本素质

领导者的素质是指从事领导工作必须具备的基本条件，以及在领导工作中经常起作用的内在要素的总和。

1. 政治思想素质

政治思想素质是领导者在政治上和思想上应当具备的基本素质。政治素质是领导者社会属性的体现，它决定着领导者所从事的领导活动的性质。领导者应当具备的政治素质主要有：学会运用马克思主义的立场、观点和方法分析问题、认识问题，指导自己的领导实践活动；能够把握正确的政治方向，坚持正确的政治理想和信念，时刻关心国际社会的风云变幻，关心社会主义事业的发展进程，关心党和国家的前途命运；坚持全心全意为人民服务，不谋私利，廉洁奉公；献身改革开放和现代化事业，艰苦奋斗，在困难、压力面前具有顽强的进取心和坚韧性，能够百折不挠、奋发进取。

2. 道德品质素质

道德品质素质是对领导者道德风范和个人品质的要求，主要内容有：大公无私、公道正派的高尚情操；坚持真理、修正错误的无畏勇气；勤政为民、任劳任怨的服务态度；热爱集体、乐于助人的团队精神；忠诚老实、讲究信用的诚信品德；尊重他人、谦逊容人的宽宏气度；好学上进、积极开拓的创新精神。领导者应该自重、自省、自警、自励，模范遵守党和政府对公民提出的关于社会公德、家庭美德、职业道德方面的各种规范与要求。

3. 文化知识素质

（1）基础知识。这是领导者最起码的知识基础，包括语文、数学、物理、化学、生物、历史、地理等中学范围内的基础知识。

（2）人文社会知识。任何组织都是社会的细胞，在社会的大环境中生存和发展，与社会发生千丝万缕的联系。各级领导者都应丰富自己的人文社会知识，特别是关于哲学、政治、文化、道德、法律和历史方面的知识，以确保做出正确的决策，并有效地加以实施。

（3）科学技术知识。科学技术是第一生产力，科学技术日新月异，谁掌握了明日的技术，谁就在竞争中稳操胜券。领导者应力求在自己从事的领域中成为专家，又要有比专家更广博的知识面。

（4）管理知识。现代管理理论是一切领导者的必学科目，也是成功领导者的护身法宝。在实践中，领导者创造性地应用管理知识，就会形成独具特色的领导艺术。

4. 心理、身体素质

心理素质是指领导者的心理过程和个性特征方面表现出来的根本特点，是领导者进行领导活动的心理基础，它对领导者的行为起调节作用。领导者的心理素质主要包括：强烈的事业心和责任心；积极的自尊心和自信心；顽强的意志；良好的性格和气质等。身体素质是指领导者其他素质赖以存在和发挥作用的物质载体。在身体素质方面，领导者须要具备健康意识、健康知识、健康能力和健康体魄。

5. 能力素质

领导者要具有很强的决策能力和丰富的管理知识，领导者的决策能力和管理能力主要包括：直觉的能力，即对外界事物的观察能力、认知能力，也就是人们常说的"悟性"；抽象思维的能力，即透过现象抓住本质的能力，厘清支流、把握主流的能力，总结实践形成概念的能力，在相互联系中摸索规律的能力；组织和协调的能力，即善于将有限的人力资源组织起来协调工作的能力，处理工作中的矛盾和冲突的能力，知人和用人的能力，改善人际关系的能力等；自我发展的能力，即不断学习新知识、掌握新技能的自我完善的能力，包括自学能力、自我反省能力、吸收新事物的能力；创新能力，即开拓新知识、新技术、新产品、新方法的创造能力，包括批判力、创造力、联想力、想象力。

 知识链接

"七匹狼"的创新力

七匹狼实业股份有限公司总裁周少雄在接受《中国经营报》记者针对卓越领导者五种习惯行为的采访时指出，卓越领导者要落实五种习惯行为：

（1）从胆识、魄力角度来说，"胆识"把握机会，"魄力"创造未来。"胆"就是要敢于尝试，勇于实现自己欲望的能力。魄力则是一种精神的力量。

（2）从共筑愿景角度来说，愿景是企业永远为之奋斗希望达到的图景，描绘的愿景是两个"快乐"：快乐生活和快乐工作。通过工作使其价值得到体现。愿景是要有一个平常描述，而不是告诉员工一个非常理想状态，那样大家体会不到。

（3）从挑战现状角度来说，老板要身体力行、以身作则，并鼓励大家体会生活、追求我们的愿景。

（4）从众人行为角度来说，职业经理人有理想和愿望，企业领导者要将他们的愿望与企业文化统一起来，让职业经理人融入企业文化。用自己的言行给职业经理人做出表率，以带动职业经理人创造价值。当然也有利益机制，利益包括物质利益和精神利益。

（5）从激励人心角度来说，要让职业经理人勇于尝试。但也要建立一种风险控制的机制，在风险控制的范围内让职业经理人大胆冒险，甚至不怕犯错误。

想一想 7-3

组织的领导者与管理者、领导工作与管理工作是否相同?

(三)领导者的集体素质

领导者对被领导者实施领导,开展各种领导活动,通常不是以"个体"的价值输出方式来实施,而是以"群体"的价值输出方式来实现。因此,我们在重视各级领导者"个体素质"的同时,也要关注领导群体的"群体素质"。一个功能突出的领导群体,不仅要拥有高素质的领导人才,还必须精心探讨和解决其结构和功能问题,使人才依据其内在的因素,按照一定的比例、序列和层次,科学地、合理地组成一个有机的整体,并使之不断优化,从而产生一种"集体力",使整体功能大于各部分功能的总和,形成"1+1>2"的效果。

1. 领导集体素质结构优化

领导集体素质结构是指一个多层次、多要素的动态综合体。现代领导集体不仅要求有个体优势,而且还要有集体的最佳组合和搭配。领导集体素质结构优化就是使领导集体各个成员的素质,更科学合理地配备和组合。领导集体素质结构优化具有的重要意义是有利于提高领导效能,有利于形成"全才"集体,有利于提高工作效率。

2. 领导集体结构优化的内容

(1)年龄结构。年龄结构是指在领导群体中不同年龄梯次成员的配比组合。任何一种人的群体,都是由不同年龄的个体组成,领导群体也是如此。年龄不仅是生理、心理功能的标志,而且也是人的知识、经验多少的标志之一。合理的年龄结构,是一个关系到领导群体是否具有旺盛的生命力和创造力,关系到领导群体成员的动态平衡及其能否发挥最佳效能的问题。它的基本作用是:一方面充分发挥各年龄区段干部的最佳智力效能,使其互补互促,形成整体功能,与所承担的职责相适应;另一方面有利于正常的合作交替,保持新老干部的自然交接。

老干部久经考验,深谋远虑,善于应付复杂的局面;中年干部年富力强,兼有青年干部、老干部的长处,起着承前启后的桥梁作用;青年干部易于接受新事物,富于进取精神和创造精神。如果一个领导群体由同一年龄区段的干部组成,呈现为平面的年龄结构,就可能出现同步老化、精力不济,或者经验太少、处事困难。而三者的有机结合,既能发挥各年龄区段干部的最佳效能,又能使领导群体的整体效能与其所承担的工作任务相适应。

领导群体年龄结构的梯次性,是实现新、老领导干部交接班的有效途径,可以使领导群体有条不紊地实现新陈代谢,保证领导活动的稳定性和连续性。对不同层次的领导群体,三者的比例可以各有不同,一般应使年富力强的中青年干部占多数或大多数。同时,又要使领导群体梯次的年龄结构实现动态的平衡。

想一想 7-4

领导干部年轻化是不是越年轻越好?

(2)知识结构。知识结构是指构成领导群体的成员的不同知识类型的排列组合。这里所说的知识,既包括书本中的理论知识,也包括实践经验知识。由于主客观的原因,每个人所具有的知识,其广度、深度、向度都是不同的。因而,在一个领导群体内部,要求每个领导成员都具有同等的知识素养是不可能的。即使由一些知识素养相近的人组成一个领导群体，也难以形成一个良好的知识结构。

合理的知识结构应该是立体形式的，应由多层次、多领域知识素养的人按一定方式组合而成，并随着现代科学技术和社会经济的发展而不断发展。只有这样，才会形成一个知识结构相对合理的领导群体，并使每个具有不同知识素养的领导成员，都能各尽所能、各得其所。列宁曾指出，要做一个领导者就必须"用人类创造的全部知识财富来丰富自己的头脑"。那么，怎样才能组成一个知识结构科学合理的领导群体呢？

第一，一个领导群体必须建立一个以马克思主义理论为指导，以广博的现代科学文化知识为依托，以精湛的专业技术知识为基础，以领导科学的知识为主体的立体知识结构的整体。

第二，必须使领导群体组成人员具备比其下属更高的知识素养。

第三，正确处理学历和实力的关系。毫无疑义，要重视文化基础知识，就应重视学历。领导者的学历是重要的，因为它反映了一个人经过专门的、系统的专业学习，已经接受过的文化教育程度和已经达到的文化知识水平。对于领导者而言，应该具有相当的学历，但并不是说学历越高越好，一定要本着"因事择人，适才适用"的原则。当然，学历不一定代表一个人的实际工作能力，学历与实际工作能力之间有一定的差异。有的人，可以通过自学而成为专家；有的人，可以通过经验的积累而成为优秀的领导者。因而，在组建领导群体时，既要看学历，也要关注其真才实学和实际能力。

第四，注意通才和专才的搭配。所谓通才，是指通晓多学科知识的人才，他们善于运用丰富的知识审时度势、运筹帷幄，使工作得到全局性创新。所谓专才，是指在某一专门领域有着丰富知识和实践能力的人才。在一个领导群体内部，通才、专才应有较为恰当的比例。

 知识链接

成功领导应具备的十大条件

美国普林斯顿大学包莫尔（Baumol）提出作为一个领导者应具备的十个条件：

（1）合作精神。即愿与他人一起工作，能赢得人们的合作，对人不是压服，而是感动和说服。

（2）决策能力。即依赖事实而非想象进行决策，具有高瞻远瞩的能力。

（3）组织能力。即能发掘下属的才能，善于组织人力、物力和财力。

（4）精于授权。即能大权独揽，小权分散。

（5）善于应变。即机动灵活，善于进取，而不抱残守缺，墨守成规。

（6）敢于求新。即对新事物、新环境和新观念有敏锐的感受能力。

（7）勇于负责。即对上、下级和用户及整个社会抱有高度的责任心。

（8）敢担风险。即敢于承担企业发展不景气的风险，有创造新局面的雄心和信心。

（9）尊重他人。即重视和采纳别人意见，不盛气凌人。

（10）品德高尚。即在品德上为社会人士和企业员工所敬仰。

（3）智能结构。智能是指人们获得知识及运用知识、经验解决问题的能力。智能结构是指领导群体内部各种不同智能类型的人的配比组合。弗兰西斯·培根在《论学问》一文中指出："各种学问并不把它们本身的用途交给我们，如何应用这些学问乃是学问以外的、学问以上的一种智慧。"这就是说，知识与智能是密切相关而又不同的两回事。知识的运用离不开智能，而智能的培养和发展也离不开知识，但知识的多少和智能的高低不一定成正比。智能不能伴随着学习知识的过程自然而然地形成，必须有意识地培养和锻炼。所以在学习知识时，还应注意对智能的开发和利用。

（4）气质结构。气质是指某个人典型的表现于心理过程的强度、心理过程的速度和稳定性及心理活动的指向性特点等动力方面的特点。气质具有极大的稳定性，虽然在环境和教育的影响下，气质也会发生某些变化，但是同其他心理特征相比，其变化要迟缓得多，"江山易改，禀性难移"讲的就是这个道理。而且，有某种气质类型的人，常常在内容很不相同的活动中都会显示出同样性质的动力特点。

所谓气质结构，是指领导群体中各种不同气质类型的成员的配比组合。在现代领导活动中，领导者要面临和处理的事务千差万别，即使是同一项工作，也有不同的情况发生，所以领导群体应由不同气质类型的人组成。例如，在性格上，既要有开朗、活泼、善于交际的人，也要有沉着、稳重、长于运筹的人；在志趣上，既需广征博采者，也需专研深究者；在脾气上，既需热情豪放者，也需凝重老练者；在风度上，既需大胆泼辣、敏捷明快者，也需慎言慎行、柔中有刚者。总之，领导群体气质结构的协调效应，应以"个体气质"上存在的差异性为基础。

虽然，领导成员之间的气质协调和互补，只能在有益的气质差异中产生，但这种差异不能超过一定的"度"。否则，无益的气质差异，只会导致内耗丛生，失去气质协调的基础和条件。所以，构建科学合理的气质结构，应从实际出发，因人制宜，严格把握个体气质差异的"度"。

案例 7-1

刘邦的成功

西汉初年，天下大定。汉高祖刘邦即位以后，经常举行宴会犒劳那些和他一起出生入死的大臣将领。有一次，刘邦在洛阳南宫大宴群臣。席间，刘邦问众位文臣武将："大家说说看，我刘邦为什么能得到天下，项羽为什么会失去天下？"高起和王陵坐在座位上说："陛下虽然好笑话人，可是只要部下攻下了城池，陛下总会将攻下的城池交给部下去管理。可是，项羽虽有妇人之仁，但心眼小，好妒忌人，打了胜仗，部下也得不到好处。时间长了，谁也不会愿意替他卖命。这大概就是原因吧。"刘邦听后哈哈一笑，说道："你们只知其一，不知其二。若论运筹帷幄，决胜千里之外，我不如张良；若论镇守国家，安抚百姓，供给粮饷，不绝粮道，我不如萧何；若论集结百万雄兵，战无不胜，攻无不克，我不如韩信。这三个人都是人中豪杰，我能任用他们，这就是我得天下的原因。项羽只有一个范增，又不能很好地任用他，这就是他失败的原因。"众人听后，恍然大悟，纷纷点头称是。

（资料来源：江庭友.管理学原理[M].合肥：合肥工业大学出版社，2006.）

思考与分析：
（1）刘邦为首的领导班子取得成功的原因是什么？
（2）一个成功的领导班子应具有什么样的素质结构？

第二节 领导理论

一、领导特质理论

西方研究领导者素质的成果称为领导特质理论,又称领导性格理论。它集中回答了这样的问题:领导者应该具备哪些素质?怎样正确地挑选领导者?这种理论首先是由心理学家开始研究的,他们的出发点为:根据领导效果的好坏,找出好的领导者与差的领导者在个人品质或特性方面有哪些差异,由此确定优秀的领导者应具备哪些特质。研究者认为,只要找出成功领导者应具备的特点,再考察某个组织中的领导者是否具备这些特点,就能断定他是不是一个优秀的领导者。这种归纳分析法成了研究领导特质理论的基本方法。

领导特质理论按其对领导特性来源所做的不同解释,可分为传统特质理论和现代特质理论。

(一)传统领导特质理论

传统领导特质理论认为,领导者的品质基本上是天生的,与后天的培养、训练和实践无关。为发现那些生来具有领导者特质的人,许多心理学家对社会上特别成功的领导者进行了深入的案例分析和档案资料分析,试图找出天才领导者的个体特征。例如,美国领导特质理论研究者爱德文·吉赛利(Edwin Giselle)通过对美国境内90家不同企业的300多名经理人调查研究,认为有效领导的六种特质(依次排序)有监督能力、对职业成就的需要、智慧、果断力、自信与主动性。又如,美国的诺尔弗·斯多基尔(Ralph Stodgily)则认为领导者应具有以下特质:具有良知、诚实可靠、勤奋勇敢、有责任心、富有理想、人际关系、风度优雅、干练胜任、体格健壮、高度智力、有组织力、有判断力等。

(二)现代领导特质理论

现代领导特质理论认为,成功领导者的许多品质和特征是在后天的领导实践中逐步培养、锻炼出来的。根据现代领导特质理论,为了获得有效的领导者,须要建立明确的选拔标准,制定具体的培训方案,采取严格的考核指标。近年来,领导理论研究者又提出了以领导魅力理论为核心的新特性理论,"魅力"是一种领导者个人具备的带有鼓励性的人际吸引力,包括个性、能力、经验和坎坷经历中形成的综合素质等。在其他条件均等的条件下,具有魅力的领导者将更能够成功地影响下属行为,并实现组织目标。

想一想 7-5

领导者的个性对领导工作的效果有影响吗?

二、领导行为理论

领导行为理论着重于研究和分析领导者在工作过程中的行为表现及其对下属行为和绩效的影响,以确定最佳的领导行为。领导行为理论认为,如果具备一些具体的条件,则我们可以培养领导者，即通过设计一些培训项目把有效的领导者所具备的行为模式植入个体身上。这种思想显然前景更为光明，它意味着领导者的队伍可以不断壮大。通过培训，我们可以拥有无数有效的领导者。

（一）三种极端领导行为理论

20世纪30年代，美国心理学家和行为学家库尔特·勒温（Kurt Levin）、诺那德·利比特（Ronald Lappet）、诺尔弗·怀特（Ralph White）等共同研究，确定出三种极端的领导风格。

（1）独裁型或专制型。即领导者把一切权力集中于个人，一切由领导者个人决定，下属执行，即靠权力和强制命令让人服从。

（2）民主型。即领导者鼓励下属参与管理，共同讨论商议，集思广益后做出决策。

（3）放任型。即领导者对下属采取自由放任的态度，下属愿怎样工作就怎样工作，领导不采取任何后续跟进工作。

勒温根据试验结果证明，不同领导风格对群体行为产生不同的影响。放任型领导风格下的工作效率最低；独裁型领导风格下，虽然通过严格管理，使员工达到了工作目标，但员工的消极态度和情绪显著增强；民主型领导风格下的工作效率最高。

（二）连续统一体理论

坦南鲍姆（Tannenbaum）与施密特（Schmidt）指出，民主与专制仅是两个极端的情况。这两者中间还存在着许多种领导行为，从而他们提出了领导行为连续统一体理论，如图7-1所示，图的左端是独裁的领导行为，右端是民主的领导行为。之所以形成这两个极端，首先是基于领导者对权力的来源和人性的看法不同，独裁的领导者认为权力来自职位，人生来懒惰而没有潜力，因而一切决策均由领导者亲自做出；而民主型的领导者则认为，权力来自群体的授予和承认，人受到激励能自觉、自治地发挥创造力，因此决策可以公开讨论、集体决策。其次独裁型领导比较重视工作，并运用权力支配影响下级，下属的自由度较小；而民主型领导重视群体关系，给予下属以较大的自由度。领导行为连续统一体从左至右，领导者运用职权逐渐减少，下属的自由度逐渐加大，从以工作为重逐渐变为以关系为重。图7-1的下方依据领导者把权力授予下属的程度不同、决策的方式不同，形成了领导方式"连续流"。因此可供选择的领导方式不是仅民主与独裁两种，而是七种。

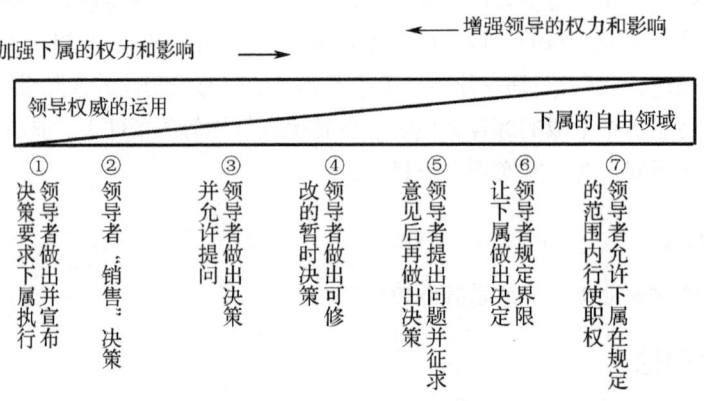

图7-1 领导行为连续统一体理论

第七章 领导

领导行为连续统一体理论并未提出某种领导方式好与不好,而是提供了一系列可供选择的领导行为,具体采用哪种行为由领导者根据自身的因素、下属方面的因素和环境方面的因素而定。但是在图 7-1 中,将独裁和以工作为重、将民主和以关系为重联系在一起并且等同起来;将工作为重与关系为重、将领导的职权与下属的自由度互相对立起来,而且仅从领导的决策过程、群众的参与程度来划分领导方式,这些都是不全面的。

(三)领导行为四分图

1945 年,美国俄亥俄州立大学商业研究所发起了对领导行为进行研究的热潮。一开始,研究人员列出了 1 000 多种刻画领导行为的因素,通过逐步概括和归类,最后将领导行为的内容归纳为两个方面,即着手组织与体贴精神。所谓着手组织是指领导者规定他与工作群体的关系,建立明确的组织模式、意见交流渠道和工作程序的行为。它包括设计组织机构,明确职责权力、相互关系和沟通办法,确定工作目标与要求,制定工作程序、工作方法与制度。所谓体贴精神是建立领导者与被领导者之间的友谊、尊重、信任关系方面的行为。它包括尊重下属的意见、给下属以较多的工作主动权、体贴他们的思想感情、注意满足下属的需要、平易近人、平等待人、关心群众、作风民主等。

研究者认为,上述这两类因素不是互相排斥的,可以而且应该把它们结合起来。一个领导者必须在组织的要求和职工的个人需要、工作和体谅之间加以调节,找出最恰当的结合方式。他们首创用两根轴线的图示法来表示领导行为,画出了表示体贴同组织这两类因素多种结合情况的四分图。领导行为四分图如图 7-2 所示。

图 7-2 领导行为四分图

俄亥俄州立大学的这项研究工作有重要的意义,为以后的许多类似研究奠定了基础,如"管理方格理论"就是以此为基础而发展起来的。

(四)管理方格理论

美国得克萨斯州立大学教授罗伯特·布莱克与珍妮·莫顿发展了领导风格"二维观"。

在"关心人"和"关心生产"的基础上,于 1964 年提出了管理方格理论。管理方格理论如图 7-3 所示,横坐标表示领导者对生产的关心程度,纵坐标表示领导者对人的关心程度,各分成 9 等份,从而生成了 81 种不同的领导类型。但是,管理方格理论主要强调的并不是产生的结果,而是领导者为了达到这些结果应考虑的主要因素。在评价领导者时,可根据其对生产和员工的关心程度在图上寻找交叉点,即他的领导行为类型。布莱克和莫顿在 81 个方格中,主要阐述了最具有代表性的类型。

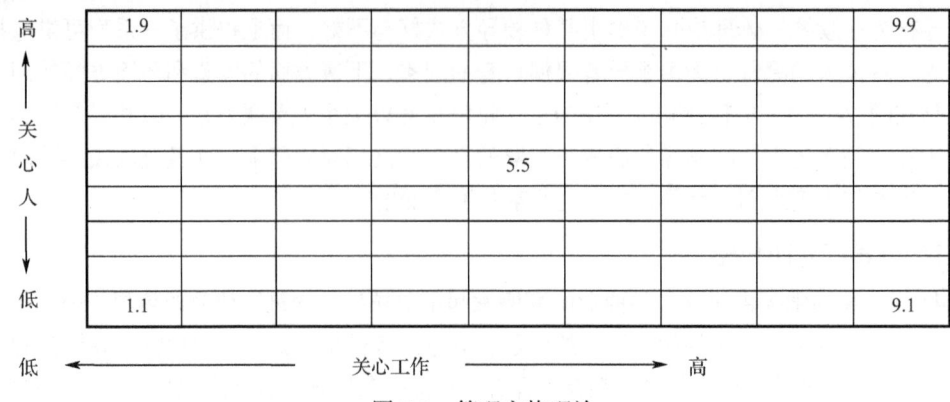

图 7-3　管理方格理论

贫乏型（1.1 式）领导。以最小的努力完成必须做的工作，以维持组织成员的身份。

乡村俱乐部型（1.9 式）领导。对员工的需要关怀备至，创造了一种舒适、友好的组织氛围和工作基础，但不重视生产。

任务型（9.1 式）领导。只注重任务效果而不重视下属的发展和下属的士气。由于工作条件的安排达到高效率的运作，使人的因素的影响降到最低程度。

团队型（9.9 式）领导。工作的完成来自员工的奉献，由于组织目标的"共同利益关系"而形成了相互依赖，创造了信任和尊重的关系，通过协调和综合相关活动而提高任务效率与工作士气。

中庸之道型（5.5 式）领导。通过保持必须完成的工作和维持令人满意的士气之间的平衡，使组织的绩效有实现的可能。

到底哪一种领导形态最佳呢？布莱克和莫顿组织了许多研讨会。参加者中绝大多数人认为 9.9 型最佳，但也有不少人认为 9.1 型最佳，还有人认为 5.5 型最佳。后来布莱克和莫顿指出哪种领导形态最佳要看实际工作效果，最有效的领导形态不是一成不变的，要依情况而定。

随着领导行为研究的不断深入，人们越来越关心领导行为风格和被领导者的特征、管理情境等特征的关系，研究者们又提出了若干领导行为权变理论。

想一想 7-6

你认为上述理论中哪种领导行为是最佳的领导方式？

三、权变理论

权变理论认为，领导是在一定环境条件下通过与被领导者的交叉作用去实现某一特定目标的一种动态过程。领导的有效行为应随着被领导者的特点和环境的变化而变化，权变理论因此又称情境理论。

菲德勒模型，是心理学家菲德勒经过 15 年的研究于 1967 年提出的，通常称为菲德勒权变模型或菲德勒权变理论。菲德勒权变模型指出，有效的群体绩效取决于以下两个因素的合理匹配：与下属相互作用的领导者的风格；情境对领导者的控制和影响程度。菲德勒开发了一种工具，称为最难共事者问卷（Least Preferred Coworker Questionnaire，LPC），用以测量个体是任务取向型还是关系取向型。另外，他还分离出三项情境因素：领导者——成员关系、任务结构和职位权力，他相信通过操作这三项因素能与领导者的行为取向进行恰当匹配，如图 7-4 所示。

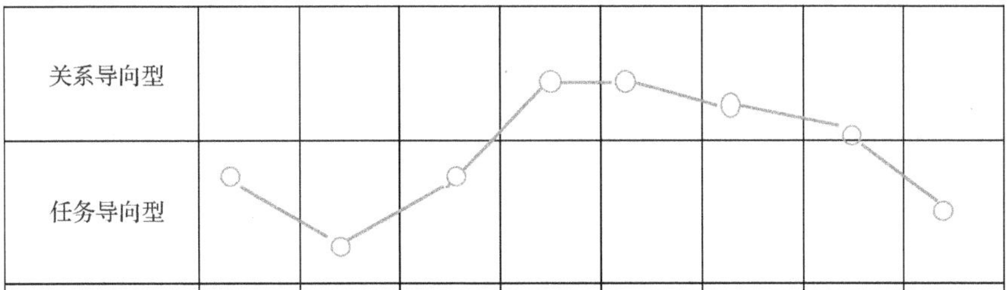

关系导向型								
任务导向型								
情境	1	2	3	4	5	6	7	8
上下关系	好	好	好	好	差	差	差	差
任务结构	明确	明确	不明	不明	明确	明确	不明	不明
职位权力	强	弱	强	弱	强	弱	强	弱

图 7-4　菲德勒权变模型

（一）确定领导风格

菲德勒相信影响领导成功的关键因素之一是个体的基础领导风格，因此他首先试图发现这种基础风格是什么。为此目的，他设计了 LPC 问卷，让作答者回想一下自己共事过的所有同事，并找出一个最难共事者，在 LPC 问卷的回答基础上，可以判断出最基本的领导风格。如果很乐于与同事形成友好的人际关系，也就是说，如果你把最难共事的同事描述得比较积极（LPC 得分高），则称为关系取向型；相反，如果你对最难共事的同事看法比较消极（LPC 得分低），你可能主要感兴趣的是生产，因而称为任务取向型。另外，有大约 16% 的回答者分数处于中间水平，很难被划入任务取向型或关系取向型中进行预测，因而下面的讨论都是针对其余 84% 的人进行的。

菲德勒认为，一个人的领导风格是与生俱来的，个人不可能改变自己的风格去适应变化的情境。这意味着如果情境要求任务取向的领导者，而在此领导岗位上的却是关系取向型领导者时，要想达到最佳效果，则要么改变情境，要么替换领导者。

（二）确定情境

用 LPC 问卷对个体的基础领导风格进行评估之后，再对情境进行评估，并将领导者与情境进行匹配。菲德勒列出了三项维度，他认为这是确定领导有效性的关键要素。它们是：

（1）领导者与成员关系。领导者对下属信任、信赖和尊重的程度。

（2）任务结构。工作任务的程序化程度（即结构化或非结构化）。

（3）职位权力。领导者拥有的权力变量（如聘用、解雇、训导、晋升、加薪等）的影响程度。

费德勒由此得出结论：

（1）在不同的环境下，各种领导方式的有效性不同。在环境对领导者是否有利处于中间状态时，以人际关系为中心的领导方式比较有效；在对领导者非常有利或不利的环境中则以工作为中心的领导方式比较有效。因而不能说哪种方式一定好，哪种方式一定不好，要有权变观点，要视环境状况而定。

（2）领导的有效性既然取决于两方面的因素，那么提高领导有效性就要从两方面努力。

一是改变环境状况，如改善上下关系、健全责任制等；二是改变领导方式，这正是研究领导方式的目的所在。

保罗的领导方式

保罗在1971年从美国中西部的一所名牌大学拿到会计专业的学士学位后，到一家大型的会计师事务所的芝加哥办事处工作，由此开始了他的职业生涯。9年后，他成了该公司的一名最年轻的合伙人。公司执行委员会发现了他的领导潜能和进取心，遂在1983年指派他到纽约的郊区开办了一个新的办事处。其工作最主要的是审计，这要求有关人员具有很好的判断力和自我控制力。他主张工作人员间要以名字直接称呼，并鼓励下属人员参与决策制定。对长期的目标和指标，每个人都很了解，但实现这些目标的办法却是相当不明确的。

办事处发展得很迅速。到1988年，专业人员达到了30名。保罗被认为是很成功的领导者和管理人员。保罗在1989年年初被提升为达拉斯的经营合伙人。他采取了帮助他在纽约工作时取得显著成效的同种富有进取心的管理方式。他马上更换了几乎全部的25名专业人员，并制定了短期的和长期的客户开发计划。职员人数增加得相当快，为的是确保有足够数量的员工来处理预期扩增的业务。很快，办事处有了约40名专业人员。但在纽约成功的管理方式并没有在达拉斯取得成效。办事处在一年时间内就丢掉了最好的两个客户。保罗马上认识到办事处的人员过多了，因此决定解雇前一年刚招进来的12名员工，以减少开支。

他相信挫折只是暂时性的，因而仍继续采取他的策略。在此后的几个月时间里又增雇了6名专业人员，以适应预期增加的工作量。但预期中的新业务并没有接来，所以又重新缩减了员工队伍。在1991年夏天的那个"黑暗的星期二"，13名专业人员被解雇了。

伴随着这两次裁员，留下来的员工感到工作没有保障，并开始怀疑保罗的领导能力。公司的执行委员会了解到问题后将保罗调到新泽西的一个办事处，在那里他的领导方式显示出很好的效果。

（资料来源：武智慧.管理学基础[M].北京：科学出版社，2007.）

思考与分析：
（1）保罗作为一位领导者的权力来源是什么？
（2）这个案例是更好地说明了领导的行为理论，还是更好地说明了领导的权变理论？为什么？
（3）保罗在纽约取得成功的策略，为什么在达拉斯没能成功？其影响因素有哪些？

第三节　领导艺术

领导艺术是指在领导的方式、方法上表现出的创造性和有效性。领导艺术是领导者个人素质的综合反映，是因人而异的。黑格尔说过"世界上没有完全相同的两片叶子"，同样也没有完全相同的两个人，没有完全相同的领导者和领导模式。有多少个领导者就有多少种领导模式。

钱锦国认为，任何一种管理模式的运用，不可能是要求下属们依葫芦画瓢就可以了，而是使自上而下的每位负有不同管理职责的人都能对该管理模式融会贯通，在不同环境下为同一个目标而因时制宜、不断改善管理模式。

想一想 7-7

领导是一门科学，还是一门艺术呢？

一、指挥的艺术

指挥从某种意义上来说，它既是管理的一项重要职能，又是领导者的一项基本工作，还是领导者的一门领导艺术。

领导者必须善于使用自己的指挥权力，遵循有效指挥的基本原理，进行正确的指挥。领导者要指挥，必须有权力，但有了权力也不一定能实现有效指挥，还要看领导者能否掌握企业管理的指挥原理，用好指挥权力。

（一）指挥要有权威

在组织的日常工作中，人们常常会发现，有的领导者说话没人听，办事没人跟，号召无力量，指挥不灵光；有的领导者与此相反，一呼百应，指挥很灵。这其中的关键在于指挥要有权威。领导者要有指挥权威的前提是要用好权力。用好权力的关键有以下几个方面。

（1）大胆谨慎，用好法定权力。所谓大胆谨慎，是指领导者在指挥前要情况明，在指挥中要决心大。领导者在情况清楚前提下，该做的坚决指挥群众去做，不该做的明确制止，在困难面前，或者众说纷纭、意见分歧的情况下，敢于做出决断。

（2）善于学习，发挥专长权力。领导者的专业知识、管理才能，既不是头脑中所固有的，也不是从天上掉下来的，只有通过不断学习和实际工作锻炼才能获得。如果领导者不善学习、不勤实践、知识贫乏、才能一般，就谈不上有专长权力，也难以进行有效的指挥。

（3）创出成绩，发展专长权力。如果一个企业的领导者任职多年，厂貌依旧，无所建树，效益不高，则在群众中肯定不会有什么威信。只有成绩显著，企业面貌日新月异，领导者说话算数，群众才相信，指挥也灵。

（4）平等待人，增强感情权力。由感情产生的权力，是威力无穷的影响力。法定权力可使职工服从，但不能使职工主动，而专长权力能令职工敬佩。如果领导者有感情权力，就能使职工更自觉、主动地对待一切工作。领导者与职工之间达到心心相印、水乳交融、休戚与共，职工甘受指挥，这就要靠感情的沟通。这种感情来自领导者的党性、原则性和全心全意为人民服务的精神。要急群众所急、想群众所想，真心实意地帮助职工群众解决工作上、生活上的困难。只有这样，领导者才会得到广大职工的支持。

知识链接

南风法则

"南风法则"又称"温暖法则"，源于法国作家拉封丹写过的一则寓言：北风和南风比威力，看谁能把行人身上的大衣脱掉。北风首先来一个"冷风凛冽""寒冷刺骨"，结果行人把大衣裹得紧紧的。南风则"徐徐吹动",顿时风和日丽,行人因为觉得春意上身,始而解开纽扣,继而脱掉大衣,南风获得了胜利。温暖胜于严寒。领导者在管理中运用"南风法则",就是要尊重和关心下属,以下属为本,多点人情味,使下属真正感觉到领导者给予的温暖,从而去掉包袱,激发工作的积极性。

(二) 指挥要有魄力

所谓魄力,主要是指领导者要有胆、有识,具有敢于斗争、敢于取胜的勇气和决心,有勇往直前的气概。具体说魄力主要表现在以下几个方面。

(1) 要有战略眼光。战略是指对全局或决定全局的重大问题的谋划。全局的重大问题从空间上讲是指事关整体的问题;从时间上讲是指未来长远的问题。所以战略可以概括为对全局性、长期性、根本性的重大问题的谋划和对策。领导者的战略眼光就是对组织的战略问题要有战略头脑,能把握住战略目标、战略重点、战略方针、战略步骤和战略措施。

(2) 要有指挥魄力。当明确了发展方向以后,就要善于指挥组织成员去争取胜利。不管在征途上遇到多大的困难和险阻,也不管碰到多大的风浪和曲折,领导者就要像战场上的指挥官那样,指挥职工去克服困难和险阻,战胜风浪和曲折,披荆斩棘,勇往直前。这种勇往直前的决心,就是领导者指挥魄力的一种表现。

(3) 一切都要严字当头。严字当头也是指挥魄力的一种表现。例如,有了严格的时间观念,在指挥魄力上就反映出闻风而动、雷厉风行。又如,坚持了严格要求,就能建立起一个好的厂风,全厂职工才能有良好的组织性和纪律性,企业领导者就有了良好的指挥环境,指挥起来就能旗开得胜、马到成功。

(三) 指挥要正确

指挥正确,不仅是取得工作胜利的需要,也是领导者能否使用好自己指挥权力的条件。如果一个领导者指挥经常失误,长此以往,不仅会失去领导者的威信,而且也是对自己指挥权力的破坏。

领导者要使自己指挥正确,必须做到多谋、善断。做到这一点,必须注意以下几个方面。

(1) 不"断"下一层次的事情。如果领导者越级处理下一层次的事,不仅造成管理上的混乱,而且还会"吃力不讨好",影响下一层次管理人员的积极性。

(2) 不"断"重复出现的事。领导者应善断非规范性的事情,贯彻例外工作原则,对于重复出现的事,应制定处理规范,明确有关职能部门去处理。

(3) 不"断"下级无建议的事。领导者对下级提出来要解决的一切问题,不能凡事"来者不拒""有求必应"。作为下级人员只会上交矛盾,而不善于提出解决矛盾的方案,这样的下级人员是不称职的,应予撤换。

二、协调的艺术

没有协调能力的人当不好领导者。协调,不仅要明确协调对象和协调方式,还要掌握一些相应的协调技巧。

(一) 对上请示沟通

平时要主动多向领导者请示汇报工作,若在工作中有意或无意得罪了上级领导者,靠"顶"和"躲"是不行的。理智的办法,一是要主动沟通,错了的要大胆承认,误会了的要解释清楚,以求得到领导者的谅解；二是要请人调解，这个调解人与自己关系要好，与领导者的关系更要非同一般。

（二）对下沟通协调

当下属在一些涉及个人利益的问题上对单位或对领导者有意见时，领导者应通过谈心、交心等方式来消除彼此间的误解。对能解决的问题一定要尽快解决，一时解决不了的问题，也要向人家说清原因，千万不能以"打哈哈"的方式去对待人或糊弄人。

（三）对外争让有度

领导者在与外面平级单位的协调中，其领导艺术就往往体现在争让之间。大事要争，小事要让。不能遇事必争，也不能遇事皆让，该争不争，就会丧失原则；该让不让，就会影响全局。

三、用人的艺术

如何用好人，除了要端正用人思想，让那些想干事的人有事干、能干事的人干好事外，在用人技巧上还要注意以下问题。

（一）善于用人所长

用人之诀在于用人所长，且最大限度地实现其优势互补。用人所长，首先要注意"适位"。陈景润如果不是被华罗庚发现并将他调到数学研究所工作，他就难以摘取数学皇冠上的明珠。唐僧之所以能去西天取经成功，主要是他能做到知人善任，把孙悟空、沙和尚、猪八戒安排到最适合他们的岗位上去，实现了人才所长与岗位所需的最佳组合。其次要注意"适时"。"用人用在精壮时。"界定各类人才所长的最佳使用期，不能单纯以年龄为依据，而应以素质做决定，对看准的人一定要大胆使用、及时使用。第三要注意"适度"。领导者用人不能搞"鞭打快牛"，"快牛"只能用在关键时候、紧要时刻，如果平时只顾用起来顺手、放心，长期压着那些工作责任心和工作能力都较强的人在"快车道"上超负荷运转，这些"快牛"必将成为"慢牛"或"死牛"。

（二）善于用人所爱

有位中学生曾向比尔·盖茨请教成功的秘诀，盖茨对他说："做你所爱，爱你所做。"爱因斯坦生前曾接到要他出任以色列总统的邀请，对这个不少人垂涎的职务，他却婉言谢绝了，仍钟情于搞他的科研。正因为有了他这种明智的爱，才有了爱因斯坦这个伟大的科学家。领导者在用人的过程中，就要知人所爱、帮人所爱、成人所爱。

（三）善于用人所变

鲁迅、郭沫若原来都是学医的，后来却成了中华民族的文坛巨人。很多名人名家的成功人生告诉我们：人的特长是可以转移的，能产生特长转移的人，大都是一些创新思维与能力较强的人。对这种人才，领导者应倍加珍惜，应适时调整对他们的使用，让他们在更适合自己的发展空间里去施展才华。

想一想 7-8

中国企业在用人方式上应吸取怎样的教训？

四、决策的艺术

决策是领导者要做的主要工作,决策一旦失误,对单位就意味着损失,对自己就意味着失职。这就要求领导者要强化决策意识,尽快提高决策水平,尽量减少各种决策性浪费。

(一)决策前注重调查

领导者在决策前一定要多做些调查研究,搞清各种情况,尤其是要把大家的情绪和呼声作为自己决策的第一信号,不能无准备就进入决策状态。

(二)决策中注意民主

领导者在决策中要充分发扬民主,优选决策方案,尤其碰到一些非常规性决策,应懂得按照"利利相较取其大、弊弊相较取其小、利弊相较取其利"的原则,适时进行决策,不能未谋乱断,不能错失决策良机。

(三)决策后狠抓落实

决策一旦定下来,就要认真抓好实施,做到"言必信、信必果",绝不能朝令夕改。一个领导者在工作中花样太多,是一种不成熟的表现。

 知识链接

肯德基公司的信息搜集

美国肯德基公司的快餐打入中国市场的一个重要试验,就是在广泛搜集信息的基础上进行科学决策,他们的这一做法被证明是成功的。起初肯德基公司派了一位执行董事来北京考察市场,他来到北京后,在经过简单的统计、分析潜在的消费者数量之后就报告说,炸鸡市场大有潜力,但被总公司以不称职为由降职调动工作。接着,该公司又派了一位执行董事来访考察。这位先生在北京的几个街道上用秒表测出人流量,然后请500位不同年龄职业的人品尝炸鸡样品,并详细询问他们对炸鸡的味道、店堂设计等方面的意见。不仅如此,他还对北京的鸡、油、面、盐、菜等进行了调查,并将样品数据带回美国,逐一做化学分析。而后将这些数据在计算机上汇总,得出"肯德基"炸鸡打入北京市场会有巨大竞争力的结论。果然,北京肯德基炸鸡店开张不到300天盈利高达250万元,原计划五年才收回的投资不到两年就收回了。它又一次证明了肯德基公司的一贯做法:成功决策必须广泛搜集信息。

五、说话的艺术

说话是一门艺术,它是反映领导者综合素质的一面镜子,也是下属评价领导者水平的一把尺子。领导者要提高说话艺术,除了要提高语言表达基本功外,关键要提高语言表达艺术。

(一)做到言之有物

所谓言之有物,就是领导者在下属面前讲话,不能空话连篇、套话成堆,要尽量做到实话实说,让大家能经常从领导者的讲话中,获取一些新的有效信息,听到一些新的见解,受到一些新的启发。

（二）做到言之有理

领导者在下属面前讲话，不能官气十足，应注意情理相融。要做到情理相融，一是要讲好道理。讲道理不能搞空对空，一定要与下属的思想、工作、生活等实际紧密结合起来，力求以理服人。二是要注意条理。讲话不能信口开河，语无伦次，一定要让人感到条理清晰、层次分明。三是要通情理。不能拿大话来压人，要多讲些大家眼前最关心的问题、大家心里最想解决的问题。

（三）做到言之有味

领导者在下属面前讲话时，语言要带点甜味，要有点新意，要有点幽默感。小平同志有一句话大家耳熟能详："白猫黑猫，抓住老鼠就是好猫。"这句话说得形象生动，意味十足。

六、用时的艺术

时间是一种无形的稀缺资源，领导者不能无视它，更不能浪费它。

（一）强化时间意识

有人做了统计，一个人一生的有效工作时间大约一万天。一个领导者的有效当"官"时间就是10～15年。一旦错过这个有效时间，你思想再好、能力再高，也常常是心有余而力不足。所以，领导者要利用这宝贵的时间多做点有意义的事。

（二）学会管理时间

领导者管理时间应包括两个方面：一是要善于把握好自己的时间。当一件事摆在领导者眼前时，应先问一问自己"这事值不值得做？"然后再问一问自己"是不是现在必须做？"最后还要问一问自己"是不是必须自己做？"只有这样才能比较主动地驾驭好自己的时间。二是不随便浪费别人的时间。有人做过统计，某领导者有 3/5 的时间用在开会上。领导者要力戒"会瘾"，不要动不动就开会，不要认为工作就是开会，如果要开会，也应开短会、说短话，千万不要让无关人员来"陪会"，"浪费别人的时间等于谋财害命"。

（三）养成惜时习惯

人才学的研究表明，成功人士与非成功人士的一个主要区别，就是成功人士年轻时就养成了惜时的习惯。要像比尔·盖茨那样，能站着说的东西就不要坐着说，能站着说完的东西就不要进会议室去说，能写个便条的东西就不要写成文件。只有这样才能形成好的惜时习惯。

 知识链接

华为时间管理七大法则

法则一：自省法则——分析时间的使用方式。
法则二：目标法则——以 SMART 为导向。
法则三：方圆法则——一切按规则做事。
法则四：四象限法则——正确的时间做正确的事。
法则五：韵律法则——让每一分钟有价值。
法则六：精简法则——优化工作流程和细节。
法则七：80/20 法则——把时间用于少数重要的事情上。

案例 7-3

看球赛引起的风波

南帝汽车制造厂发生了这样一件事。线束车间是该厂唯一进行倒班的车间。一个星期日晚上，车间主任去查岗。发现值夜班的青年人几乎都不在岗位。据了解，他们都去看央视现场转播的足球比赛去了。车间主任气坏了，在星期一的车间大会上，他一口气点了十几个人的名。没想到他的话音刚落，人群中不约而同地站起几个被点名的青年人，他们不服气，异口同声地说："主任，你调查了没有，我们并没有影响生产任务，而且……"车间主任没等几个青年人把话说完，严厉地警告说："我不管你们有什么理由，如果下次再发现谁脱岗去看电视，扣发当月的奖金。"

谁知，就在宣布"禁令"的那个星期的周末晚上，车间主任去查岗时又发现，夜班的 10 名青年人中竟有 6 名不在岗。车间主任气得直跺脚，质问当班的班长是怎么回事，班长无可奈何地从工作袋中掏出三张病假条和三张调休条，说："昨天都好好的，今天一上班都送来了"。说着，班长瞅了瞅大口大口吸烟的车间主任，然后朝围上来的工人挤了挤眼儿，凑到车间主任身边讨了根烟，边吸边劝道："主任，说真格的，其实我也是身在曹营心在汉，那球赛太精彩了，您只要灵活一下，看完了电视大家再补上时间，不是两全其美吗？上个星期六的夜班，据我了解，他们为了看电视，星期六就把活提前干完了，您也不……"车间主任没等班长把话说完，扔掉还燃着的半截香烟，一声不吭地向车间对面还亮着灯的厂长办公室走去。剩下在场的十几个人，你看看我，我看看你，都在议论着这回该有好戏看了。

（资料来源：单凤儒.管理学基础[M].4 版.北京：高等教育出版社，2012.）

思考与分析：

（1）你认为值夜班的青年人的做法合理吗？

（2）如果你是这位车间主任，应如何处理这件事才能既解决好这个问题，又有利于提高管理的权威？

知识小结

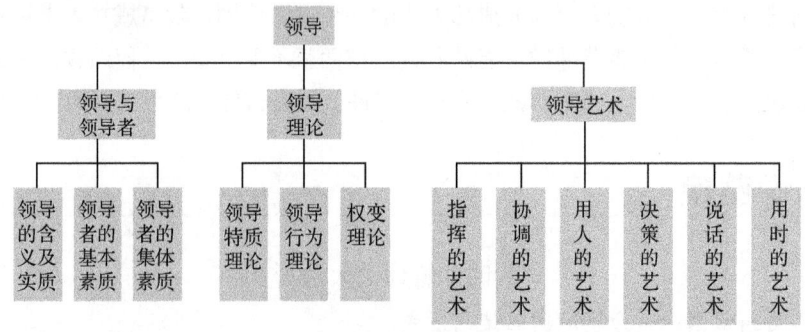

本章重点知识架构

技能训练

情 景 模 拟

【目标与情景】

目标：培养现场指挥的能力与应变能力。

情景：紧急处置。

晚上11点多钟，男生宿舍一楼的卫生间里的水管突然爆裂，此时楼门和校门已经关闭（水闸门手轮锈住）。人们都沉睡在梦中，只有邻近的几个宿舍的学生被惊醒。水不断地从卫生间顺着东西走廊涌出，情况非常紧急，假如你身处其中，如何利用你的指挥能力化险为夷？

【模拟训练】

（1）先以班级为单位进行分组讨论，然后各小组分别制定应急方案。

（2）在课堂上各小组依据其制定的方案做现场表演。

（3）表演后可现场对各小组方案提出质疑。

拓展训练

管理游戏——穿网球鞋的外星人

目的：这是一个生动、有趣的游戏，参与者在游戏中口头教一位"外星人"穿短袜和网球鞋——不允许进行示范。本游戏的目的——教会参与者清晰地发出指挥的命令。

时间：15~20分钟。

需要的材料：一双短袜，一双球鞋（教师的尺码），其中一只网球鞋没系上鞋带，向学生分发的材料（或放映幻灯片），人手一份。

步骤：

（1）教师自己扮演外星人，走进教室，一只脚穿着袜子和系了鞋带的鞋，另一只脚则光着。将材料分发给大家或放映幻灯片，然后坐下，将短袜、鞋带和网球鞋放在你面前，等大家给你指导。

（2）教师的任务是帮助参与者认识到，他们做出的指令必须意思表达清楚。不要说话，完全按照他们的指令去做。如果一个参与者说"将短袜放在脚上"，你就捡起短袜放在脚上。如果参与者说"捡起鞋带"，就从中间捡起鞋带，而不是从两头。如果参与者说"将鞋带穿进鞋上的孔"，就将鞋带的头部穿进任何一个孔，而不一定是第一个，或者是将鞋带整个塞进孔里。

（3）如果几个参与者同时对你进行指导，或某个参与者变得过于情绪化，失落或骂人，你可以停下来，装傻。如果参与者对你说了或做了愿意继续游戏的事，你可以继续配合他们进行游戏。

（4）限时10分钟，停止活动，提出问题。如果时间允许，继续这个游戏，参与者在进行第二轮指导时就应好多了。

注意事项：

（1）穿网球鞋的外星人。刚刚发这份材料给你的"人"是到达地球的外星人，这个外星人双脚穿鞋和袜子，然而出于好奇，这个外星人脱下了一只鞋和袜子，现在他不知道怎么穿回去了。

作为一个热心的地球人你来教他穿好鞋带，然后将袜子和穿上鞋带的鞋穿回脚上。你的任务是进行清晰的指导。（抵达地球之前，外星人接受过汉语速成班，但是根本不会说。）

外星人没有能力模仿你，所以你穿自己的鞋和袜子，对他们没有任何的帮助，还有在进化的过程中，外星人形成了只能一次听一个人说话的特点，请和其他参与者相互配合，轮流进行指导。

（2）不要碰这个外星人，如果你碰了他，没有人会确定将会发生什么。上次碰了这个外星人的人当时就被蒸发掉了。

思考与分析：

（1）你从指挥他人的过程中学会了什么？

（2）在这个游戏中，你会看到外星人有时听从你的指挥，有时又不听从你的指挥。那么你怎么让下属理解你的指挥并加以实施呢？

（3）你怎样才能更好地指挥你的下属呢？

第八章

激 励

 学习目标

通过本章的学习，掌握以下内容：
1. 了解激励的要素
2. 掌握激励的主要理论
3. 掌握激励理论的实践价值
4. 学会运用激励的基本方法
5. 理解并掌握激励艺术

案例导入

猎狗的故事

一只猎狗将兔子赶出了窝，一直追赶它，追了很久仍没有捉到。牧羊人看到此种情景，讥笑这只猎狗说："大的还不如小的。"这只猎狗回答说："你不知道我们两个跑的目的是完全不同的！我仅仅为了一顿饭而跑，它却是为了性命而跑呀。"

这话被猎人听到了，猎人想："这只猎狗说的对啊，那我要想得到更多的猎物，得想个好法儿子。"于是，猎人又买来几只猎狗，凡是能够在打猎中捉到兔子的，就可以得到几根骨头，捉不到的就没有饭吃。这一招果然有用，猎狗们纷纷去努力追兔子，因为谁都不愿意看着别人有骨头吃，而自己没得吃。

就这样过了一段时间，问题又出现了。大兔子非常难捉到，小兔子好捉。因捉到大兔子得到的奖赏和捉到小兔子得到的奖赏差不多，一些猎狗善于观察，发现了这个窍门，专门去捉小兔子。慢慢地，大家都发现了这个窍门。猎人对猎狗们说："最近你们捉的兔子越来越小了，为什么？"猎狗们说："反正捉的兔子的大小跟奖赏的多少没有什么关系，我们为什么费那么大的劲儿去捉那些大的呢？"

猎人经过思考后，决定不将分得骨头的数量与捉到兔子的数量挂钩，而是采用每过一段时间，就统计一次猎狗捉到兔子的总重量的方法。按照猎狗们捉到兔子的总重量来决定其在一段时间内的待遇。于是，猎狗们捉到兔子的数量和重量都增加了。猎人很开心。

但是过了一段时间，猎人发现，猎狗们捉兔子的数量又少了，而且越有经验的猎狗，捉兔子的数量下降得就越厉害。于是，猎人又去问猎狗们。猎狗们说："我们把最好的时间都奉献给了您，主人，但是我们随着时间的推移会变老，当我们捉不到兔子的时候，您还会给我们骨头吃吗？"

猎人做了论功行赏的决定。分析与汇总了所有猎狗捉到兔子的数量与重量，规定如果捉到

的兔子超过了一定的数量后，即使捉不到兔子，每顿饭也可以得到一定数量的骨头。猎狗们都很高兴，大家都努力去达到猎人的规定。

一段时间过后，终于有一些猎狗达到了猎人的规定。这时，其中有一只猎狗说："我们这么努力，只得到几根骨头，而我们捉的猎物远远超过了这几根骨头。我们为什么不给自己捉兔子呢？"于是，有些猎狗离开了猎人，自己去捉兔子了。

猎人意识到猎狗们正在流失，并且那些流失的猎狗们像野狗一般和其他猎狗抢兔子。情况变得越来越糟，猎人不得已引诱了一只野狗，问它："到底当野狗比当猎狗好在哪里？"野狗说："当野狗可以吃到肉，但当猎狗吃的是骨头，吐出来的是肉啊！"接着又道："也不是所有的野狗都顿顿有肉吃，大部分最后连骨头都没的舔！不然也不至于被您诱惑。"于是，猎人进行了改革，使得每只猎狗除基本骨头外，可获得其所猎兔肉总量的 $n\%$，而且随着服务时间加长，贡献变大，该比例还可递增，并有权分享猎人总兔肉的 $m\%$。就这样，猎狗们与猎人一起努力，将野狗们逼得叫苦连天，纷纷强烈要求重归猎狗队伍……

（资料来源：胡昌全.薪酬福利管理[M].北京：中国发展出版社，2006.）

第一节　激励概述

心理学家认为，人的行为是由动机决定的，而动机又是由需要支配的，即行为的起点是需要。因此，我们要研究激励，首先要研究需要、动机与行为三者的关系。

一、需要、动机与行为

（一）需要

所谓需要，是指外部的客观刺激作用于人们的大脑所引起的个体缺乏某种东西的状态。

（二）动机

所谓动机，是指个体试图通过某种行为满足其需要的直接动力，也就是个体为达到某种目标而付出努力的愿望，它具有内隐性、个性。

行为科学认为，人的需要是动机的基础，动机驱使人产生某种行为的内在力量，它是由人的内在需要所引起的。而人之所以会有某种需要，是因为人自身的某些要求没有得到满足。当一个人要求满足这些未满足的需要时，他就会努力追求他所需要的东西。例如，当一个人出现饥饿症状时，他会想尽办法寻找食物；当一个人感觉无助时，他会去寻求帮助等。因此，形成动机的根本条件：一是内在的需要；二是外部的诱导、刺激。其中，内在的需要是促使人产生某种动机的根本原因。

（三）行为

所谓行为，是指人们有意识的活动。因此，行为具有以下五个特点。

（1）目的性。人的行为是一种有意识的、自觉的、有目标的活动。

（2）能动性。人的行为动机是客观世界作用于人的感官通过大脑思维所做出的一种能动反应。

（3）预见性。人的行为动机是可以预见可能产生某种结果的。

（4）多样性。人的行为有性质不同、时间长短不同、难易程度不同。

（5）可度性。人的行为通过各种手段可进行计划、控制和测度。

（四）需要、动机与行为三者的关系

人的行为是由动机决定的，而动机是由需要支配的。动机是在需要的基础上产生的。但是需要并不必然产生动机，只有在需求的对象达到一定的强度才能转化为动机。

一般来说，动机是行为产生的直接原因，行为是动机的外在表现，其之间有着复杂的关系，它们彼此之间并不一一对应，同一动机可以引起多种不同的行为，同一行为也可能出自不同的动机。动机会指导行为，同时行为也会反作用于动机。一般来说，需要—动机—行为三者关系链如图8-1所示。

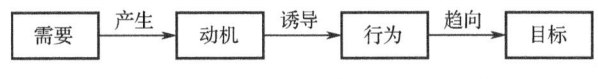

图 8-1　需要—动机—行为三者关系链

想一想 8-1

需要、动机、行为三要素中哪一个是核心要素？

知识链接

一片假树叶

欧·亨利的小说《最后一片树叶》里讲了这么一个故事：有个病人躺在病床上，绝望地看着窗外一棵被秋风扫过的萧瑟的树。他突然发现，在那树上，居然还有一片葱绿的树叶没有落。病人想，等这片树叶落了，我的生命也就结束了。于是，他终日望着那片树叶，等待它掉落，也悄然地等待自己生命的终结。但是，那树叶竟然一直未落，直到病人身体完全恢复了健康，那树叶依然碧如翡翠。

其实，那树上并没有树叶，树叶是一位画家画上去的，它不是真树叶，但它达到了真树叶生动真实的效果，给了那个病人一个坚强的信念：活着，只要那片树叶不落，我的生命就不会死。结果，他真的康复了，走出病房去那棵树下看个究竟。

他站在树下，被画家的用心感动了。

因为画家是唯一了解他内心秘密的人，画家知道他在等待树叶全部掉落之后，再悄然地终结自己的生命。于是，画家顺着病人的心思设计了这么一片假树叶。就是这片假树叶，给他不断地注入活下去的勇气。

真正有生命力的不是那片树叶，而是人的信念。

这个故事说明，人的行为受其心理动机的支配，而心理动机又源于满足某种需要的欲望，所以通过激励，对人的需要欲望给予适当满足或限制来调动工作人员的积极性、创造性，是从事管理的一项重要任务。

二、激励的内涵与作用

（一）激励的内涵

美国管理学家贝雷尔森（Berelson）和斯坦尼尔（Steiner）认为，一切内心要争取的条件、

希望、愿望、动力等都构成了对人的激励。它是人类活动的一种内心状态。

激励是指激发需要或动机，使员工产生有利于实现组织目标的特定行为，即组织所期望的行为。在管理学中，一般是指调动人的积极性的过程。

哈佛大学的威廉·詹姆士研究发现，按计件工资获得报酬的职工，一般只要发挥能力的20%～30%，即可保证不被解雇。如果受到充分的激励，则职工的能力可发挥出80%～90%，这说明，管理中是否采取激励措施，其效率影响相差60%。

由此可见，人的工作绩效，不仅取决于他的能力大小，而且取决于激励的水平，即积极性的高低。激励的水平越高，完成目标任务的努力程度和满意感也就越强，所取得的工作效能也越高，反之，激励水平越低，缺乏完成组织目标的动机，工作效率业绩就越低。

（二）激励的作用

激励的重要性在于它可以使组织有更好业绩的行为发生。有研究表明，业绩和利润高的企业对员工的激励做得也很好。管理者可以运用激励理论来满足员工的需求，同时鼓励员工高质量地完成工作。

（1）激励可以开发潜能。大量的事例表明，员工的工作绩效是员工能力和受激励程度的函数，即绩效=F（能力×激励）。如果把激励制度对员工创造性、创新精神和主动提高自身素质的意愿考虑进去的话，激励对工作绩效的影响就更大了。

（2）激励能够吸引人才。在发达国家的许多组织中，特别是那些竞争力强、实力雄厚的组织，常通过各种优惠政策、丰厚的福利待遇、快捷的晋升途径等激励措施来吸引组织需要的人才。

（3）激励能留住优秀人才。德鲁克认为，每一个组织都需要三个方面的绩效：直接的成功、价值的实现和未来的人力资源发展。缺少任何一方面的绩效，组织注定非垮不可。因此，每一位管理者都必须在这三个方面下功夫。

（4）激励可造就良性的竞争环境。科学的激励制度包含一种竞争精神，它的运行能够创造出一种良性的竞争环境，进而形成良性的竞争机制。在具有竞争性的环境中，组织成员会受到环境的压力，这种压力将转变为员工努力工作的动力。正如麦格雷戈所说，个人与个人之间的竞争，是激励的主要来源之一。在这里，员工工资的动力和积极性成了激励工作的间接结果。

管理定律：罗森塔尔效应——满怀期望的激励。

知识链接

HR留住公司高管必看名企股权激励

HR招人、用人、留人是一门很深的学问。对于高速发展的企业，允许基层员工的流动以补充新鲜血液，对于企业管理层，则必须协同老板制定各种长期激励机制。目前，国内公司通常采用股份期权、虚拟股份制等股权激励方式，给予核心员工愿景和利益保障。采取股权激励，一方面可以避免企业因为赢利能力降低、不能大幅度涨薪或发放高额奖金而使管理人员流失；另一方面，股权激励属于中长期措施，可以筛选出认同公司战略目标、坚持奋斗的管理人员，从而形成有战斗力、执行力强的管理团队。

通常来讲，公司管理层的股权激励方式可谓五花八门，有管理层直接持股，有间接持股，也有直接持股结合间接持股。HR 应该结合公司所处行业、实际情况及老板的个人倾向,做好股权激励方案。以电气分销行业 ZY 公司为例,28 名高管持股,平均身价超千万元。

四年前,杨某、吴某等 29 位自然人以现金 5 000 万元一次性认缴新增注册资本 106.286 3 万元,每 1 元注册资本的认购价格为 52.04 元。本次增资完成后,实际控制人吴某持有公司 56.36% 的股份,与其配偶、其子、其弟为一致行动人,合计持有公司 91.48% 的股权。其他 28 位核心管理人员共持有公司 8.52% 的股份。后经过增资扩股,至 2010 年 7 月 6 日,ZY 公司在深交所上市。按照 2010 年 7 月底公司 48 元的股价计算,这 683 万多股股份的市值约为 3.3 亿元,平均每人身价为 1 170 万元。

案例 8-1

我还有一个苹果

斯坦利·库尼茨是个对沙漠探险情有独钟的瑞典医生。年轻的时候,他曾试图穿越非洲撒哈拉沙漠。进入腹地的当天晚上,一场铺天盖地的风暴使他变得一无所有,满载着水和食物的驼群消失得无影无踪,连那瓶已经开启的准备为自己庆祝 36 岁生日的香槟酒也洒得一干二净。

死亡的恐惧从四面八方涌来,斯坦利的手神经质地伸进自己的口袋:"苹果!"斯坦利从绝望中清醒过来:"我还有一个苹果!"

几天后,奄奄一息的斯坦利被当地土著人救起。令他们大惑不解的是,昏迷不醒的斯坦利手中攥着一个虽然完整但已干瘪得不像样子的苹果。它被攥得如此紧,以至于谁也无法从他手中取出。

20 世纪初,这个一生中不乏传奇色彩的老人去世了。弥留之际,他为自己拟写了这样一句墓志铭:我还有一个苹果。

(资料来源:张健鹏,胡足青.小故事大智慧[M].北京:当代世界出版社,2007.)

思考与分析:
(1)这个故事对你有什么启发?
(2)当你置于绝境时,你会想到什么让你绝处逢生?

第二节 激励理论

在经济发展的过程中,劳动分工与交易的出现带来了激励问题。激励理论主要是研究人的动机激发的因素、机制与途径问题。国外许多管理学家、心理学家和社会学家结合现代管理的实践,提出了许多激励理论,根据对需求影响的不同方式可以划分为内容型激励理论、过程型激励理论和行为改造理论。

想一想 8-2

在组织中是不是每位员工都需要激励呢?

一、内容型激励理论

内容型激励理论是从人的需要出发,研究是什么让员工而努力工作的问题。其主要代表性理论有以下几种。

(一)马斯洛的需要层次理论

美国心理学家马斯洛在1943年所著的《人的动机理论》中,提出了需要层次理论。他认为,人们的需要是多样的并且是以层次的形式存在的,如图 8-2 所示。马斯洛按照等级顺序将人们的需要分为五大类,由低到高依次为生理需要、安全需要、社交需要、尊重需要和自我实现需要。

(1)生理需要。这种需要是人类最基本的需要,包括食物、水、住所及其他方面的生理需要。在组织环境中,这种需要体现为对足够的热量、空气及保障基本生存的工资需要。

(2)安全需要。这种需要是指人们对安全的生理与情感的需要,以及人们不受威胁的需要。在组织中,这种需要体现为人们对安全的工作、工作场所的安全保护及对附加福利的需要。

(3)社交需要。这种需要体现为人们希望被同代人所接受,享有友谊,属于某个群体,为人所爱。在组织中,这种需要影响着人们与同事形成良好的关系,参与团队工作,并与上级友好相处。

(4)尊重需要。这种需要是指人们需要他人的注意、肯定、欣赏,以建立良好的自我形象。在组织中,这种需要体现为希望受到肯定,增加其所承担的职责,地位提高,并对组织有所贡献。

(5)自我实现需要。这种需要是人的最高层次的需要。它关注人们爱心的培养,强化人们的能力,使人们在自我发展的道路上有所提高。在组织内,自我实现需要可以通过为人们提供成长和富有创造力的机会,以及使人们获得培训的机会以迎接新的工作任务的挑战而获得。

图 8-2 马斯洛的需要层次理论

根据马斯洛的理论,低层次的需要应首先得到满足,这些需要的满足应按顺序进行。即生理需要先于安全需要,安全需要先于社交需要,等等。一个追求安全需要的人会将其精力放在赢得一个安全的工作环境上,他不会关心是否受尊重或能否自我实现,一旦某种需要得到满足,这种需要的重要性就降低了,高层次的需要提上日程。

(二)奥尔德弗的 ERG 理论

奥尔德弗(Alderfer)1969 年在《人类需要新理论的经验测试》一文中修改和简化了马斯洛的理论,并填补了该理论缺乏实证研究的空白。

ERG 理论将人类所有的需求归纳成三种:生存(Existence)的需要、相互关系(Relatedness)的需要和成长(Grouth)的需要。

(1)生存的需要。即人们生理方面的需要。

(2)相互关系的需要。即与外界发展友好关系的需要。

(3)成长的需要。即关注对人们潜力的开发,以及人们对个人成长和能力增长的需要。

ERG 模式与马斯洛的需要层次理论相似之处:两者都认为人类的需要是层次化的。然而,奥尔德弗减少了需要层次的数量,并提出沿层次上升的过程是复杂的,表现了一种挫折—退回原则,即未能成功地达成一个高级需要可能会使人重新回到已经达成的低级需要上。ERG 理论比马斯洛的理论更加灵活,表明个体在沿层次上升的同时也有可能下降,这取决于他们满足自己需求的能力。

(三)赫茨伯格的双因素理论

20 世纪 50 年代末期,美国心理学家赫茨伯格与大量的受到工作激励的员工和对工作感到失望的员工交谈。结果表明,与对工作不满相连的工作特性和与工作满意相连的工作特性截然不同。赫茨伯格于是将其提炼为影响激励的双因素理论。

赫茨伯格的双因素理论如图 8-3 所示。

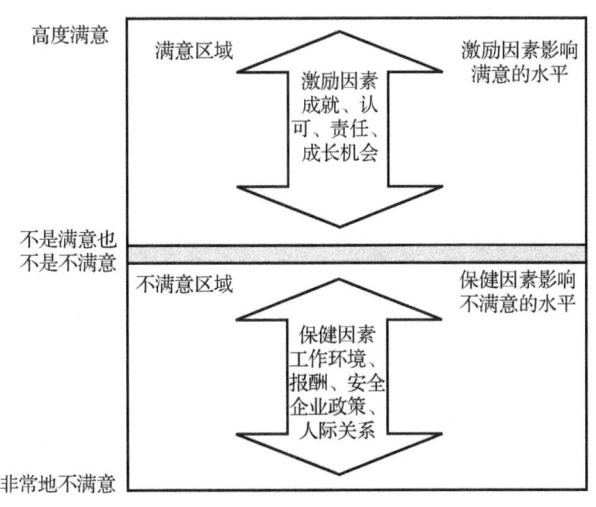

图 8-3 赫茨伯格的双因素理论

图 8-3 的中心地带是中立部分,员工觉得工作满意因素程度一般。赫茨伯格认为两种完全不同的因素影响着员工的工作行为。第一类称为保健因素,这些因素有的可能会导致员工对工作不满,有的则不会。可归入此类的因素包括工作环境、报酬、企业政策和人际关系。当外部环境不良时,员工对工作会产生不满。但良好的外部环境仅仅只能消除不满意因素,其本身不能促使人们感到满意并激励人们工作。第二类因素是激励因素,即高层次的需求,包括成就、认可、责任、成长机会。赫茨伯格认为,当缺乏激励因素时,员工对工作持无所谓态度,但存在激励机制时,员工感到高度满意并受到激励。因此,保健因素和激励因素体现着影响在激励

中起截然不同作用的两种因素。保健因素只在不满意区域起作用。例如，危险或嘈杂的工作环境会引起员工的不满，但解决这些问题并不能保证员工得到激励。而一些激励因素，如挑战性工作、责任和被人承认等，对于激励员工努力工作则起到无法替代的作用。

对于管理者来说，双因素理论的内涵是很清楚的。运用保健因素能消除人们的不满但并不能激励人们达到更高的业绩。而赏识、挑战及个人成长的机会是强有力的激励因素，它们能带来高度的满意感并提高业绩。管理者的角色就是消除不满意因素，即提供保健因素以满足人们的基本需求，然后使用激励因素以满足人们高层次的需求并推动员工做出更好的业绩，获得更高的满足感。

需要注意的是，对于哪些属于激励因素，哪些属于保健因素，赫茨伯格是根据对美国20世纪50年代末部分工程师和会计师的调查得出的，并不一定符合各国的实际。对于每个人来说，不仅要因人而异，激励因素和保健因素也会各不相同，对一个人来说是激励因素，对另一个人可能属于保健因素。因此，在实际运用中，应区别对待不同人的保健因素和激励因素，才能提高激励效果。

 知识链接

如何让年终奖发挥最大作用

年终奖如何发放才可以让员工满意？这个问题让不少组织的领导和人力资源经理发愁。在很多人看来，应该是年底按照目标进行考评，根据目标的完成情况来分配奖金，这不是很简单的一件事情吗？但具体到一个公司，我们发现事情并没有那么简单，有的目标无法量化，有的目标需要几个部门配合完成。分配奖金的时候就会出现部门之间、岗位之间的攀比，原本为了调动大家积极性的年终奖，处理不好的话，反而产生矛盾，影响员工的积极性。

如何让年终奖发挥最大作用呢？

（1）组织要制定出明确的工作标准和合理的考评制度。制定组织绩效考评体系时，基本上应该采用定量指标和定性指标相结合的方式，有助于衡量考评对象的综合素质和全面绩效。

（2）奖金数额最好保密。对别人的奖金数额一清二楚，容易诱发攀比现象，导致冲突的产生。例如，安徽合肥的生物制药公司，每年发年终奖都是事先将每个员工的奖金用信封封好，要求员工在公司里不得相互交流奖金数额。

（3）预先降低员工的心理期望。

（4）以颁发奖品或其他奖励方式代替一部分奖金。例如，有些公司是用组织优秀员工旅游的方式进行奖励。

二、过程型激励理论

过程型激励理论解释了员工怎样选择其行为以满足他们的需要，从而决定他们的选择是否成功。过程型激励理论有两种基本理论：公平理论和期望理论。

（一）亚当斯的公平理论

公平理论主要研究的是个体对自己是否被平等对待的看法。该理论是美国心理学家亚当斯（J.S.Adams）于20世纪60年代首先提出来的，又称社会比较理论，它探讨的主要是个人所做的贡献与他所得的报酬之间如何平衡的问题。

根据该理论，如果人们认为自己的贡献与获得的报酬是基本平衡的，他们就会认为自己受到了公平的对待。人们用投入产出比衡量是否公平。对工作的投入包括教育、经验、努力及能力。产出包括薪水、赏识、利益、升职。公平理论如表 8-1 所示。如果员工感到自己的投入产出比与他人相同，则认为是公平的；如果员工感到自己的投入产出比与他人不相同，则产生不公平感，也就是说，员工会认为自己的收入过高或过低。这种不公平出现后，员工就会试图去纠正它。

表 8-1 公平理论

投入产出比的比较	员工的评价
所得 A/付出 A<所得 B/付出 B	不公平（报酬过低）
所得 A/付出 A=所得 B/付出 B	公平
所得 A/付出 A>所得 B/付出 B	不公平（报酬过低）

注：A 代表某员工；B 代表参照对象。

在公平理论中，员工所选择的与自己进行比较的参照对象是一重要变量，一般有三种："他人"、"制度"和"自我"。其中，"他人"包括同一组织中从事相似工作的其他个体，还包括朋友、邻居及同行。"制度"是指组织中的薪金政策与程序，以及这种制度的运作。"自我"是指员工自己在工作中付出与所得的比率，它反映了员工个人的过去经历及交往活动，受到员工过去的工作标准及家庭负担程度的影响。

特定参照对象的选择与员工所能得到的有关参照对象的信息，以及他们所感知到的自己与参照对象的关系有关。

公平理论认为每个人不仅关心由于自己的工作努力所得到的绝对报酬，而且还关心自己的报酬与他人报酬之间的关系。他们对自己的付出与所得和他人的付出与所得之间的关系进行判断。他们以对工作的付出，如努力程度、工作经验、教育程度及能力水平为根据，比较其所得，如薪金、晋升、认可等因素。如果发现自己的付出与所得的比和他人的付出与所得的比不平衡，就会产生紧张感，这种紧张又会成为他们追求公平和平等的动机基础。因此，只有感到公平时，才会产生积极性。

管理定律：公平法则——公平、合理的工资分配。

（二）弗鲁姆的期望理论

期望理论的提出者是美国的心理学家弗鲁姆（Vroom）。这一理论并不关注人们需求的类型，它关心的是人们用来接受奖励的思考方式。它以个人的努力和他所取得的成绩，以及与之关联的期望产生的成就之间的关系为基础。

这一理论认为，当人们预期到某一行为能给个人带来既定结果，且这种结果对个人具有吸引力时，个人才会采取这一特定行为。它包括以下三项变量或三种联系：

（1）努力—绩效的联系。个人感觉到通过一定程度的努力而达到工作绩效的可能性。

（2）绩效—奖赏的联系。个人对于达到一定工作绩效后即可获得理想的奖赏结果的信任程度。

（3）奖赏—个人目标的联系。这一奖赏能否满足个人的目标吗？其吸引力有多大？

从而得出期望激励模式公式：

$$激励力（M）=目标效价（V）\times 期望值（E）$$

激励力是指受激励动机的强度，即激励作用的大小。它表示人们为达到目标而努力的程度。

目标效价是指目标对于满足个人需要的价值，即某一人对某一结果偏爱的程度。

期望值是指采取某种行动实现目标可能性的大小，即目标实现的概率。

由上式可知，激励作用的大小与目标效价、期望值成正比。只有目标效价和期望值都高，才会产生高的激发力。

因此，在管理工作中应用"期望"，要注意：第一，要科学地设置目标，使目标给人以希望，从而产生心理动力；第二，要提高期望水平，提高员工对目标的重要意义的认识，以提高效价；第三，正确处理好期望与结果关系，防止员工期望过高，导致失望太大。

管理定律：期望激励定律——激励要讲求实效。

想一想 8-3

假定你是管理者，会怎样使用期望理论来提高自己的激励水平？

三、行为改造理论

（一）斯金纳的强化理论

美国心理学家斯金纳（Skinner）首先提出了这一理论。该理论认为人的行为是对其所获刺激的函数。组织应该着眼于如何引导人的行为，使它朝着组织所希望的方向前进。斯金纳提出了以下几种行为改造策略。

1. 正强化

正强化是指奖励那些符合组织目标的行为，以便使这些行为得到进一步的加强，从而有利于组织目标的实现。正强化的刺激物不仅仅包含奖金等物质奖励，还包含表扬、提升、改善工作关系等精神奖励。在强化方式上，可以采取连续的、固定的正强化，也可以采取间断的、时间和数量都不固定的正强化。

2. 负强化

负强化是指惩罚那些不符合组织目标的行为，以使这些行为削弱直至消失，从而保证组织目标的实现不受干扰。负强化的刺激物包含减少奖酬或罚款、批评、降级等。在实施方式上，应以连续负强化为主，即对每一次不符合组织目标的行为都应及时予以负强化，消除人们的侥幸心理，减少直至完全避免这种行为重复出现的可能性。

3. 自然消退

自然消退是指对某种行为不采取任何措施，既不奖励也不惩罚。这是一种消除不合理行为的策略，因为倘若一种行为得不到强化，那么这种行为的重复率就会下降。

4. 惩罚

惩罚就是对不良行为给予批评或处分，它可以减少这种不良行为的重复出现，弱化行为。但惩罚一方面可能会引起怨恨和敌意，另一方面随着时间的推移，惩罚的效果会减弱。因此在采用惩罚策略时，要因人而异，注意方式和方法。

管理定律：强化法则——奖惩有度。

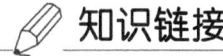 **知识链接**

哈默提出的六项行为

哈默（Hammer）在斯金纳强化理论的基础上，提出了六项行为规则：

（1）不能以同样的方式奖励所有的人，绩效大小不同，奖励也应不同。如果管理者给每个人以同样的奖励，其结果是惩罚了完成工作最好的，奖励了工作最差的。当这种情况发生时，前者会改变工作的积极行为。

（2）无反应本身具有强化的效果。管理者经常通过他们不做某些事和实际做某些事来塑造下属的行为。例如，不纠正一个员工上班迟到的行为，有可能被认为上班迟到是对的。管理者必须仔细检查他们做出反应或不做出反应会导致的后果。

（3）一定要告诉下属，他们怎样做才可能得到奖励。通过让下属清楚强化的灵活性，管理者能增加其下属的工作自由度。

（4）告诉下属他们正在做的哪些事是错误的。这个信息能帮助下属懂得如何改变工作习惯，否则下属就不可能明白为什么奖励被取消或为什么惩罚他。

（5）不要在下属的同事面前惩罚下属。如果这样做了，这个人实际上被惩罚了两次，可能导致下属寻找抵制管理的方式，其结果对在场的人都不好。

（6）使结果和行为相一致。这要求管理者公正地对待下属。例如，一个人工作出色，就应得到适当的奖励，否则他们就会有意控制自己的努力和产出。如果某些人实际得到的比应得的多，就常常会使这些人认为没有理由再增加他们的努力。

强化理论是影响和引导员工行为的一种重要方法，通过表扬和奖励可以使动机得到加强，行为得到鼓励；通过批评、惩罚等可以否定某种行为，使不好的行为越来越少。不过，在运用强化理论时，要注意管理者应以正强化为主。同时，无论是表扬还是批评都要在调查研究的基础上，实事求是，及时准确；另外，针对不同的人，强化的方式应有所不同。

（二）凯利的归因理论

凯利在1973年提出，可以使用三种不同的解释说明行为的原因：①归因于从事该行为的行动者；②归因于行动者的对手；③归因于行为产生的环境。

以教授甲批评学生乙一事为例，我们既可归因于学生乙，如学生乙懒惰；也可归因于教授甲，如教授甲是个爱批评人的人；又可归因于环境，如环境使教授甲误解了学生乙。这三个原因都是可能的，问题在于要找出一个真正的原因。

凯利认为，要找出真正的原因主要使用三种信息：一致性、一贯性和特异性。一致性是指该行为是否与其他人的行为相一致，如果每个教授都批评学生乙，则教授的行为是一致性高的。一贯性是指行动者的行为是否一贯，如教授甲是否总是批评学生乙，如果是的，则一贯性高。特异性是指行动者的行为在不同情况下对不同的人是否相同，如教授甲是否在一定情况下对学生乙如此，而对其他学生则不如此，如果是的，则特异性高。

凯利从这里引出结论说，如果一致性低、一贯性高、特异性低，则应归因于行动者。这就是说，其他教授都不批评学生乙，教授甲总是批评学生乙，教授甲对其他学生也如此，此时应归因于教授甲。如果一致性高、一贯性高、特异性高，则应归因于对手。这就是说，每个教授都批评学生乙，教授甲总是批评学生乙，教授甲不批评其他学生，此时应归因于学生乙。如果一致性低、一贯性低、特异性高，则应归因于环境。这就是说，其他教授都不批评学生乙，教授甲也不总是批评学生乙，教授甲只是在一定情况下批评了学生乙，对其他学生未加批评，此时应归因于环境。

凯利强调了三种信息的重要性，所以他的理论又称三度理论。这个理论是个理想化的模型，人们实际上往往得不到这个模型所要求的全部信息。

在这种情况下，人们如何解释行为呢？凯利提出了因果图式的概念。人们在生活经验中形成某种看法，即图式，以此解释特定的行为。例如，父亲拥抱儿子这件事，可能有几个原因：一个是父亲是个热情的人；另一个是儿子做了什么好事。如果我们知道儿子没做什么好事，那么我们会认为父亲是个热情的人。如果我们知道父亲不是个热情的人，那么我们会认为儿子做了什么好事。

案例 8-2

林肯电气公司的"双赢模式"

林肯电气公司总部设在克利夫，年销售额为44亿美元，拥有2 400名员工，并且形成了一套独特的激励员工的方法。该公司90%的销售额来自生产弧焊设备和辅助材料。

林肯电气公司的生产工人按件计酬，他们没有最低小时工资。员工为公司工作两年后，便可以分享年终奖金。该公司的奖金制度有一整套计算公式，全面考虑了公司的毛利润及员工的生产率与业绩，可以说是美国制造业中对工人最有利的奖金制度。过去的56年中，平均奖金额是基本工资的95.5%，该公司中相当一部分员工的年收入超过10万美元。近几年，经济发展迅速，员工年均收入为44 000美元左右，远远超出制造业员工年收入17 000美元的平均水平，在不景气的年头里，如1982年的经济萧条时期，林肯电气公司员工收入降为27 000美元，这虽然相比其他公司还不算太坏，可与经济发展时期相比就差了一大截。

林肯电气公司自1958年开始一直推行职业保障政策，从那时起，他们没有辞退过一名员工。当然，作为对此政策的回报，员工也相应要做到以下几点：在经济萧条时，他们必须接受减少工作时间的决定；要接受工作调换的决定；有时甚至为了维持每周30小时的最低工作量，而不得不调整到一个报酬更低的岗位上。

林肯电气公司极具成本和生产率意识，如果工人生产出一个不合标准的部件，那么除非这个部件修改至符合标准，否则这个部件就不能计入该工人的工资中。严格的计件工资制度和高度竞争性的绩效评估系统，形成了一种很有压力的氛围，有些工人还因此产生了一定的焦虑感，但这种压力有利于生产率的提高。据该公司的一位管理者估计，与国内竞争对手相比，林肯电气公司的总体生产率是他们的两倍。自20世纪30年代经济大萧条以后，林肯电气公司年年获利丰厚，没有缺过一次分红。该公司还是美国工业界中工人流动率最低的公司之一。前不久，该公司的两个分厂被《财富》杂志评为全美十佳管理企业。

（资料来源：周三多.管理学[M].4版.北京：高等教育出版社，2014.）

思考与分析：

（1）你认为林肯电气公司使用了何种激励理论来调动员工的工作积极性？

（2）为什么林肯电气公司的方法能够有效地激励员工的工作？

（3）你认为这种激励制度可能给公司管理当局带来什么问题？

第三节　激励艺术

一、激励的工作设计

工作设计就是要把激励理论运用到工作结构中，以提高员工的生产力和满意度。工作设计的方法通常包括工作简化、工作轮换、工作扩大及工作丰富化。

（一）工作简化

工作简化是建立在科学管理和工业工程技术的基础之上的，通过减少某个员工必须完成任务的数量来提高完成任务的效率。设计的任务必须简单、重复并且标准化。由于工作任务不复杂，员工就能集中注意力做好这一重复性的工作。一般来说，技术水平低的员工可以做这一类工作，企业的效率水平会因此而提高。事实上，工人还可以互换工作，因为这些工作不需要大量的培训或技术。然而，作为一种激励技巧，工作简化并不成功。因为人们不喜欢枯燥乏味的重复性工作，他们采取的是消极抵抗的方式。

（二）工作轮换

工作轮换是指将员工有计划地从一个工种转换到另一个工种，从而使员工完成的工作数量增多却不增加任何工作的复杂度。工作轮换也要依靠工程技术的效率，但却为员工提供了变化和激励。尽管员工一开始也许觉得新工作比较有趣，随着他们对新工作的掌握加深，新工作也就越来越失去了吸引力。

（三）工作扩大

工作扩大是指将几种任务综合成为一种任务。这是针对那些认为工作过于简单而情绪不满的员工制定的。此时，员工不是仅对一项任务负责，他可能要完成三到四项任务。工作扩大为员工提供了变化，并对员工的工作能力提出挑战。

（四）工作丰富化

工作丰富化不仅仅是改变工作的数量和频率，还包括工作责任、赏识、成长机会、学习及成就等多种激励因素。在一个丰富化的工作环境中，员工对工作的要素有控制权，对于应该怎样完成工作有决策权，完成工作时能感受到个人的成长，并且能决定自己工作的速度。

管理定律：乔治定理——只有每一小步都受到激励，人们才敢尝试迈出更大的步子。

想一想 8-4

高层次的专业人员和管理人员不是激励重点对象，对吗？

二、激励的原则

（一）目标结合原则

在激励机制中，设置目标是一个关键环节。目标设置必须同时体现组织目标和员工需要的要求。

(二）物质激励和精神激励相结合的原则

物质激励是基础，精神激励是根本。在两者结合的基础上，逐步过渡到以精神激励为主。

(三）引导性原则

外在激励措施只有转化为被激励者的自觉意愿，才能取得激励效果。因此，引导性原则是激励过程的内在要求。

管理定律：横山法则——激励员工自发地工作。

(四）合理性原则

激励的合理性原则包括两层含义：其一，激励的措施要适度。要根据所实现目标本身的价值大小确定适当的激励量。其二，奖惩要公平。

 知识链接

小故事大道理——渔夫救蛇

有一天，一个渔夫看到船边有一条蛇，口中衔着一只青蛙，看到垂死挣扎的青蛙，渔夫觉得它很可怜，便把青蛙从蛇的口中救出来并放走了。但随后，渔夫又对那条将要挨饿的蛇动了恻隐之心，便想给那条蛇一点东西吃。因为渔夫身边吃的东西只有酒了，渔夫便滴了几滴酒在蛇的口中。

蛇喝过酒后，高兴地游走了，青蛙也为获救而高兴，渔夫则为自己的善举感到快乐。他认为这真是一个皆大欢喜的结果。

仅仅过了几分钟，渔夫听到有东西在叩击他的船板，他低头一看，几乎不敢相信自己的眼睛，他看见那条蛇又回来了，而且嘴里咬着两只青蛙——正等着渔夫给它酒的奖赏。

这个故事给我们管理的启示：对员工进行奖励时，必须明确奖励的对象、原因及方法。若使用了错误的激励原则，往往会获得相反的效果。所以在激励之前，一定要对激励是否合适、奖励额度是否合理进行研判。

(五）明确性原则

激励的明确性原则包括三层含义：

其一，明确。即明确激励的目的是什么和必须怎么做。

其二，公开。特别是对于分配奖金等大量员工关注的问题，更要公平。

其三，直观。实施物质奖励和精神奖励时，都要直观地表达它们的指标，以及总结和授予奖励与惩罚的方式。直观性的程度与激励对员工心理影响的程度成正比。

(六）时效性原则

要把握激励的时机，"雪中送炭"和"雨后送伞"的效果是不一样的。激励越及时，越有利于将人们的激情推向高潮，使其创造力连续有效地发挥出来。

 知识链接

"金香蕉奖"的启示

美国一家名为福克斯波罗的公司，专门生产精密仪器制造设备等高科技产品。在创业初期，一次在技术改造上碰到了若不及时解决就会影响企业生存的难题。一天晚上，正当公司总裁为此冥思苦想时，一位科学家闯进办公室阐述他的解决办法。总裁听罢，觉得其构思确实非同一般，便想立即给予嘉奖。他在抽屉中翻找了好一阵，最后拿着一件东西躬身递给科学家说："这个给你！"这东西非金非银，而仅仅是一只香蕉。这是他当时所能找到的唯一奖品了，而科学家也为此感动。因为，这表示他所取得的成果已得到了领导者的承认。从此以后，该公司授予攻克重大技术难题的技术人员一只金制香蕉形别针。这个故事充分告诉人们激励的适时性。

（七）正激励与负激励相结合的原则

所谓正激励就是对员工符合组织目标的期望行为进行奖励。所谓负激励就是对员工违背组织目标的非期望行为进行惩罚。正、负激励都是必要而有效的，不仅作用于当事人，而且会间接地影响周围其他人。

（八）按需激励原则

激励的起点是满足员工的需要，但员工的需要因人而异、因时而异，并且只有满足最迫切需要（主导需要）的措施，其效价才高，其激励强度才大。因此，领导者必须深入地进行调查研究，不断了解员工需要层次和需要结构的变化趋势，有针对性地采取激励措施，才能收到实效。

三、激励的方法

领导者的工作效率和效果在很大程度上取决于他们的领导艺术。领导艺术是一门博大精深的学问，而采用有效的激励方法是领导者的重要工作之一。有效的激励，必须通过适当的激励方式与手段来实现。按照激励中诱因的内容和性质，可将激励的方式大致划分为工作激励、环境激励、物质激励、精神激励。

 知识链接

激励的 20 条技巧

松下电器公司有一套自己的经营管理模式，适时地激励员工，既能激励士气，又能带动其他同事共同努力。松下电器公司采取多重动力机制，如以才能作为晋升标准、规定"35岁能够有自己的房子"的新的"职工拥有住房制度"等，引导职工把公司的事业看成自己的事业，从而燃烧起自己的热情，并把首创精神用于工作中去，从而产生出无法想象的巨大力量。由此，松下电器公司总结出了20条激励员工的技巧。

（1）让每个人都了解自己的地位，不要忘记定期和他们讨论工作表现。

（2）给予员工奖赏，但奖赏要与其成就相当。

（3）如有某种变动，应事先通知。员工如果能先接到某种变动的通知，其工作效率一定比没接到这种通知时的高。

（4）让员工参与同他们切身有关的计划和决策的研究。

（5）信任员工，赢得他们的忠诚和信赖。

（6）实地接触员工，了解他们的兴趣、习惯和敏感的事物，对他们的认识就是你的资本。

（7）聆听下属的建议。

（8）如果有人举止怪异，应该追查。

（9）尽可能委婉地让大家知道你的想法，没有人喜欢被蒙在鼓里。

（10）解释要做某事情的目的，员工会把该事情做得更好。

（11）万一你犯了错误，要立刻承认，并且表示歉意。如果你推卸责任、责怪旁人，别人一定会瞧不起你。

（12）告知员工所担负责任的重要性，让员工有责任感。

（13）提出建议性的批评，批评要有理由，并帮其找出改进的地方。

（14）在责备某人之前，先指出他的优点，表示你确实希望能够帮助他。

（15）以身作则，树立好榜样。

（16）言行一致，不要让员工弄不清到底做什么。

（17）假如有人发牢骚，要赶紧找出他的不满之处。

（18）尽最大可能安抚不满的情绪，否则所有的人都会受到波及。

（19）制订长、短期目标，以便让员工据以衡量自己的进步。

（20）维护员工应有的权力与责任。

（一）工作激励

（1）委以恰当工作，激发员工内在的工作热情。管理者对员工委以恰当的工作，以求激发其工作热情，主要包括两方面的内容：①工作的分配要尽量考虑到员工的特长和爱好，用人所长，并尽量考虑其兴趣和爱好；②要使工作的要求和目标既富有挑战性，又能为员工所接受。

（2）合理授权。激励领域内最新的方法就是授权，即将权力授予组织内的下属。增加下属权力就是增加他工作的动力，因为一旦拥有了更多权力，员工就能提高自己的工作效率，选择用最适宜的工作方法，运用自己的创造力。

（3）让员工参与管理，给人一种成就感。参与管理是指在不同程度上让员工参加组织决策和各级管理工作的研究与讨论。处于平等地位来商讨组织中的重大问题，可使员工感到上级主管的信任，从而体会出自己的利益同组织的利益和发展密切相关，以产生强烈的责任感。同时，主管人员与下属商讨问题，对双方来说，都提供了一个互动沟通的机会，从而给人一种成就感。

（4）丰富工作内容，以提高员工的工作兴趣。丰富工作内容是指把更高的挑战性和成就感体现在工作之中。管理者通过开展对工作的设计研究，增加工作的丰富性、趣味性，克服单调乏味和简单重复，以提高员工的工作兴趣。

（二）环境激励

环境主要是指工作与生活环境，包括组织中的行为规范、人际关系、工作与生活条件等方面的内容。

1. 建立健全规章制度

建立组织的各项规章制度的基本目的是使人们的行为规范化。一方面，规章制度往往与物质利益联系在一起，对员工的消极行为有约束作用；另一方面，规章制度为员工提供行为规范，提供社会评价标准。员工遵守规章制度的情况与自我肯定、社会舆论等精神需要相联系，因此，其激励作用是综合的。

2. 创造良好的人际关系

良好的人际关系能激发员工的工作热情、工作积极性与创造性。管理活动中的人际关系主要包括三个方面的内容：领导者与被领导者的关系、被领导者之间的关系和个体与团体之间的关系。

3. 提供良好的工作条件

良好的工作条件、清洁美化的工作环境，能使员工安心工作、心情舒畅、精神饱满。因此工作环境的建立也是一项十分重要的激励手段。

（三）物质激励

物质激励是指以物质利益为诱因，通过调节被管理者的物质利益来刺激其物质需要的方式与手段，主要包括以下具体形式。

1. 报酬激励

报酬包括工资、奖金、各种形式的津贴及实物奖励等。由于我们相当一部分人收入水平较低，因此工资、奖金仍是重要的激励因素。在进行报酬激励时，要做到以下三点：①报酬与贡献挂钩；②要确定适当的报酬；③防止金钱万能化倾向。

 知识链接

新的富有激励性的报酬项目如表 8-1 所示。

表 8-1 新的富有激励性的报酬项目

名 称	目 标
业绩报酬	按员工的业绩进行奖励
利益分享	预期目标达到时，奖励所有为达成该目标做出贡献的员工与管理者，以鼓励团队精神
员工持股计划	给予员工企业的部分所有权，使他们能够分享增加的利润
一次性红利	按员工的业绩一次性支付一笔现金奖励
知识技能奖	将员工的薪水与其所掌握的技能挂钩，于是员工就有动力尽量多学技能，增加公司的灵活性与工作效率
弹性工作制	员工可自主安排工作时间，电子通信手段的便捷使得员工可以在家或任何其他地方上班
团队精神奖	奖励员工对团队有益的行为，如合作、倾听、授权等

2. 福利照顾

福利是指组织为员工提供的除工资与资金之外的一切物质待遇。对员工而言，福利没有工资、奖金一样明显而直接产生激励作用，但它的积极作用也是不可忽视的。全面而完善的福利制度，使员工因受到周到的照顾而体会到组织这个大家庭的温暖，产生了一种强烈的归属感，并增强了认同忠诚、责任心与义务感。这是一种很宝贵的持久而令人温暖的激励力量，与某次单项奖励的作用相比，更具有根本性与内在性。

3. 经济处罚

在经济上对员工进行处罚，是一种管理上的负强化，属于一种特殊形式的激励。管理者运用这种方式时要注意：必须有可靠的实施根据和政策依据，令其心服口服；处罚的方式与处罚数量要适当，既要起到必要的教育震慑作用，又不要激化矛盾；要与深入细致的思想工作相结合，注意疏导，化消极为积极，真正起到激励作用。

（四）精神激励

精神激励是指通过满足员工的社交、自尊、自我发展和自我实现的需要，在较高的层次上调动员工的工作积极性，其激励强度大、维持时间长，主要包括以下一些具体形式。

1. 目标激励

企业应该将自己的长远目标、近期目标大张旗鼓地进行宣传，让全体员工认识到目标工作的意义和前途，从而激发大家强烈的事业心和使命感。

2. 内在激励

日本著名的企业家稻山嘉宽对"工作的报酬是什么"的回答是："工作的报酬就是工作本身。"这句话深刻地指出了内在激励的无比重要性。特别是在今天，企业在解决了员工温饱问题后，员工更为关注的是工作本身是否具有乐趣、意义、挑战性、创新性、成就感、自我价值的体现等。要满足员工的这些深层次的需要，就必须加强内在激励。

3. 尊重激励

尊重激励是指管理者利用各种机会来鼓励、支持员工，并表达对员工的信任，努力满足下级对尊重的需要，以激励员工工作积极性。

4. 形象激励

一个人通过视觉感受到的信息，占全部信息量的80%。因此，充分利用视觉形象的作用，激发员工的荣誉感、成就感与自豪感，也是一种行之有效的激励方法。常用的方法如张榜公布照片、资料，借以表彰企业的标兵、模范。

5. 兴趣激励

兴趣对人的工作态度、创新精神的影响是巨大的。国内外有些企业允许甚至鼓励员工在企业内部"双向选择，合理流动"，帮助员工找到自己最感兴趣的工作。业余文化活动是员工兴趣得以施展的另一个舞台。许多企业有摄影、戏曲、书画、体育等兴趣小组，使员工的业余爱好得到满足，增进了员工之间的感情交流，同时也增强了员工的归属感，有效地提高了企业的凝聚力。

6. 参与激励

领导者真正地把员工摆在主人的位置上，就是激发员工的主人翁精神，尊重、信任他们，建立科学、可行的员工参与管理的制度、结构、程序和方法，让他们在不同的层次和程度上参与企业的经营决策。在管理中有目标管理、参与管理，鼓励全员参与管理。现在，国内外企业普遍采用的"奖励职工合理化建议"制度，是一种行之有效的职工参与形式。

7. 感情激励

感情激励是指加强与员工的感情沟通，尊重员工、关心员工，与员工之间建立平等和亲切的感情，让员工感受到领导者的关心和企业的温暖，组织开展各种健康、丰富多彩的组织文化活动，营造愉悦的团体氛围，使每个成员以置身于这一团体而感到满意和自豪，造就一种高质量的社会生活，从而实现有效激励。

8. 榜样激励

模仿和学习也是一种普遍存在的需要，其实质是完善自己的需要，这种需要对年轻的员工尤为强烈，最典型的表现是"明星效应"。榜样激励是通过满足员工的模仿和学习的需要，管理者应身先士卒、率先垂范，以影响、带动下级，引导员工的行为到组织目标所期望的方向。

课堂讨论

困惑的成功人士

李军现已40岁了。回首这二十几年的工作经历，他为自己早年艰苦而又自强不息的日子感叹不已。想当初，自己没有稳定的工作就结了婚，妻子是位孤女，有父母留下的虽然面积不小但很破旧的一栋平房。妻子在待业之中，俩人常为生计发愁。后来，李军在某企业找到了一份固定的工作，并很快被提拔为工段长，接着又成为车间主任，进而升为生产部长。他记得那段日子对他个人和公司来说，都是极重要的转折时期。他没命地为公司工作，很为自己是其中的一分子而感到自豪。他的付出也给他带来了丰厚的回报。他的工资收入已相当可观了。更重要的是，他在不断被提拔、升级中得到了权力和地位，他妻子也很为他感到自豪。

有段时间，他自己也沾沾自喜过，可现在细细想来，觉得自己并没有什么成就，心里老是空落落的。他现在是企业生产的总指挥官，可他看着企业一年比一年不景气，很想在开发新产品方面为企业做出更大的贡献。可他在研究开发和销售方面并没有什么权力。他多次给企业领导提议能否变革组织结构，使中层单位能统筹考虑产品的生产、销售及研究开发问题，以增强企业的活力和创新力。可领导一直没有这方面的想法。所以，李军想换个单位，并想换个职务不要太高，但能真正发挥自己潜能的地方。可自己都步入中年了，跳槽又谈何容易。

请讨论：

（1）表面看来，李军已功成名就了，但为什么他会觉得困惑和想跳槽呢？

（2）如果你是企业的管理者，应该采用什么样的激励艺术？

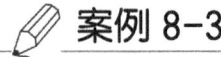

案例8-3

兔王的难题

南山坡住着一群兔子。在蓝眼睛兔王的精心管理下，兔子们过得丰衣足食、其乐融融。可是最近一段时间，外出寻找食物的兔子带回来的食物越来越少，为什么呢？兔王发现，原来是一部分兔子在偷懒。

兔王发现，那些偷懒的兔子不仅自己怠工，对其他的兔子也造成了消极的影响。那些不偷懒的兔子也认为，既然干多干少一个样，那还干个什么劲儿呢？也一个一个跟着偷起懒来。于是，兔王决心要改变这种状况，宣布谁表现好谁就可以得到他特别奖励的胡萝卜。

一只小灰兔得到了兔王奖励的第一根胡萝卜，这件事在整个兔群中激起了轩然大波。兔王没想到反响如此强烈，而且居然是适得其反的反响。

有几只老兔子前来找他谈话，数落小灰兔的种种不是，质问兔王凭什么奖励小灰兔，兔王说："我认为小灰兔的工作表现不错。如果你们也能积极表现，自然也会得到奖励。"

于是，兔子们发现了获取奖励的秘诀。几乎所有的兔子都认为，只要善于在兔王面前表现自己，就能得到奖励的胡萝卜。那些老实的兔子因为不善于表现，总是吃闷亏。于是，日久天长，在兔群中竟然盛行起一种变脸式（当面一套背后一套）的工作作风。许多兔子都在想方设

法地讨兔王的欢心，甚至不惜弄虚作假。兔子们勤劳朴实的优良传统遭到了严重打击。

为了改革兔子们弄虚作假的弊端，兔王在老兔子们的帮助下，制订了一套有据可依的奖励办法。这个办法规定，兔子们采集回来的食物必须经过验收，然后可以按照完成的数量得到奖励。

一时之间，兔子们的工作效率为之一变，食物的库存量大有提高。

兔王没有得意多久，兔子们的工作效率在盛极一时之后，很快就陷入了每况愈下的困境。兔王感到奇怪，仔细一调查，原来在兔群附近的食物源早已被过度开采，却没有谁愿意主动去寻找新的食物源。

有一只长耳朵的大白兔指责他唯数量论，助长了一种短期行为的功利主义思想，不利于培养那些真正有益于兔群长期发展的行为动机。

兔王觉得长耳兔说得很有道理，他开始若有所思。有一天，小灰兔素素没能完成当天的任务，他的好朋友都都主动把自己采集的蘑菇送给他。兔王听说了这件事，对都都助人为乐的品德非常赞赏。

过了两天，兔王在仓库门口刚好碰到了都都，一高兴就给了都都双倍的奖励。此例一开，变脸游戏又重新风行起来。大家都变着法子讨好兔王，不会讨好的就找着兔王吵闹，弄得兔王坐卧不宁、烦躁不安。有的说："凭什么我干得多，得到的奖励却比都都少？"有的说："我这一次干得多，得到的却比上一次少，这也太不公平了吧！"

时间一长，这种情况愈演愈烈，如果没有高额的奖励，谁也不愿意去劳动。可是，如果没有人工作，大家的食物从哪里来呢？兔王万般无奈，宣布凡是愿意为兔群做贡献的志愿者，可以立即领到一大筐胡萝卜。布告一出，报名应征者非常踊跃。兔王心想，重赏之下，果然有勇夫。

谁也没有料到，那些报名的兔子之中居然没有一个如期完成任务。兔王气急败坏，跑去责备他们。他们异口同声地说："这不能怨我们呀，兔王。既然胡萝卜已经到手，谁还有心思去干活呢？"

（资料来源：广通.经典管理故事全集——经典文库[M].北京：地震出版社，2005.）

思考与分析：

（1）兔王是如何激励的？激励有作用吗？

（2）从这个故事中你领悟到了什么？

（3）兔王应如何建立激励机制？

 知识小结

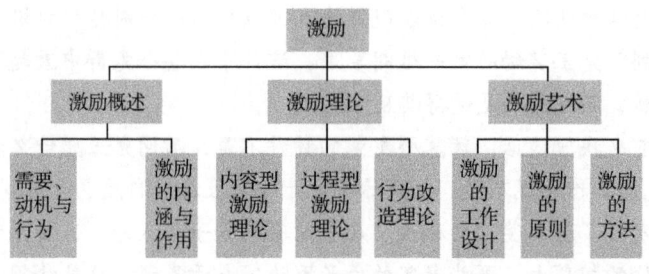

本章重点知识架构

走进管理

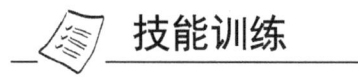 技能训练

激励方法的运用

【目标】

（1）增强学生对激励运用的感性认识。

（2）培养学生掌握激励技巧的运用。

【内容与要求】

（1）调查你所在学校及班级的内部激励措施，运用所学知识进行分析。

（2）要搜集的主要信息：①学校对学生的激励措施，如奖学金制度、优秀学生评比制度等；②了解学校及班级内部在实施这些制度时所引发的一系列问题。

（3）根据班级人数分成若干小组，在课后组织各小组探讨与分析、诊断激励措施，然后相互交流。

【成果展示】

（1）每个同学都要写一份自己调研的学校激励方法的简要分析报告。

（2）根据自己的亲身体验给学校对学生的激励方法提出改进意见。

 拓展训练

工资全额浮动为何失灵？

WH 建筑装饰工程总公司是住房和城乡建设部批准的建筑装饰施工一级企业，实力雄厚，经济效益可观。该公司曾经在一线工人和经营人员中率先实行工资全额浮动制度，收到了不错的效果。为了进一步激发二线工人、技术人员及分厂管理干部的积极性，该公司分厂宣布全面实行工资全额浮动。决定宣布后，连续两天，技术组几乎无人画图，大家议论纷纷，抵触情绪很大。经过分厂领导多次做思想工作，技术组最终被迫接受了现实。

实行工资全额浮动后，技术人员的月收入是在基本生活补贴的基础上，按当月完成设计任务的工程产值提取设计费。例如，玻璃幕墙设计费基本上是按工程产值的 0.27%提成的费用，即设计的工程产值达 100 万元，可提成设计费为 2 700 元。当然，技术人员除了绘制工程设计方案图和施工图外，还必须作为技术代表参加投标，负责计算材料用量，以及加工、安装现场的技术指导和协调工作。分配政策的改变使技术组每日完成的工作量有较大幅度提高。技术组的组员主动加班加点，过去个别人"磨洋工"的现象不见了。然而，随之而来的是，技术组里出现了争抢任务的现象，大家都想搞产值高、难度小的工程项目设计，而难度大或短期内难见效益的技术开发项目备受冷落。

彭工原来主动要求开发与自动消防系统配套的排烟窗项目，有心填补国内空白，但实行工资全额浮动 3 个月后，他向技术组组长表示，自己能力有限，希望放弃这个项目，要求技术组组长重新给他布置设计任务。

李工年满 58 岁，是多年从事技术工作的高级工程师。实行工资全额浮动后，他感到了沉重的工作压力。9 月，他作为某装饰工程的技术代表赴 A 市投标，因种种复杂的原因，该工程未

能中标。他出差了 20 多天，刚接手的另一项工程设计尚处于准备阶段，故当月无设计产值，仅得到基本生活补贴 78 元。虽然在随后的 10 月份，他因较高的设计产值而得到 1 580 元的工资，但他依然难以摆脱强烈的失落感。他向同事们表示，他打算提前申请退休。

尽管技术组组长总是尽可能公平地安排设计任务，平衡大家的利益，但是意见还是一大堆。技术组内人心浮动，好几个人有跳槽的意向，新分配来的大学生小王干脆不辞而别。技术组组长感到自己越来越难做人了。

思考与分析：

（1）根据马斯洛的需求层次理论，说明该企业技术人员的主导需求是什么？实施工作全额浮动后有什么变化？

（2）试用赫兹伯格的双因素理论解释工资全额浮动失灵的原因。

第九章

沟 通

 学习目标

通过本章的学习，掌握以下内容：
1. 理解沟通的概念、作用和方法
2. 了解沟通过程及构成要素
3. 理解并掌握沟通的障碍
4. 掌握组织中冲突的管理

案例导入

杨瑞的困惑

杨瑞是一个典型的北方姑娘，在她身上可以明显地感受到北方人的热情和直率，她喜欢坦诚，有什么说什么，总是愿意把自己的想法说出来和大家一起讨论，正是因为这个特点她在上学期间很受老师和同学的欢迎。今年，杨瑞从西安市某大学的人力资源管理专业毕业。她认为，经过四年的学习，自己不但掌握了扎实的人力资源管理专业知识，而且具备了较强的人际沟通技能，因此她对自己的未来期望很高。为了实现自己的梦想，她毅然只身去广州市求职。经过将近一个月的反复投简历和面试，在权衡了多种因素的情况下，杨瑞最终选定了东莞市的一家研究生产食品添加剂的公司。她之所以选择这家公司是因为该公司规模适中、发展速度很快，最重要的是该公司的人力资源管理工作还处于尝试阶段，如果杨瑞加入其中，她将是人力资源部招聘的第一个人，因此她认为自己施展能力的空间很大。但是到该公司实习一个星期后，杨瑞就陷入了困境中。原来该公司是一个典型的小型家族企业，企业中的关键职位基本上都由老板的亲属担任，其中充满了各种裙带关系。尤其是老板给杨瑞安排了他的大儿子做杨瑞的临时上级，而这个人主要负责公司研发工作，根本没有管理理念，更不用说人力资源管理理念。在他的眼里，只有技术最重要，公司只要能赚钱，其他的一切都无所谓。但是杨瑞认为越是这样就越有自己发挥能力的空间，因此在到该公司的第五天，杨瑞拿着自己的建议书走向了直接上级的办公室。"王经理，我到公司已经快一个星期了，我有一些想法想和您谈谈，您有时间吗？"杨瑞走到经理办公桌前说。"来来来，小杨，本来早就应该和你谈谈了，只是最近一直扎在实验室里就把这件事忘了。"

"王经理，对于一个企业尤其是处于上升阶段的企业来说，要持续企业的发展，必须在管理上狠下功夫。我来公司已经快一个星期了，据我目前对公司的了解，我认为公司主要的问题是：职责界定不清；雇员的自主权力太小，致使员工觉得公司对他们缺乏信任；员工薪酬结构和水平的制定随意性较强，缺乏科学合理的基础，因此薪酬的公平性和激励性都较低。"杨瑞按照自己事先所列的提纲开始逐条向王经理叙述。王经理微微皱了一下眉头说："你说的这些问题我们公司也确实存在，但是你必须承认一个事实——我们公司在赢利，这就说明我们公司目前实行的体制有它的合理性。""可是，眼前的发展并不等于将来也可以发展，许多家族企业都是败在管理上。""好了，那你有具体方案吗？""目前还没有，这些还只是我的一点想法而已，但是如果得到了您的支持，我想方案只是时间问题。""那你先回去做方案，把你的材料放这儿，我先看看，然后给你答复。"说完，王经理的注意力又回到了研究报告上。杨瑞此时真切地感受到了不被认可的失落，她似乎已经预测到了自己第一次提建议的结局。果然，杨瑞的建议书石沉大海，王经理好像完全不记得建议书的事。杨瑞陷入了困惑之中，她不知道自己是应该继续和上级沟通还是干脆放弃这份工作，另找一个发展空间。

（资料来源：张平亮.管理学基础 [M].北京：机械工业出版社，2011.）

第一节　沟通概述

幸之助有句名言："企业管理过去是沟通，现在是沟通，未来还是沟通。"管理者的真正工作就是沟通。不管到了什么时候，企业管理都离不开沟通。

一、沟通的概念

（一）沟通的内涵

沟通一词含有告知、散布消息的意思，意为"共同化"，故本质上沟通就是信息的交流和分享，是人们思想、观点、情感、态度等信息的相互交换和传递。

管理学研究的沟通，是指为了设定的目标，人们在互动过程中，发送者通过一定渠道（媒介或通道），以语言、文字、符号等表现形式为载体，与接收者进行信息、思想和情感等交流、传递和交换，并寻求反馈以达到相互理解的过程。

（二）沟通的特性

沟通不同于一般的信息交流，它具有社会性、选择性、主动性、互动性、符号性及干扰性等特性。

（1）社会性。沟通是在社会环境中产生和发展的，沟通行为本身就是一种社会性行为，沟通双方不仅仅是交流信息，而且彼此交换内心状态，表达各自对同一事物的看法和思想感情。

（2）选择性。沟通的选择性体现在发送者必须正确选择传递的内容、通道、方式、时机、归宿（即接收者）等，才能达到预期的目的。接收者则根据自己的知识、经验、个性等对传递来的信息存在着选择性和选择性理解等。

（3）主动性。沟通过程的每个参与者都是积极的主体，这就要求沟通的双方都具有积极性，而不能将其中的一方认为是被动的客体。因而一方在向对方发送信息时，必须判定对方的情况，分析对方的动机、目的等。

（4）互动性。沟通是一个双向、互动的反馈过程，沟通所产生的影响是沟通中的一方为了改变对方的行为而对对方的心理发生作用。也就是说，沟通不仅是为了传递信息，而且在于期望唤起或影响接收者特定的反应或行为，从而达到彼此相互了解、相互认知、相互影响的效果。

（5）符号性。沟通双方的任何信息交流都是通过符号形式（如语言、文字、图片、手势等）来进行的。当沟通双方都认识这些符号，并理解其所表达的意义时，沟通才能有效地进行。只有统一的意义体系才能够保证沟通双方相互理解。

（6）干扰性。一般而言，仅有一次沟通并不能顺利地完全实现沟通双方的最初意愿，这是因为在沟通的过程中存在多种干扰，从而影响了沟通的有效性。

二、沟通的作用

沟通的主要作用是通过信息的传递和思想的交流使组织成员间相互了解和信任，建立良好的人际关系，增进协作，形成巨大的合力，有效地实现组织既定的目标。具体来说，沟通的作用主要体现在以下几个方面。

（1）沟通有助于组织整体凝聚力的形成。每个组织都由数人、数十人，甚至成千上万人组成，组织每天的活动也由许多的具体工作构成，由于每个个体的地位、利益和能力的不同，他们对组织目标的理解、所掌握的信息也不同，这使每个个体的目标有可能偏离总目标，甚至背道而驰。为了保证上下一心、不折不扣地完成组织整体目标，个体之间就要互相交流意见，统一思想认识，自觉协调各自的活动，从而实现总目标。所以，没有沟通，就没有协调，也就不可能实现组织目标。

（2）沟通是领导者激励下属、实现领导职能的基本途径。一个领导者不管他有多么高超的领导艺术水平，有多么灵验的管理方法，他都必须把自己的意图和想法告诉下属，并且了解下属的想法。领导环境理论认为，领导者就是了解下属愿望并为此而采取行动，为满足这些愿望而拟订实施各种方案的人。领导者就是下属能从其身上看到能实现自己愿望或目的的人，而这些人的"看到"或"了解"都需要沟通。

（3）沟通有助于建立良好的人际关系。一个组织是否能够吸引并留住人才，不仅在于组织有一个宏伟诱人的愿景，还在于组织是否形成一种和谐、良好的人际氛围。所谓和谐人际氛围，是指成员间能够友好相处、相互敬重、彼此相知、妥善解决矛盾。和谐的人际关系是组织有效率的关键。通过沟通使成员相互了解，进而调整自己的行为，就容易友好相处、共同工作。

管理定律：金鱼缸法则——为管理营造透明空间。

三、沟通的过程

任何一个沟通过程，都存在信息的发送者与接收者。发送者是指将其想法传达给另一方以寻找信息或解释某种想法、情绪的人。接收者是指该信息要送往的那一方。发送者将信息通过某种特定信号编码形成一条消息。消息通过特定的渠道传送，这些渠道即为沟通载体。接收者将所收到的消息进行解码以得出该信息的内涵。最后，当接收者对发送者的信息做出反应即产生了反馈。

沟通过程模型如图9-1所示。

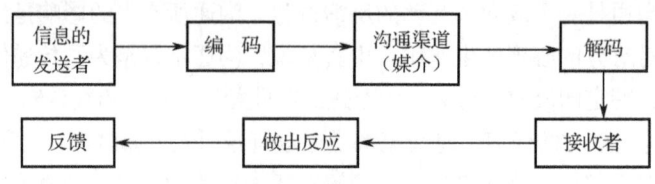

图 9-1 沟通过程模型

一般情况下，一个完整的沟通过程，包括以下几个方面要素。

（1）信息源，又称沟通主体。在一个沟通过程中，总有一方是信息的主动发送者。

（2）信息内容，即沟通的内容。组织中沟通的信息内容是多种多样的，既包括正式组织中上级下达的命令、指令、计划及决策；下级按规定上报的报告、反映的情况，也包括在非正式场合中员工之间的感情交流、谈心。作为沟通内容的信息，既包括书面的，也包括口头的。

（3）信息的接收者又称沟通客体。即沟通过程中处于被动地接收信息的一方。在沟通的不断循环过程中，信息的发送者与接收者的身份会不断改变，无论哪一方，都既要充当信息的发送者，又要充当信息的接收者。

（4）信息的媒介，即沟通的渠道。不同沟通渠道的沟通效率是不一样的。对于一个组织来说，不仅要建立完整的沟通渠道，还要使沟通渠道保持畅通无阻的良好状态。

（5）信息反馈。客体对接收到的信息所做出的解释、理解和反应，即体现出的沟通效果。

想一想 9-1

有种说法叫"管理就是沟通"，这种说法有道理吗？

四、沟通的类型

沟通的方式很多，都有不同的划分标准与特点，在管理过程中，应根据实际情况，选择合适的沟通方式。

（一）按组织系统信息传递途径划分

1. 正式沟通

正式沟通是指在组织系统内，依据组织明文规定的原则进行的信息传递与交流，如正式组织发布的命令、指示、文件和会议等。正式沟通效果好，并具有一定的权威性，但信息传递速度较慢。

2. 非正式沟通

非正式沟通是指以社会关系为基础，与组织内部明文规章制度无关系的沟通方式。非正式沟通的沟通对象、时间和内容都没有计划和定型，因而也难以辨别，如小道消息等。非正式沟通形式灵活、直接明了、速度快，但其信息传递的失真度高，甚至被曲解，也容易滋生小团体。

（二）按信息是否进行反馈划分

1. 单向沟通

单向沟通是指信息的发送者与接收者的方向位置不变，双方无论在语言上还是在表情动作上都不存在反馈信息，如发指示、下命令、电视授课、广播演讲与报告等都带有单向沟通的性质。

2. 双向沟通

双向沟通是指信息的发送者与接收者的位置不断变化。发送者以协商、讨论或征求意见的方式面对接收者，信息发出后，又立即得到反馈。有时双方位置互换多次，直到双方共同明确为止。谈心会、座谈会、对话会等都属于双向沟通。

 知识链接

单向沟通与双向沟通哪种效率更高

美国管理心理学家莱维特在1959年曾设计试验来研究这一课题。其试验结果得出以下结论：

（1）从速度上看，单向沟通比双向沟通的速度快。

（2）从内容正确性上看，双向沟通比单向沟通更准确。

（3）从沟通程序上看，单向沟通有序、规矩，双向沟通混乱、无序。

（4）在双向沟通中，接收者对自己的判断有信心、有把握；发送者有较大的心理压力，因为随时会被提问、批评与挑剔。

（5）单向沟通需要较多的计划性；双向沟通无法事先计划，需要当场判断与决策能力。

（6）双向沟通可以增进彼此了解，建立良好的人际关系。

可见，单向沟通与双向沟通各有所长，到底采取哪种方式应视不同情况而定。一般来说，快速沟通以单向沟通较好；准确沟通以双向沟通有利；简单工作以单向沟通较好；复杂而陌生的问题则双向沟通效果较好。

（三）从组织结构和信息流动方向划分

1. 上向沟通

上向沟通是指团体成员通过组织系统直接向该团体领导者或高级领导者传递情报，反映意见的一种方式。基层管理人员或领导者向高级领导者汇报情况、交流信息也是这种沟通方式。员工通过上向沟通向领导反映意见，获得心理上的满足。领导与管理者通过上向沟通，可以了解群体内部信息，改善企业的管理，还可以使领导者与员工之间建立良好的关系。

2. 下向沟通

下向沟通主要是指团体领导者、管理者对员工进行的信息沟通。下向沟通的任务主要有：指示组织目标和工作方针；指派工作计划、工作项目和程序；发布命令，提出处理意见；对员工进行思想政治教育。

领导者与管理人员下向沟通时，应注意以下几点：向下级提供新消息，以引起员工的兴趣；充分注意下级的情绪，调动员工的积极性；发扬民主作风，不搞专制独裁，不搞一言堂；讲究沟通艺术，说风趣、生动、有教育性的真话、实话等。

3. 平行沟通

平行沟通是指在组织系统中，层次相当的个人或群体之间所进行的信息传递和交流。平行沟通可使办事程序简化、节省时间，提高效率。平行沟通可能在同级领导者之间、平行群体之

间进行,也可能在普通群体成员或员工之间进行。平行沟通既可用正式沟通的方式(如群体内部的协商会、联席会议、调度会议,群体外部的公函来往、谈判与协商会等),也可用非正式沟通的方式(如以交谈、娱乐的方式进行的私人沟通等)。

(四)从沟通方法上划分

1. 口头沟通

口头沟通的形式很多,包括会议、讨论、报告、谈话、广播、电话洽谈等方式。其优点是:沟通上有亲切感;可以通过语言、语调、停顿、表情等进行感情交流,增加沟通效果;具有迅速、主动、立即反馈、双向沟通的特点;口头沟通方式有弹性,可以随机应变,双方既能充分地交换意见,又能当面提出并回答问题。其缺点是:由于随机性强,可能抓不住重点;与陌生人交谈可能会造成心理紧张与压力;口说无凭,其权威性小一些。

2. 书面沟通

书面沟通的形式也很多,包括以布告、通知、备忘录、文件、刊物、书信、电报、书面总结、调查报告等方式进行的信息交流。其优点是:具有一定的严肃性、规范性、权威性;准确性高,不容易在传达中被歪曲;可以作为档案材料和参考资料,长期保存;比口头表达能更为详细地供接收者慢慢阅读、细细领会。其缺点是:沟通不灵活,感情因素少一些,对文字能力要求较高。

3. 非语言沟通

非语言沟通主要是指表情与动作的交流,人们常通过各种手势、目光接触与对视、面部表情、身段表情等来交流信息与感情,也有人将其称为身体语言沟通。

 案例 9-1

小王的烦恼

1. 离职再就业

2007年7月,小王从国内一所知名大学毕业后进入某大型名企工作。2009年,由于不能接受在经济下行中被降薪,小王冒着经济新常态下尚未解除危机且工作难找的风险,在下一家公司没有找好的情况下,愤然离职。此时的他,满怀着对第一家公司的不满,抱着对美好未来的憧憬,迷茫地寻找属于自己的未来。甚至写了一篇洋洋洒洒的决心书来激励自己,表示对未来充满信心,绝不后悔。

小王离职一个月后,接到一个Offer。尽管该Offer的工作内容与他之前的工作"八竿子打不着",但由于正值经济新常态之时工作难找,小王觉得自己适应能力很强,换个行业自己也完全可以适应,而且考虑到那个行业看上去属于比较朝阳的行业,如此再三考虑后,小王还是去了。

2. 加班的烦恼

工作的第一天,小王对新公司情况有了一个大致的了解,接受了一些内部培训,几天后便开始上岗了。小王所在的部门是市场部,该部门市场总监是个工作狂,据说经常连续工作到凌晨。小王发现,整个公司的加班文化特别严重,下午五点下班以后,几乎没有人会走,不管有事没事都要留到晚上八点以后。刚开始几天,小王心想自己反正家里也没什么事情,就尽量加班,跟同事们同一时间下班。一个周五,小王要回第一份工作时的住处搬家,由于路程较远,下午五点一到，他就下班走人了，没和任何人打招呼。后来同事给他打电话说："市场总监找你有事，你不在，他很不高兴。"此事在小王的心里造成了小小的阴影，他觉得这个领导很可怕，以后不管什么情况都尽量等领导走了之后自己再回家。

3. 首次任务

两周过去了，小王逐渐熟悉了新公司的情况，领导开始给小王派任务了，并告知一周后完成。对于这个交给小王的第一个任务，他不是特别熟悉，也感到无从下手。但领导此时出差在外，小王心想不便打扰，所以并没有向领导请教。他自己就花费了几天时间搜索资料来做一些大致了解。一周之后，领导回来了，跟小王要资料。小王说这个任务他不是特别懂，要领导给他点意见。谁知领导非常生气地训斥他："不懂可以打电话问，也可以发邮件，但是绝对不可以一周什么事情都不做，要主动和领导沟通。"当时小王就蒙了，也没多说什么，请领导再多给一周时间，他会尽力做好。

4. 与其他部门沟通

由于此次任务有很多事项要和其他部门沟通，小王跟他们不熟，所以他想采用发邮件的方式进行沟通会好些，只要把事情说明白就应该没有太大问题。因此，小王给其他部门同事发了邮件，其中有些还是外省公司代表处的同事，部分同事反应很快，将小王要的资料迅速回复给他。但是外省公司代表处的同事可能由于经常在外面有销售活动，未能及时回复。小王又发邮件催了一次，对方依旧没有回复。这样，三天过去了，小王开始急了，赶紧给他们打电话。电话那头，同事还算客气，但是他说："不好意思，你要的这些资料我这里暂时没有，而且我在外地出差，如果需要的话，三天以后才有可能发给你。如果早点告诉，情况会好点。"小王这次傻眼了，因为两天后，领导就要资料，时间根本来不及。又过了一周，领导向小王要报告。小王说："由于部分分公司资料没给齐，暂时做不出来，要延后几天。"领导质问道："两周时间他们资料还没有给齐吗？"小王没有做过多辩解，只是跟领导保证过几天将任务完成。

5. 与领导沟通

又过了三天，小王好不容易将报告做出来了，他通过邮件发给了领导。他以为如果有什么问题，领导看到了会来找他，并要求他修改，因此就闲在那里等领导回复。但是两天过去了，一点动静都没有，小王心想："难道领导没收到邮件？"因此又检查了一下邮箱，确认领导收到了邮件。一周过去了，领导又问他那份报告的事情，小王说："一周前就给您发过去了。"领导埋怨他说："做完了怎么也不告诉我，我邮件很多，有时不一定会看到你发的邮件。"小王觉得很委屈，明明自己辛苦完成的工作，并发给领导，是领导自己没看，还怪我。

6. 坐冷板凳

做完这份报告之后，领导也没提什么修改意见，也没安排什么任务，过了几天就又出差了。小王就有了属于自己的空闲时间，上上网，看看新闻，觉得日子很舒服，不知道上班要干点什么。两天之后，领导回来了。小王本以为领导会安排点任务给他，谁知道领导也没来找他，他还是照样偷偷摸摸地上网、聊天，等着领导给他安排任务。一周过去了，小王依然没有接到任何任务，领导似乎也不管他了。他开始有点担心了，但又顾忌到领导太忙，自己不敢去找领导要求安排任务，因此他就继续等待。晚上同事们加班，他也不得不留下来，尽管无事可做，但还是在那里耗时间。

7. 沟通不畅离职

又过了一周，小王进新公司大概一个月的时间，领导总算来找小王了。小王十分忐忑，不知道领导会给他安排什么任务。可这次,领导并没有提到工作的事情,只是跟小王谈工作态度问题。领导说:"小王啊,你来公司已经有一个月了,有什么工作业绩没有啊?"小王说:"没什么,就完成了一个报告,还在等着您给我下任务呢。"领导说:"小王,你是我一手招进来的人才,名校毕业,又在大公司做了两年,本来我很看好你的,想让你当我的左右手,然而我经过观察发现,你做事情最大的一个缺点就是不够积极主动,什么时候都要人家给你布置任务,你为什么不能主动来找我沟通工作问题呢?"小王此刻深受启发,但由于自己以前在别的公司都是领导安排任务,自己按部就班地完成即可,因此与领导的沟通上依旧没有什么大的改观。又过了一个月,试用期要结束了。小王也觉得在这里工作不受重用,没有什么激情,因此试用期一过,小王就主动提出离职,再次投入经济新常态的求职人群中。

(资料来源:杜慕群.管理案例分析[M].北京:清华大学出版社,2013.)

思考与分析:
(1)从本案例中,你认为沟通的意义是什么?
(2)你认为小王在工作中存在着哪些沟通问题?如何改进?
(3)你认为双向沟通重要吗?

第二节 有效沟通

一、沟通障碍

在沟通的过程中,由于受各种干扰的影响,信息往往易丢失或曲解,传递的信息不能发挥正常的作用,这些干扰称为沟通联络中的障碍。一般而言,这些障碍可分为主观障碍、客观障碍和沟通方式的障碍三方面。

(一)主观障碍

沟通中的主观障碍主要有:

(1)信息沟通往往是依据组织系统,分层次逐级传递的。但是,在一条信息的传递过程中,往往会受到个人的记忆、思维能力的影响,从而降低信息沟通的效率。

(2)对信息的态度不同,使有些员工和主管人员忽视对自己不重要的信息,不关心组织目标、管理决策等信息,而只重视和关心与他们利益有关的信息,使沟通发生障碍。

(3)信息沟通过程中,沟通双方经验水平和知识结构的差距过大,导致沟通障碍。

(4)由于个人的性格、气质、态度、情绪、见解等的差异,使信息在沟通中受个人的主观心理因素制约。

(5)主管人员与下级间的互不信任有时也会导致沟通障碍。

(二)客观障碍

沟通中的客观障碍主要有:

(1)组织机构过于庞大,中间层次太多,信息在层层传递过程中容易产生失真现象,并且浪费了宝贵的时间,甚至错失良机,这是由组织机构造成的障碍。

（2）当工作和知识越来越专业化时，人们往往会用自己专业领域的简称或专门用语，简化彼此间的沟通，尤其是当一个人长期从事相当专业化的工作时，他在观察问题时易产生狭隘的或偏执的观点，这些狭隘的观点对组织沟通显然会产生一定的阻碍。

（3）信息的发送者和接收者在空间距离太远、接触机会少，也会造成沟通障碍。同时，由于文化背景不同、种族不同而形成的社会距离，也会影响信息沟通。

（三）沟通方式的障碍

沟通方式的障碍主要有语言方面的障碍、表达的信息含糊混乱、沟通方式不当。

想一想 9-2

你在学校学习和生活中，有哪些沟通上的障碍？为什么存在这些障碍？

知识链接

秀才买柴

有一个秀才去买柴，他对卖柴的人说："荷薪者过来！"卖柴的人听不懂"荷薪者"三个字，但是听得懂"过来"两个字，于是把柴担到秀才前面。

秀才问他："其价如何？"卖柴的人听不太懂这句话，但是听得懂"价"这个字，于是就告诉秀才价钱。

秀才接着说："外实而内虚，烟多而焰少，请损之。"

于是卖柴的走了。

这个故事告诉我们沟通时必须了解沟通的对象，选择恰当的沟通方式，否则就不会达到沟通的效果，从而影响目标的实现。

二、沟通漏斗

沟通漏斗是指信息传递者传达的信息会呈现一种由上至下的衰减趋势，就像漏斗的特性在于"漏"。对于沟通者来说，如果一个人心里想的是 100%的信息，当你在众人面前或在会议场合用语言表达你的信息时，这些信息已经漏掉 20%了，也就是你说出来的信息只剩下 80%了。而当这 80%的信息传入别人的耳朵时，由于每个人文化水平、知识背景、理解能力等关系，这 80%的信息只剩下 60%了。实际上，真正被别人理解了、消化了的东西大概只有 40%。等到这些人遵照领悟的 40%的信息执行具体行动时，这 40%的信息已经变成 20%的信息了，如图 9-2 所示。

图 9-2　沟通漏斗

三、克服沟通障碍

沟通障碍的存在，势必会影响到各个环节之间沟通的效率，不利于组织计划和目标的实现。管理者应积极采取相应的措施，克服沟通中的各种障碍，保证管理活动的顺利进行。为了有效地克服沟通障碍，须要注意以下几点。

（一）明确沟通的重要性，正确对待沟通

管理人员十分重视计划、组织、领导和控制，而对沟通常有疏忽，认为信息的上传下达有了组织系统就可以了，对非正式沟通中的"小道消息"常常采取压制的态度，这表明企业管理层没有从根本上对沟通给予足够的重视。

（二）培养"听"的艺术

对管理者来说，"听"不是件容易的事。作为管理者在管理工作时，不是要简单听，而是要积极倾听，也就是说"听"要讲究艺术。

 知识链接

"听"的艺术——六要六不要

一要表现出兴趣，不要争辩；二要全神贯注，不要打断；三要该沉默时必须沉默，不要从事与谈话无关的活动；四要选择安静的地方，不要过快地或提前做出判断；五要留适当的时间用于辩论，不要草率地给出结论；六要注意非语言暗示，不要让别人的情绪直接影响你。

（三）创造相互信任的沟通环境

有效的信息沟通要以相互信任为前提，这样才能使向上反映的情况得到重视，向下传达的决策迅速实施。管理者在进行信息沟通时，应该不带成见地听取意见，鼓励下级充分阐明自己的见解，这样才能做到思想和感情上的真正沟通，才能接收到全面可靠的情报，才能做出明智的判断与决策。

（四）缩短信息传递链，拓宽沟通渠道

减少组织机构重叠，在利用正式沟通渠道的同时，开辟高层管理人员至基层管理人员的非正式的沟通渠道，以便于信息的传递。

（五）正确选择沟通方式

一般而言，面对面的沟通效果较好。沟通重要信息时，口头和书面是两种首选方式。过分依赖书面可能使文件泛滥成灾；良好沟通的目标应是所传的信息能够被理解和遵循，无论采用何种沟通媒介，最重要的是沟通双方要提供反馈信息。

 知识链接

爱因斯坦相对论

爱因斯坦有一次参加一个晚会，有一位老太太跟他说："爱因斯坦先生，你真是不得了啊，得诺贝尔奖了。"爱因斯坦说："哪里，哪里。""爱因斯坦先生，我听说你得诺贝尔奖的那个论文叫什么相对论，相对论是什么东西啊？"什么叫相对论呢？问他这个话的是一个七十多岁的老太太，爱因斯坦要怎么回答呢？能量等于质量乘以光速的平方，这种相对论的公式，你跟她讲，她能听懂吗？爱因斯坦马上就用比喻的方法告诉她了：

"亲爱的太太，当晚上十二点钟，你的女儿还没有回家，你在家里面等她，十分钟久不久？"

"真是太久了。"

"那么亲爱的太太,如果你在纽约大都会歌剧院听歌剧《卡门》,十分钟快不快?"
"真是太快了。"
"所以太太,你看两个都是十分钟,但相对的事件不同,这就叫相对论。"
"哦。我明白了。"
这个故事启示人们在沟通中要善用比喻,应该根据不同的对象选择沟通方式。

(六)加强平行沟通,重视横向交流

通常,组织内部的沟通多以发布指示、命令等垂直沟通居多,部门之间的横向交流较少。但在实际工作中,平行沟通往往更能促进部门之间的人员合作,从而提高组织的工作效率。

四、有效沟通技巧

(一)要有勇气开口,成为信息的发送者

作为信息的发送者,首先要有勇气开口。只有当你把心里想的表达出来时,才有可能与他人沟通。人与人之间存在很多矛盾的一个主要原因,就是当事人都只在自己心里想,没有勇气把自己的想法说出来,从而导致了很多的误解。

(二)态度诚恳,使对方成为信息的接收者

人是有感情的,在沟通中,当事者相互之间所采取的态度对于沟通的效果有很大的影响。只有当双方坦诚相待时,才能消除彼此间的隔阂,从而求得对方的合作。

管理定律:雷鲍夫法则——认识自己和尊重他人。

 知识链接

在你着手建立合作和信任时,需要牢记的语言:
最重要的八个字是"我承认我犯过错误"。
最重要的七个字是"你干了一件好事"。
最重要的六个字是"你的看法如何"。
最重要的五个字是"咱们一起干"。
最重要的四个字是"不妨试试"。
最重要的三个字是"谢谢您"。
最重要的两个字是"咱们"。
最重要的一个字是"您"。

(三)注意选择合适的时机,创造良好氛围

由于所处的环境、气氛会影响沟通的效果,所以信息交流要选择合适的时机。对于重要的信息,在办公室等正规的地方进行交谈,有助于双方集中注意力,从而提高沟通效果;而对于思想上或感情方面的沟通,则适宜在比较随便、独处的场合下进行,这样便于双方消除隔阂。要选择双方情绪都比较冷静时进行沟通;当大家都理解,但感情上不愿意接受时,作为信息的发送者,身体力行可能是最好的沟通方式。

（四）提高自己的表达能力，准确传递信息

对于信息的发送者来说，无论是口头交谈还是采用书面交流形式，都要力求准确地表达自己的意思。为此，要了解信息的接收者的文化水平、经验和接受能力，根据对方的具体情况来确定自己表达的方式和用词等；选择准确的词汇、语气、标点符号；注意逻辑性和条理性，对重要的地方要加上强调性的说明，借助手势、动作、表情等来帮助思想和感情上的沟通，以加深对方的理解。

（五）注重双向沟通，及时纠正偏差

由于信息的接收者容易从自己的角度来理解信息而导致误解，因此信息的发送者要注重反馈，提倡双向沟通。为此，信息的发送者要善于体察别人，鼓励他人不清楚就问，注意倾听反馈意见，或者请信息的接收者重述所获得的信息或表达他们对信息的理解，从而检查信息传递的准确程度和偏差所在。

（六）积极地进行劝说，达成沟通的目的

由于每个人都有自己的情感，为了使对方接收信息，并按发送者的意图行动，信息的发送者常有必要进行积极的劝说，从对方的立场上加以开导，有时还要通过反复的交谈来协商，甚至采取一些必要的让步或迂回。

为此，交谈时间应尽可能地充分，以免过于匆忙而无法完整地表达意思；要控制自己的情绪，不要采取高压的办法，而导致对方的对抗；尽可能开诚布公地进行交谈，耐心地说明事实和背景，以求得对方的理解；耐心地聆听对方的诉说，不拒绝对方任何有益的建议、意见和提问。

（七）学会倾听，用眼观察、用耳朵听、用嘴提问、用脑思考、用心感受

以前人们常常只注重说、写能力的培养，而对听的能力则不那么重视。事实上，倾听的技术对于进行有效的沟通来说同样是非常重要的。在一个组织中，管理者不善于听会导致相互间沟通受阻，相互协同难以进行。作为管理者，要花大量的时间与其他人接触，以收集和发布信息，若不善于听，则可能难以收集到有用的信息。因此，作为管理者，要学会倾听的艺术。

管理定律：威尔德定理——有效的沟通始于倾听，人际沟通始于聆听，终于回答。

 想一想 9-3

在沟通的过程中，你有哪些技巧？

知识链接

魅力的七把钥匙

托尼·亚历山德拉在《魅力的七把钥匙》一书中，把听众分为四种典型的类型：

（1）漫听听众。这类听众其实很少在听，他们经常打断别人的话，而且总觉得应该由自己来下评语。

（2）浅听听众。这类听众喜欢避开困难的话题，对于问题的实质他们深入不下去。

（3）技术性听众。这类听众会很努力地去听别人的说话，他们重视字义、事实和统计数据，但在感受、同情和真正理解方面却做得很不够。

（4）积极听众。这类听众会为倾听付出许多，他们在智力和情感两方面都做出努力。

亚历山德拉提出了积极倾听的三点要求：

（1）把听和说看得一样重要。换句话说，别人对你说的和你要对别人说的一样重要。

（2）认识到善听有助于节省时间和精力。善听者较少犯错误，也较少误解别人。

（3）懂得认真听别人说不仅重要，而且值得，要从每个人身上找到值得学习的东西。

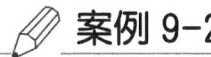

案例 9-2

林克莱特与小朋友

一天美国知名主持人林克莱特访问一名小朋友，问他："你长大后想要当什么呀？"小朋友天真地回答："嗯……我要当飞机的驾驶员！"林克莱特接着问："如果有一天，你的飞机飞到太平洋上空时所有引擎都熄火了，你会怎么办？"

小朋友想了想说："我会先告诉坐在飞机上的人绑好安全带，然后我挂上我的降落伞跳出去。"

当现场的观众笑得东倒西歪时，林克莱特继续注视这孩子，想看他是不是自作聪明的家伙。没想到，接着孩子的两行热泪夺眶而出，这才使得林克莱特发觉这孩子的悲悯之情远非笔墨所能形容。

于是，林克莱特问他："为什么要这么做？"小孩的答案透露出一个孩子真挚的想法："我要去拿燃料，我还要回来！！"

（资料来源：张健鹏，胡足青.小故事大智慧[M].北京：当代世界出版社，2007.）

思考与分析：

（1）这个故事说明了什么问题？

（2）你从这个故事得到了哪些启发？

第三节 冲突管理

一、组织中的冲突

我们大多数人所处的环境都不是桃花源，冲突可以说或多或少都存在。一般而言，冲突包括人际冲突、组织内冲突和内心冲突等方面。我们从管理的角度，主要了解的是组织内冲突管理。

（一）冲突管理的内涵

冲突是指人们由于某种抵触或对立状况而感知到的不一致的差异。冲突具有三个特点：

（1）冲突必须是双方都能感知的。是否存在冲突是一个知觉问题，如果人们没有意识到冲突，那么常常会认为冲突就不存在。

（2）冲突是一种确定性行为过程。冲突是一种潜在的或公开的确定性行为过程，一方努力去抵消另一方的行为，因为这种行为将妨碍他达到目标或损害他的利益。

（3）冲突是客观的，不可避免的。

管理定律：刺猬法则——保持最佳的距离。

冲突管理是指在一定的组织中对各种冲突进行有效的疏导、化解和协调的过程。

在一个组织中，管理者不仅要解决组织中的冲突，更要刺激功能性的冲突，以促进组织目标的达成，因此，管理者处理冲突的能力与艺术，对组织管理目标的实现是具有正相关性的。

（二）冲突的发展阶段

对于冲突的发展，人们把它归纳为五个阶段，即潜伏阶段、被认识阶段、被感觉阶段、处理阶段和结局阶段。

（1）潜伏阶段。潜伏阶段是冲突的萌芽期，这时候冲突还属于次要矛盾，对冲突的存在还没有觉醒。在这个阶段，冲突产生的温床已经存在，随着环境的变化，潜伏的冲突可能会消失，也可以被激化。

（2）被认识阶段。在这个阶段，已经感觉到了冲突的存在，但是这时还没有意识到冲突的重要性，冲突还没有对员工造成实际的危害。如果这时及时采取措施，可以将未来可能爆发的冲突缓和下去。

（3）被感觉阶段。在这个阶段，冲突已经造成了情绪上的影响，可能会对不公的待遇感到气愤，也可能对要进行的选择感到困惑。不同的个人对冲突的感觉是不同的，这与当事人的个性、价值观等因素有关。

（4）处理阶段。处理冲突的方式是多种多样的，如逃避、妥协、合作等。对于不同的冲突有不同的处理方式，即便是同样的冲突，不同的个人采取的措施也不尽相同。对冲突的处理，集中体现了个人的处世方式和处世能力，也体现了个人的价值体系和对自己的认识。

（5）结局阶段。冲突的处理总会有结果。不同的处理方式会产生不同的结果。结果有可能是有利于当事人的，也可能不利于当事人。当冲突被彻底解决时，该结果的作用将会持续下去。但很多情况下，冲突并没有被彻底解决，该结果只是阶段性的结果。有时甚至处理了一个冲突，又会带来其他几个冲突。

（三）冲突的性质

1. 建设性冲突

建设性冲突是指双方目标一致，只是由于认识手段不同而引发的冲突。其特点主要是：双方都关心实现共同目标；彼此愿意了解和听取对方的意见和观点；大家都以争论问题为中心，互相交换情况和信息。

建设性冲突的存在有利于组织健康发展，鼓舞人的进取心，成为有积极作用的动力。

2. 破坏性冲突

破坏性冲突是指双方目标不一致而引发的冲突。其特点主要是：双方对自己的观点都相当自信；不愿听取对方的意见和观点；由对问题的争论转为互相攻击和对立；互相交换意见的次数减少，乃至完全停止。

破坏性冲突是消极的，它会破坏原已建立起的良好人际关系，严重影响着成员间的感情，影响组织目标的实现。

（四）冲突的作用

根据相互作用的观点，认为冲突都是好的或都是坏的看法显然并不恰当，也不符合实际情况,因此我们有必要来具体分析冲突的积极作用和消极作用。

1. 冲突的积极作用

(1)解决冲突的过程有可能激发组织中的积极变革。人们为了消除冲突,就要寻求改变现有方式和方法的途径。寻求解决冲突的途径,不仅可以导致革新和变革,而且可能使得变革更容易为下属所接受,甚至是员工所期望的。

 知识链接

有效解决冲突的好处

北京开关厂提供了一个案例,说明一个组织有效解决了冲突而得到的好处。在20世纪90年代初,该厂行政处发生了一件事,一名事业部员工到行政处要求给计算机换电池,因具体负责该项工作的人员不在而多次扑空,这名员工和行政处发生的冲突引起了行政处领导的重视,在解决冲突的同时,进而提出"99+1=0"的观念,意思是说99项工作做好了,只有一项工作没做好,其工作效果就等于零。厂长黄国城又在此公式的基础上,根据市场经济的要求和北京开关厂的实际,对"99+1"的内涵给予了新的界定:"企业的一切工作以市场为导向,99项工作做好了,没有市场等于零;99项工作做好,顾客不满意等于零;99项工作做好了,要抓住市场,要争取用户满意,必须从零开始。"现在"99+1=0"已成为北京开关厂的管理理念,并成为指导该企业各项工作的指导思想。

(2)在决策的过程中有意地激发冲突,可提高决策的有效性。在群体决策过程中,由于从众压力或为了某个权威控制局面或凝聚力强的群体为了取得内部一致,而不愿考虑更多的备选方案,就可能因方案未能列举充分而造成决策失误,如果以提出反对意见或提出多种不同看法的方式来激发冲突,就可能提出更多的创意,提高决策的正确性和有效性。

(3)冲突可能形成的一种竞争气氛,促使员工振奋精神、更加努力。引起一个或多个目标发生冲突的竞争,也有一定好处,如果员工觉得在工作绩效方面存在着一种竞争气氛,就可能振奋精神,以求得在竞争中名列前茅。

2. 冲突的消极作用

冲突有积极的作用,但也有消极的作用,主要表现在以下三个方面。

(1)冲突可能分散资源。冲突可能分散人们为实现目标而做出的努力,组织的资源不是主要用来实现既定目标,而是消耗在解决冲突上,时间和金钱就是常被分散到消除冲突上去的两种重要资源。

(2)冲突有损员工的心理健康。有一些研究表明,置身于对立的意见中,会造成敌意、紧张和焦虑。随着时间的推移,冲突的存在可能使相互支持、相互信任的关系难以建立和维持。

(3)由内部竞争而引发的冲突,可能对群体效率产生不良影响。内部竞争可能引发冲突,例如,当两个销售公司为了扩大销售额以赢得总公司的奖励时,就可能因追求局部利益,在争夺资金、人员等方面产生冲突,如果处理不当,就可能对总公司整体效果产生影响。如果企业鼓励员工多制订一定的产量目标,人们就可能重视产品数量,而牺牲产品质量。

二、冲突的管理方法

（一）缓解冲突的方法

对于不希望出现的冲突，管理者应该运用一些策略和艺术进行相应的处理。

1. 审慎地选择要处理的冲突问题

不是所有的冲突都是对组织不利的，管理者要善于识别哪些是对组织有利的即建设性的冲突，哪些是对组织不利的即破坏性的冲突。管理者应该审慎地选择管理冲突的方法，回避琐碎的冲突，这样可以提高总体的管理成效，以免得不偿失。

2. 评估冲突当事人

当管理者选择了某一冲突情境进行处理时，就要拿出时间仔细地了解和研究冲突双方当事人各自的价值观、人格特点及情感、资源因素，站在冲突双方的角度了解冲突情景，采取适当的冲突处理方式，就会大大提高成功处理冲突的可能性。

3. 分析冲突产生的原因和根源

冲突不会在真空中形成，它的出现总是有理由的。解决冲突的策略在很大程度上取决于对冲突发生原因的判断，因而管理者要很好地了解冲突产生的原因。研究表明，虽然组织中产生冲突的原因多种多样，但是总体上可以分为两类：

（1）沟通差异。沟通不良容易造成双方的误解，从而引发冲突。

（2）人格差异。人们在各自的背景、教育、经历及培训中会形成独特的个性特点和价值观，其结果是有些人表现出尖刻、隔离、不信任、不合作，这些人格上的差异也会导致冲突。

（二）有效解决冲突的策略

当冲突过于激烈时，管理者应该采取一定的措施和方法来减缓和削弱冲突，具体地说有五种策略可供选择。

（1）回避、冷处理。回避、冷处理即从冲突中退出，听任其发展变化。当冲突微不足道时，在冲突双方情绪过于激动而需要时间使他们恢复平静时，或者行动后所带来的负面影响超过冲突解决后获得的利益时，回避就是一种理智的策略。

（2）合作、协同。这是一种双赢的解决方式，此时冲突各方都满足了自己的利益。这种策略要求各方之间开诚布公地进行讨论，积极倾听并理解双方的差异，对有利于双方的所有可能的解决办法加以仔细考察。合作是一种理想的冲突解决策略，但并不是在任何情况都可能采用。通常地，当没有时间压力时，当冲突各方都希望互利时，当问题十分重要而不妥协折中时，合作是最佳策略。

（3）折中、妥协。折中、妥协即要求每一方都做出一定的让步，取得各方都有所赢、有所输的效果。当冲突双方势均力敌时，当希望对一项复杂问题取得暂时的解决办法时，或者当时间要求过近而需要一个权宜之计时，折中、妥协是合适的策略。

（4）迁就、忍让。这是将他人的需要和利益放在高于自己的位置上。当争议的问题不很重要或希望树立信誉时，这种策略十分有价值。

（5）强制、支配。强制、支配也就是以牺牲一方为代价而满足另一方的需要。当管理者要对重大事件做出迅速的处理时，或者当要采取不同寻常的行动，无须其他人是否赞成这种处理方式时，强制会取得较好的效果。

第九章 沟通

 想一想 9-4

当同学们之间发生冲突时,你是如何解决的?

案例 9-3

亚通网络公司

亚通网络公司是一家专门从事通信产品生产和计算机网络服务的中日合资企业。该公司自1991年7月成立以来发展迅速,销售额每年增长50%以上。与此同时,该公司内部存在着不少冲突,影响着该公司绩效的继续提高。

因为是合资企业,尽管日方管理人员带来了许多先进的管理方法,但是日本式的管理模式未必完全适合中国员工。例如,在日本,加班加点不仅司空见惯,而且没有报酬。亚通网络公司经常让中国员工长时间加班,引起了大家的不满,一些优秀员工还因此离开了亚通网络公司。

亚通网络公司的组织结构由于是直线职能型的,部门之间的协调非常困难。例如,销售部经常抱怨研发部开发的产品偏离顾客的需求,生产部的效率太低,使自己错过了销售时机;生产部则抱怨研发部开发的产品不符合生产标准,销售部的订单无法达到成本要求。

研发部胡经理虽然技术水平首屈一指,但是心胸狭窄,总怕他人超越自己,因此常常压制其他工程师,这使得研发部人心涣散、士气低落。

思考与分析:
(1)请问亚通网络公司的冲突有哪些?
(2)这些冲突产生的原因是什么?如何解决?

 知识小结

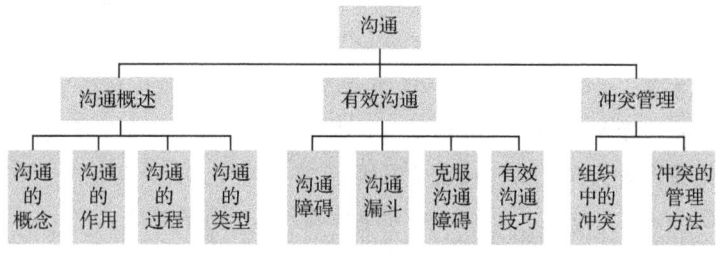

本章重点知识架构

走进管理

 **技能训练**

情 景 模 拟

【目标与情景】
　　目标:培养学生沟通技巧。
　　情景:迷失在海上。

你搭乘私人游艇，漂泊在南太平洋上。一场无名火使得游艇的大部分物资和一些设备被烧毁。现在游艇正慢慢地下沉。由于重要的航海设备已经被烧毁了，你的位置并不明确；而且你和全体游客正在慌乱地想把这场火熄灭。依你的判断，你正在最接近陆地的西北方大约800里的地方。

下面所列的八项物品在这场大火后，并没有损坏。除了这些物品外，还有一艘能用的人工橡胶救生筏和几只船桨，足以承载你和游客。其他所有生存者的口袋里，还有一包香烟、几盒火柴和五张一元的纸币。

为了你的生存，请你将下列八项物品，依其重要性加以排列。将最重要的项目写上"1"，次要的写上"2"，以此类推，将最不重要的写上"8"。

这八项物品是：六分仪、五加仑桶装的水、蚊帐、太平洋地图、小型收音机、逐鲨器、一瓶红酒、钓鱼用箱包。

【模拟训练】

（1）请每位同学对上面各项加以排序之后，把排列结果先交给老师保留。为了避免因个人的判断而争论，要依照理性的基础，各自独立地来进行排序。

（2）老师将同学们分为几组，各组先在课下进行讨论取得一致意见。这意味着在团体决策之前，这八项物品的每一项排列，必须经过每一个团体成员的同意。要达成一致性是相当困难的。因此，并不是每一项物品的排列，都要每一位成员完全同意。然而，作为一个团体，至少要做到大致上的同意。应避免采用"降低冲突"的技巧，如多数决策、平均或交换条件。

（3）在课上各组之间进行讨论后，由老师组织进行全班"公投"，看哪些组与个人的结果更接近大家的意见。

 拓展训练

如何化解冲突

一位业绩一直第一的员工，认为一项具体的工作流程是应该改进的，她也和主管包括部门经理提出过，但没有受到重视，领导反而认为她多管闲事。

一天，她就私自违反工作流程进行改变。主管发现了就带着情绪批评了她。而她不但不改，反而认为主管有私心，于是就和主管吵翻了，并退出了工作岗位。主管反映到部门经理那里，部门经理也带着情绪严肃批评了她，她置若罔闻。

于是部门经理和主管就决定严惩她，要开除她或扣三个月的奖金。

这位员工拒不接受。于是部门经理就把问题报告到老总那里。

老总于是就把这位早有耳闻的业务尖子叫到办公室谈话。没有一上来就批评她，而是让她先叙述事情的经过，通过和她交谈，交换意见和看法。老总发现这位员工确实很有思路，她违反的那项工作流程确实应该改进，而且还谈到了许多现行的工作流程和管理制度中存在的不完善之处。

老总的这种朋友式的平等交流，真诚地聆听她的意见，让她感觉受到了重视和尊重，反抗情绪渐渐平息下来，从而开始冷静地反思自己的行为，从开始只认为主管有错，到最后承认自己做得也不对。在老总策略性的询问下，她也说出了她认为自己的错误应该受到的处罚程度。最后她高兴地离开了办公室。

此后，老总与部门经理及主管交换了意见和看法，部门经理和主管也都认同了"人才有用不好用，奴才好用没有用"的道理。

大家讨论决定以该位员工自己认为应受的罚金减半罚款，让她在班前会上公开做了自我检讨，并补一个工作日。她十分愉快地甚至可以说是怀着感激之情接受了处罚。而且公司还以最快的速度把那项工作流程给改进了。

事情过后，发现这位员工一下子改变了原来的傲气和不服的情绪，并积极配合主管的工作，工作热情大增，大家说她好像变了个人似的。

（资料来源：景素奇.经理人的权杖 [M].北京：人民邮电出版社，2007.）

思考与分析：

（1）你赞同这种解决冲突的方法吗？为什么？

（2）如果你是一个管理者，你对解决组织中的管理冲突有哪些策略？

第十章

控 制

 学习目标

通过本章的学习,掌握以下内容:
1. 了解管理控制的含义、类型
2. 理解控制的过程
3. 掌握控制的方法

案例导入

麦当劳公司的管理控制

麦当劳公司以经营快餐闻名遐迩。1955年,克洛克在美国创办了第一家麦当劳餐厅,其菜单上的品种不多,但食品质量高,价格廉,供应迅速,环境优美。其连锁店迅速发展到每个州,至1983年,国内分店已超过6 000家。1967年,麦当劳公司在加拿大开办了首家国外分店,以后国外业务发展很快。到1985年,国外销售额约占它的销售总额的1/5。在40多个国家里,每天都有1 800多万人光顾麦当劳餐厅。

麦当劳公司允诺:"每个餐厅的菜单都基本相同,而且每个餐厅都质量超群、服务优良、清洁卫生、货真价实。"它的产品、加工和烹制程序乃至厨房布置,都是标准化的、严格控制的。它撤销了在法国的第一批特许经营权,因为它们尽管盈利可观,但在快速服务和清洁方面未达到相应的标准。

麦当劳公司的各分店都是由当地人所有和经营管理的。鉴于在快餐饮食业中维持产品质量和服务水平是其经营成功的关键,因此,麦当劳公司在采取特许连锁经营这种战略开辟分店和实现地域扩张的同时,特别注意对连锁店的管理控制。如果管理控制不当,使顾客吃到不对味的汉堡包或受到不友善的接待,其后果就不仅是这家分店将失去这批顾客及其周遭人光顾的问题,还会波及影响到其他分店的生意,乃至损害整个公司的信誉。为此,麦当劳公司制订了一套全面、周密的控制方法。

麦当劳公司主要是通过授予特许权的方式来开辟连锁分店。其考虑之一,就是使购买特许经营权的人在成为分店经理人员的同时也成为该分店的所有者,从而使其在直接分享利润的激励中形成了对其扩展中的业务的强有力控制。麦当劳公司在出售其特许经营权时非常慎重,总是通过各方面调查了解后挑选那些具有卓越经营管理才能的人作为店主,而且事后如发现其能力不符合则撤回这一授权。

麦当劳公司还通过详细的程序、规则和条例,使分布在世界各地的麦当劳餐厅的经营者和员工们都进行标准化、规范化的作业。麦当劳公司对制作汉堡包、炸土豆条、招待顾客和清理餐桌等工作都事先进行翔实的动作研究，确定各项工作开展的最好方式，然后再编成书面的规定，用以指导和规范各分店管理人员和一般员工的行为。麦当劳公司在芝加哥开办了专门的培训中心——汉堡包大学，要求所有的特许经营者在开业之前都接受为期一个月的强化培训。回去之后，还要求他们对所有的工作人员进行培训，确保麦当劳公司的规章条例得到准确的理解和贯彻执行。

为了确保所有特许经营分店都能按统一的要求开展活动，麦当劳公司总部的管理人员还经常走访、巡视世界各地的分店，进行直接的监督和控制。例如，有一次巡视中，公司总部管理人员发现某家分店自作主张，在店厅里摆放电视机和其他物品以吸引顾客，这种做法因与麦当劳的风格不一致，立即得到了纠正。除了直接控制外，麦当劳公司还定期对各分店的经营业绩进行考评。为此，各分店要及时提供有关营业额、经营成本和利润等方面的信息，这样总部管理人员就能把握各分店经营的动态和出现的问题，以便商讨和采取改进的对策。

麦当劳公司的另一个控制手段就是要求所有经营分店都塑造公司独特的组织文化，这就是大家所熟知的由"质量超群，服务优良，清洁卫生，货真价实"口号所体现的文化价值观。麦当劳公司共享价值观的建设，不仅在世界各地的分店及其上上下下的员工中进行，而且还将公司的一个主要利益团体——顾客也包括进这支队伍中。麦当劳公司特别重视满足顾客的要求，例如，为顾客的孩子们开设游戏场所、提供快乐餐和生日聚会等服务，以形成家庭式的氛围，这样既吸引了孩子们，也增强了成年人对麦当劳公司的忠诚感。

（资料来源：http://wenku.baidu.com/view/）

第一节 控制概述

一个组织为了实现既定的目标，进行了一系列计划、组织、领导和协调等活动，但是在活动的执行过程中，由于环境是变化的，受到来自环境中各种主、客观和动态不确定因素的影响，使得组织目标的实现出现了一定的偏差。对管理者来说，重要的不是工作有无偏差或可能出现偏差，而在于能否及时发现偏差的倾向，分析产生的根源，采取措施予以预防和纠正，以确保组织的各项活动能够正常进行，稳定地实现组织既定的目标。可见，控制在管理活动中是不可缺少的一个重要环节。任何目标的实现都离不开控制。

一、控制及其作用

（一）控制的概念

1. 控制与管理控制

控制是保证组织计划与实际运行状态能动态适应的管理职能。控制工作就是按照计划标准，衡量计划的完成情况和纠正计划执行中的偏差，以确保计划目标的实现，或者适当修改计划，使计划更加适于实际情况。控制工作使管理工作成为一个连续的循环过程。控制的基础是信息，一切信息传递都是为了控制，而任何控制又都有赖于信息反馈来实现。

管理控制是指为了确保组织的目标及为此而拟定的计划能够得以实现，各级主管人员根据事先确定的标准或因发展的需要而重新拟定的标准，对下级的工作进行衡量、测量和评价，并在出现偏差时进行纠正，以防止偏差继续发展或今后再度发生，或者根据组织内外环境变化和组织发展需要，在计划的执行过程中，对原计划进行修订或制订新的计划，并调整整个管理工作过程。因此，控制工作是每个主管人员的职能。

2. 控制的必要性

如果计划无须修改，而且在一个全能的领导者指导下，由一个完全均衡的组织完美无缺地执行，那就没有控制的必要了。但是，这种理想的状态是不可能成为现实的。无论计划制订得如何周到，总会由于各种原因使得人在执行计划时出现不一致的现象，所以控制是管理过程不可分割的部分。

（1）环境的变化。企业每时每刻都会面对动态的环境，这种环境的不确定性给计划的制订增加了风险，这就需要管理者在计划执行时要随时监控外部的环境，一旦发生变化，及时做出调整。

（2）管理权力的分散。组织达到一定规模，主管很难直接地、面对面地指挥全体成员的劳动，时间和精力的限制要求他委托一些助手代理部分事务。在委托时，必然要授予相应的权限。因此，组织的管理权力都会制度化地或非制度化地分散在各管理部门和管理层次。分权程度越高，越需要控制。如果不建立相应的控制系统，管理人员无法了解下级工作的情况，一旦出现权力滥用或活动不符合计划要求，管理人员就无法及时纠正偏差。

（3）工作能力的差异。即使组织制订了周密的计划，并处于稳定的环境，对组织活动的控制依然很必要。这是由不同组织成员的认识能力和工作能力的差异造成的。由于组织成员的认识能力不同，对计划要求的理解可能出现差异；即使理解正确，但工作能力的差异，也出现实际结果与计划在量和质上有差异。因此，加强对组织成员的控制是非常必要的。

想一想 10-1

为保证组织既定目标的实现，是否组织中的任何事物都需要控制？

（二）控制的作用

管理者进行控制的根本目的在于保证组织活动的过程和实际绩效与计划目标及计划内容相一致，最终保证组织目标的实现。控制本身不是目的，它仅仅是保证目标实现的手段之一。控制过程在管理中具有重要的作用，主要体现在以下几个方面。

1. 控制是完成计划的重要保障

计划是对未来的设想，是组织要执行的行动规划。由于受各种因素的制约，制订一项行动计划，无论花费多大的代价，也难以达到十全十美的境界。一些意想不到的因素往往会出现在计划的执行过程中，影响计划目标的实现。此外，计划能否得以实现，除了计划本身要科学、可行之外，还要依赖计划执行人员的努力，计划执行者在执行过程中偏离既定的路线或目标是常见的现象。这些缺陷和偏差，都要靠控制来弥补和纠正。

控制对计划的保证作用主要表现在这样两个方面：其一，通过控制纠正执行过程中出现的各种偏差，督促计划执行者按计划办事；其二，对计划中不符合实际情况的内容，根据执行过程中的实际情况，进行必要的修正、调整，使计划更符合实际。

2. 控制是提高组织效率的有效手段

控制可以提高组织的效率，其主要表现是：

第一，控制过程是一个纠正偏差的过程，这一过程不仅仅能够使计划执行者回到计划确定的路线和目标上来，而且还有助于提高人们的责任心，防止再出现类似的偏差，使计划更加符合实际情况，又可以发现和分析制订的计划所存在的缺陷及产生缺陷的原因，发现计划制订工作中的不足，从而使计划工作得以不断改进。

第二，控制过程中，施控者通过反馈所了解的不仅仅是受控者执行决策的水平和效率，同时他也可了解到自己的决策能力和水平、管理控制的能力和水平，这都有助于决策者不断提高自己的决策和控制管理活动的水平。

3. 控制是管理创新的催化剂

控制不等于管、卡、压。控制不仅要保证计划完成，还要促进管理创新。施控过程要通过控制活动调动受控者的积极性，这是现代控制的特点，如在预算控制中实行弹性预算就是这种控制思想的体现。特别是在具有良好反馈机制的控制系统中，施控者通过接受受控者的反馈，不仅可及时了解计划执行的状况，纠正计划执行中出现的偏差，而且还可以从反馈中受到启发，激发创新。

4. 控制是使组织适应环境的重要保障

一个组织要想生存发展，必须适应环境。计划就是组织为适应环境而做的准备。不过，如果计划一旦被制订就能够被自动实现，就不需要控制了。事实上，组织在实施目标和计划的过程中，正是环境的变动使得组织的计划不再正确，其实质就是组织与环境不再相互适应。控制在某个方面就是防止这种不适应的距离变大。因此说，控制的一个重要作用是使组织与环境相互适应。

想一想 10-2

为了使管理控制能收到好的效果，在控制工作之前要干哪些事？

二、控制的前提

控制是组织的一项重要职能，在实践中具有不可替代性。而组织控制职能的开展，必须建立在一定的基础和前提之上。如果这些基础和前提不具备或不完整，控制工作是不可能正常有效地被进行的。为了使控制工作能有效开展，在控制工作开展之前，必须做好以下三个方面的工作。

（一）明确完整的计划

控制与计划是同一个问题的两个方面。计划是控制的依据，没有计划，就没有控制的标准，也就无法进行控制；而控制则是实现计划的保证，通过对实际活动的有效控制，才能最终达到计划的要求。计划制订得越详细、越完整，控制工作也就越有效。

（二）分工明确、责权清晰

控制工作的目的在于发现偏差和纠正偏差，进而保证组织目标的实现。为此，必须明确一个组织中应由谁来对计划执行中的偏差负责，应由谁来采取措施纠正偏差的行动。通过建立专职控制职能的组织机构，配备专门的人员并授予其权力，明确其责任，才能解决由谁来控制的问题，因此分工明确、责权清晰是控制工作的又一个前提。责权指向越明确，控制工作就越有效。

（三）能够及时有效地获取准确信息

控制过程实质上是一个施控者向受控对象传递指挥和决策信息，受控对象向施控者反馈执行信息的过程。没有信息的传递，控制就不能进行。控制必须依据有效的信息，没有及时、全面和准确的信息，就难以保证控制的有效性。为了保证获得有效的信息，在组织中必须建立完善的信息收集传递网络和机制，从而保证信息的畅通。

> **想一想 10-3**
> 前馈控制和反馈控制的关键是什么？哪一个更好呢？

三、控制的类型

我们按照不同的标志可以把控制工作分为不同的类别，最常见的一种分类标志是按对活动的控制点的不同进行分类。这种分类，把组织看成一个转换系统，要实现转换首先要有资源的投入（输入），再对投入的资源进行转换（工作过程），转换后形成结果（输出）。围绕这三个环节活动进行控制，于是形成三类控制，如图10-1所示。

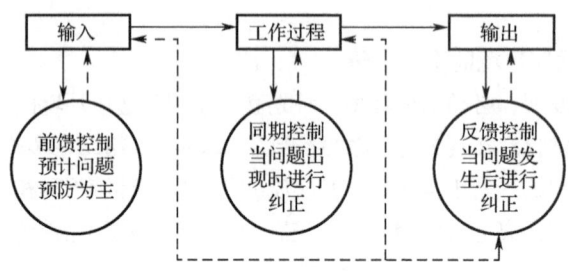

图 10-1　组织转换系统控制点

（一）前馈控制

前馈控制有时又称预防式控制，是指在工作正式开始前，获取有关未来的信息，以此为依据，对工作中可能产生的偏差进行预测和估计，并采取防范措施，将可能产生的偏差消除于产生之前。前馈控制主要是对投入资源的控制，控制的任务是使投入的资源，包括人、财、物和信息必须在数量和质量上符合计划目标的要求。

在现实生活中，有很多前馈控制的例子，例如，当你外出旅行时，通常会带上雨具、感冒药等备用品。组织中运用前馈控制的例子就更多了，例如，生产空调的企业在夏季需求高峰来临之前，就已经加大生产量，以防止产品供不应求。从上述例子可以看出，前馈控制发生在行动之前，其特点在于将注意力放在行动的输入上，做到防患于未然。

管理定律：海恩法则——任何不安全事故都是可以预防的。

> **知识链接**
>
> **曲突徙薪**
>
> 有位客人到某人家里做客，看见主人家的灶上烟囱是直的，旁边又有很多木材。客人告诉主人说，烟囱要改曲，木材须移去，否则将来可能会有火灾，主人听了没有做任何表示。
>
> 不久，主人家果然失火，四周的邻居赶紧跑来救火，最后火被扑灭了，于是主人烹羊宰牛，

宴请四邻，以酬谢他们救火的功劳，但是并没有请当初建议他将木材移走、烟囱改曲的人。

有人对主人说："如果当初听了那位先生的话，今天也不用准备宴席，而且没有火灾的损失。现在论功行赏，原先给你建议的人没有被感恩，而救火的人却是座上客，真是很奇怪的事呢！"

主人顿时醒悟，赶紧去邀请当初给予建议的那个客人来吃酒。

（二）同期控制

同期控制又称现场控制或过程控制，是指发生在工作现场且活动正在进行当中的控制。在活动过程中进行控制，管理者可以在发现重大偏差前及时发现问题并解决。对下属的工作进行现场监督，其作用有两个：

首先，领导者的当面解释和指导，可以使下属按照正确的方法进行工作，培养下属的工作能力。

其次，可以保证计划的顺利执行。通过现场检查，可以及时发现实际工作是否与计划偏离，并立即采取相应措施，使问题在萌芽状态就被解决。

管理者亲临现场进行指导和监督，就是一种最常见的现场控制手段。在计划的实施过程中，大量的管理控制工作，尤其是基层的管理控制工作都属于这种类型。

同期控制的最大缺点是实施同期控制往往会受到空间或信息的限制，导致管理者"分身乏术"，信息传递滞后，不能及时掌握各种信息。随着计算机网络技术的提高和普及，信息传递的效率可以大大提高，各种信息传递手段诸如电视会议等的运用可以极大地提高信息传递的效率。这也是目前众多企业纷纷采用 MRP、ERP、CRM 等信息系统的重要原因。

管理定律：蝴蝶效应——1%的错误导致100%的失败。

 知识链接

把所有经理的椅子靠背锯掉

麦当劳公司创始人雷·克罗克不喜欢整天坐在办公室里，大部分工作时间都用在"周游式"管理上，即到所有各公司、部门走走、看看、听听、问问。麦当劳公司曾有一段时间面临严重亏损的危机，克罗克发现其中一个重要原因是麦当劳公司各职能部门的经理有严重的官僚主义，习惯躺在舒适的椅背上指手画脚，把许多宝贵时间耗费在抽烟和闲聊上。于是克罗克想出一个"奇招"，将所有经理的椅子靠背锯掉，并立即照办。开始，很多人骂克罗克是个疯子，不久，大家开始悟出了他的一番"苦心"。他们纷纷走出办公室，深入基层，开展"走动管理"，及时了解情况，现场解决问题，终于使麦当劳公司扭亏转盈。

（三）反馈控制

反馈控制又称事后控制或成果控制，是指一段时期的工作结束后，对当期的工作情况进行总结。反馈控制是管理控制工作中最传统的方式。其特点在于把注意力集中在行动发生的结果上。反馈控制的主要作用是通过总结过去的经验和教训，为未来计划的制订和活动提供借鉴，即"吃一堑，长一智"。

反馈控制主要有以下几个基本步骤和环节构成。首先对比预期工作标准和实际工作结果，找出偏差；其次分析偏差产生的原因；最后制订出纠正计划并实施。反馈控制主要包括财务分析、成本分析、质量分析及职工成绩评定等内容。

反馈控制的最大缺点是时间的滞后，发挥类似"亡羊补牢"的作用，如果偏差不能尽快纠正，往往造成较大损失。但由于事后控制的各种报表数据齐全、可靠性大，为总结评审提供依据，为制订正确的纠正措施提供条件，并且人们预见未来不可能事事周到、准确，所以，事后控制仍不失为一种控制方式。为使事后控制有效，就要建立健全反馈系统，加强信息反馈，通过灵敏、准确和有力的信息反馈，消除或减少实际工作与目标的偏差。

知识链接

亡羊补牢

很久很久以前，有个人养了一圈羊。一天早晨，他发现少了一只羊，仔细一查，原来羊圈破了个洞，夜里狼钻进来把羊叼走了一只。邻居劝他说："赶快把羊圈修修，把洞堵上吧！"那个人不肯接受劝告，说："羊已经丢了，还修羊圈干什么？多此一举。"第二天早上，他发现羊又少了一只。原来，狼又从洞口钻了进来，又叼走了一只羊。他很后悔自己没听从邻居的劝告，便赶快堵上窟窿，修好了羊圈。从此以后，狼再也不能钻进羊圈叼羊了。

这个故事告诉人们犯了错误，立即改正，就能减少错误。遭到损失，及时采取补救措施，则可以避免继续出现的损失。

案例 10-1

客户服务质量控制

美国某信用卡公司的卡片分部认识到高质量客户服务是多么重要。客户服务不仅影响公司信誉，也和公司利润息息相关。例如，一张信用卡每早到客户手中一天，公司可获得 33 美分的额外销售收入，这样一年下来，公司将有 140 万美元的净利润，及时地将新办理的和更换的信用卡送到客户手中是客户服务质量的一个重要方面，但这远远不够。

决定对客户服务质量进行控制的想法，最初是由公司卡片分部的一个地区副总裁凯西·帕克提出来的。她说，"一段时间以来，我们对传统的评价客户服务的方法不大满意，向管理部门提交的评价客户服务的报告往往有偏差，因为它们很少包括有问题但没有抱怨的客户，或者那些只是勉强满意公司服务的客户。"她相信，真正衡量客户服务的标准必须基于和反映持卡者的见解。这就意味着要对公司控制程序进行彻底检查。第一项工作就是确定用户对公司的期望。对抱怨信件的分析指出了客户服务的三个重要特点：及时性、准确性和反应灵敏性。持卡者希望准时收到账单、快速处理地址变动、采取行动解决抱怨。

了解了客户期望，公司质量保证人员开始建立控制客户服务质量的标准。所建立的 180 多个标准反映了诸如申请处理、信用卡发行、账单查询反应及账户服务费代理等服务项目的可接受的服务质量。这些标准都基于用户所期望服务的及时性、准确性和反应灵敏性上，同时也考虑了其他一些因素。

除了客户见解，服务质量标准还反映了公司竞争性、能力和一些经济因素。例如，一些标准因竞争引入，一些标准受组织现行处理能力影响，另一些标准反映了经济上的能力。当每个因素都被考虑了，适当的标准就成型了，这时再开始实施服务质量控制计划。

如果处理信用卡申请的时间由35天降到15天，更换信用卡从15天降到2天，回答用户查询时间从16天降到10天，则说明服务质量控制计划实施效果很好，这些改进给公司带来的潜在利润是巨大的。例如，办理新卡和更换旧卡节省的时间会给公司带来1 750万美元的额外收入。另外，如果用户能及时收到信用卡，他们就不会使用竞争者的卡片了。

服务质量控制计划潜在的收入和利润对公司还有其他的益处，该计划使整个公司都注重客户期望。各部门都以自己的客户服务记录为骄傲。而且每个员工都对改进客户服务做出了贡献，使员工士气大增。每名员工在为客户服务时，都认为自己是公司的一部分，是公司的代表。

信用卡部客户服务质量控制计划的成功，使公司其他部门纷纷效仿。无疑，它对该公司的贡献将是非常巨大的。

思考与分析：
（1）该公司客户服务质量控制计划是前馈控制、反馈控制还是现场控制？
（2）找出该公司对计划进行有效控制的三个因素？
（3）为什么该公司将标准设立在经济可行的水平上，而不是最高可能的水平上？

第二节　控制过程

组织的性质、任务不同，其控制的对象、控制工作的要求也就各不相同，但控制工作的过程基本是一致的。归纳起来大致可分为三个阶段：首先要确定标准阶段；然后将工作结果与标准进行衡量，并分析衡量的结果——绩效衡量阶段；最后是针对找到的问题采取行动纠正偏差——纠正偏差阶段。它们相互关联、相互依存、缺一不可。

想一想 10-4
开展控制工作为什么要有标准？控制工作以什么为标准？

一、确定控制标准

所谓控制标准，它是控制比照的基准。根据控制标准，管理者无须亲历工作的全过程就可以了解整个工作的进展情况。离开了控制标准就无法对实际活动进行评估，控制工作也就无从谈起了。

事实上，控制标准的确定属于计划工作的范畴，但由于计划的详细程度和复杂程度不一，完全以计划为标准不一定适合控制工作的要求。控制工作需要的不是计划中的全部指标和标准，而是其中的关键点。所以，管理者实施控制的第一个步骤是以计划为基础，确定出控制工作所需要的标准。控制过程的基本步骤如图10-2所示。

（一）控制标准的类型

标准的类型很多，可以是定量的，也可以是定性的。一般情况下，标准应尽量数字化和定量化，以保持控制的准确性。常用的控制标准有以下几种。

（1）时间标准：是指完成一定工作所需花费的时间限度。

（2）生产率标准：是指在规定时间里所完成的工作量。

（3）消耗标准：是指完成一定工作所需的有关消耗。

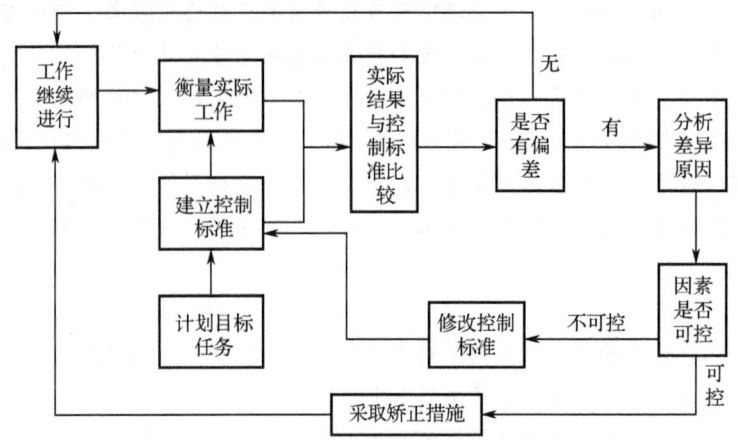

图 10-2　控制过程的基本步骤

（4）质量标准：是指工作应达到的要求，或者产品、劳务所应达到的品质标准。

（5）行为标准：是指对员工规定的行为准则要求。

对于不同的组织、不同的计划、不同的控制环节，控制标准也有所不同。

知识链接

麦当劳快餐店

世界著名的麦当劳快餐店非常注重及时服务，它制定的控制标准就包括：①95%的顾客进店3分钟之内应受到接待；②预热的汉堡包在售给顾客前，其烘烤的时间不得超过5分钟；③顾客离开后，5分钟之内所有的空桌子必须清理完毕，等等。

（二）控制标准的方法

在实际工作中，常用的制定控制标准的方法有以下三种。

（1）统计方法。即根据工商企业历史数据记录或对比同类企业的水平，用统计学的方法确定控制标准。这种方法常用于拟定与工商企业经营活动和经济效益有关的控制标准。

（2）工程方法。即以准确的技术参数和实测的数据为基础制定的控制标准。这种方法主要用于生产定额标准的制定上。

（3）经验估算法。即由经验丰富的管理者来制定控制标准。这种方法通常是对以上两种方法的补充。

控制标准的制定是全部控制工作的第一步，一个周密完善的控制标准体系是整个控制工作的质量保证。

二、衡量绩效

有了完备的控制标准体系，第二步工作就是要采集实际工作的数据，了解和掌握工作的实际情况。"衡量什么"及"如何去衡量"是衡量工作中的两大核心问题。

事实上,"衡量什么"的问题在衡量工作之前就已经得到了解决,因为管理者在确立控制标准时,随着控制标准的制定,计量对象、计算方法及统计口径等也就相应地被确立下来了。关于"如何去衡量"的问题,这是一个方法问题,在实际工作中有各种方法,常用的有以下几种。

(一)个人观察

个人观察提供了关于实际工作的最直接的第一手信息,这些信息未经过第二手而直接反映给管理者,避免了可能出现的遗漏、减少了相关信息的失真。特别是在对基层工作人员工作绩效的控制时,个人观察是一种非常有效,同时也是无法替代的衡量方法。但是个人观察的方法也有不足:

第一,这种方法费时费力,耗费管理者大量的时间精力。

第二,仅凭简单的个人观察往往难以考察更深层次的工作内容。

第三,由于观察的时间占工作总时间的比例有限,往往不能全面了解各个方面的工作情况。

第四,工作在被观察时和未被观察时往往不一样,管理者得到的有可能只是假象。

(二)统计报告

统计报告就是将在实际工作中采集到的数据以一定的统计方法进行加工处理后而得到的报告。特别是对于计算机应用技术越来越发达的今天,统计报告对衡量工作有着很重要的意义。但尽管如此,统计报告的应用价值还是要受两个因素的制约:一是其真实性,即统计报告所采集的原始数据是否正确,使用的统计方法是否恰当,管理者往往难以判断;二是其全面性,即统计报告中是否全部包括了涉及工作衡量的重要方面,是否遗漏或掩盖了其中的一些关键点,管理者也难以肯定。

(三)口头报告和书面报告

这种方式的优点是快捷方便,而且能够得到立即的反馈。其缺点是不便于存档查找和以后重复使用,而且报告内容也容易受报告人的主观影响。两者相比,书面报告要比口头报告来得更加准确全面,而且更加易于分类存档和查找,报告的质量也更容易得到控制。

(四)抽样检查

在工作量比较大而工作质量又比较平均的情况下,管理者可以通过抽样检查来衡量工作,即随机抽取一部分工作进行深入细致的检查,以此来推测全部工作的质量。这种方法最典型的应用是产品质量检验。在产品数量极大或产品检验具有破坏性时,这是唯一可以选择的衡量方法。此外,对一些日常事务性工作的检查来说,这种方法也非常有效。

衡量绩效不仅要从实际活动中用科学方法获得合乎要求的信息,还要将控制标准与信息反映的实际工作的结果进行对比,并分析结果,为进一步采取管理行动做好准备。

比较的结果无非有两种可能,一种是存在偏差,另一种是不存在偏差。实际上并非与控制标准不符合的结果都是偏差,往往有一个与控制标准稍有出入的浮动范围。在一般情况下,工作结果只要在这个容限之内就不认为是出现了偏差。例如,某公司设立的控制标准及其容限如表 10-1 所示。

表 10-1 某公司设立的控制标准及其容限

控 制 标 准	容 限
员工上班必须做到全勤	每月允许请 2 天病假

续表

控 制 标 准	容　限
午间休息在 30 分钟以内	允许多加 5 分钟的"转换"时间
成品返修每月不得超过 50 台	在使用高峰期可放宽至 55 台
接线员 1 分钟内应做出应答	可以再加 10 秒钟

一旦工作结果在容限之外，就可认为是发生了偏差。这种偏差有两种情况：一种是正偏差，即结果比控制标准完成得更好；另一种是负偏差，即结果没有达到控制标准。对于正偏差当然是再好不过的事，但如果是在控制要求比较高的情况下，对其也应进行详细分析，弄清其真正原因。

如果工作结果出现负偏差，那么必然要进一步分析。由于工作的结果是由各方面因素确定的，所以偏差的原因也可能是各种各样的。一般来讲，原因不外乎三种：一是计划或控制标准本身就存在偏差；二是由于组织内部因素的变化，如营销工作的组织不力、生产人员工作的懈怠等；三是由于组织外部环境的影响，如宏观经济政策的调整等。事实上，虽然各种原因都可以归结为这三点，但要做出具体分析，不仅要求有一个完善的控制系统，还要求管理者具备细致的分析能力和丰富的控制经验。

分析衡量结果是控制过程中最需要理智分析的环节，是否要进一步采取管理行动就取决于对结果的分析。如果分析结果表明没有偏差或只存在"健康"的正偏差，那么控制人员就不必再进行下一步了，控制工作也就到此完成了。

知识链接

扁鹊的医术

魏文王问名医扁鹊："你们家兄弟三人，都精于医术，到底哪一位最好呢？"

扁鹊答："长兄最好，中兄次之，我最差。"

魏文王再问："那么为什么你最出名呢？"

扁鹊答："长兄治病，是治病于病情发作之前，由于一般人不知道他事先能铲除病因，所以他的名气无法传出去；中兄治病，是治病于病情初起时，一般人以为他只能治轻微的小病，所以他的名气只及本乡里；而我是治病于病情严重之时，一般人都看到我在经脉上穿针管放血、在皮肤上敷药等大手术，所以以为我的医术高明，名气因此响遍全国。"

这个故事说明，事后控制不如事中控制，事中控制不如事前控制。把问题解决在萌芽状态是最好的控制。

想一想 10-5

控制工作是发现并纠正偏差，这种纠偏是否只针对现实绩效的？

三、纠正偏差

控制过程的最后一项工作就是采取管理行动，纠正偏差。偏差是由控制标准与实际工作成效的差距产生的。因此，纠正偏差的方法也就有两种：改进工作绩效和修订控制标准。

（一）改进工作绩效

如果分析衡量的结果表明，计划是可行的，控制标准也是切合实际的，问题出在活动的本身，管理者就应该采取纠正行动。这种纠正行动可以是组织中的任何管理行为，如管理方法的调整、组织结构的变动、附加的补救措施、人事方面的调整等。总之，分析衡量结果得出是哪方面的问题，管理者就应该在哪方面有针对性地采取行动。

按照行动效果的不同，可以把改进工作绩效的行动分为两大类：立即纠正行动和彻底纠正行动。前者是指发现问题后马上采取行动，力求以最快的速度纠正偏差，避免造成更大损失，行动讲究结果的时效性；后者是指发现问题后，通过对问题本质的分析，挖掘问题的根源，即弄清偏差是如何产生的、为什么会产生，然后再从产生偏差的地方入手，力求永久性地消除偏差。可以说前者重点纠正的是偏差的结果，而后者重点纠正的是偏差的原因。在控制工作中，管理者应灵活地综合运用这两种行动方式，不应满足于"救火式"的立即纠正行动，而忽视从事物的原因出发，采取彻底纠正行动，杜绝偏差的再度发生。

（二）修订控制标准

在某些情况下，偏差还有可能来自不切实际的控制标准。因为控制标准定得过高或过低，即使其他因素都发挥正常也难以避免与控制标准的偏差。这种情况的发生可能是由于当初计划工作的失误，也可能是因为计划的某些重要条件发生了改变等。发现控制标准不切实际，管理者可以修订控制标准。但是管理者在做出修订控制标准的决定时一定要非常谨慎，防止被用来为不佳的工作绩效做开脱。管理者应从控制的目的出发做仔细分析，确认控制标准的确不符合控制的要求时，才能做出修正的决定。不切实际的控制标准会给组织带来不利影响，过高的实现不了的控制标准会影响员工的士气，而过低的轻易就能实现的控制标准又容易导致员工的懈怠情绪。

采取管理行动是控制过程的最终实现环节，也是其他各项管理工作与控制工作的连接点，很大一部分管理工作都是控制工作的结果。

管理定律：破窗效应——及时矫正和补救正在发生的问题。

案例 10-2

邯钢经验

邯钢是1958年建成投产的一个钢铁老厂。建厂前20年，有超过一半的年份是亏损的。1990年，由于国家对宏观经济进行治理整顿，紧缩银根，压缩基建规模，造成钢材市场疲软，钢材售价一跌再跌，全厂所产的28个钢材品种，仅有两个品种盈利，其余全部亏损，企业的生产经营面临巨大的困难。为了打破企业困境，企业实施了"模拟市场核算，实行成本否决"改革。这次改革不仅仅涉及成本领域，还涉及企业管理的很多方面，不但是一次成本管理的变革，也是一次管理理论和方法的运用实践。

邯钢"模拟市场核算，实行成本否决"的经营机制改革，概括起来就是八个字，即市场—倒推—全员—否决。

1. 市场

邯钢首先要做的就是改革价格体系，即通过模拟市场，使二级分厂和总厂一样感受到市场

的压力。具体做法是：按照市场变化对计划价格进行动态调整，使修订后的价格更接近市场价格，这样就把原来全部由总厂分担的市场价格和计划价格的差额传导到了各二级分厂，使二级分厂也能感受到市场的压力。

2. 倒推

通过调整，确定了市场价格。接下来就是根据市场价格倒推目标成本。邯钢改变了过去以计划价格为基础的"正算法"，采用以市场价格为依据的"倒推法"来确定目标成本，使目标成本各项指标能真实反映市场的需求变化。

3. 全员

确定了总的目标成本，还要把指标细化分解，落实到人。邯钢的具体做法就是把总厂下达的目标成本指标，在全厂范围进行"纵向到底，横向到边"的细化分解。"纵向到底"就是指标分解从分厂到车间工段，再到班组、岗位，最后到具体的人。"横向到边"是指指标分解要涵盖分厂各个管理部门，如生产科、供应科、机动科等各个科室及下面的专业管理组。这样就形成了全员参与、全方位、全过程的目标成本管理体系。

4. 否决

成本否决制度是邯钢目标成本体系的最终落脚点。邯钢实行严格的成本考核和成本否决，制定了"四不"规定："不迁就、不照顾、不讲客观、不搞下不为例"，将个人的奖金与目标成本直接挂钩，实行成本目标一票否决权。即使其他指标完成得再好，只要目标成本指标完不成就扣发当月奖金，连续3个月完不成成本指标延缓单位工资升级。

邯钢的改革取得了显著的效果，并且在全国引起了轰动。最直接的效果就是成本和利润指标的改善。邯钢成本1991年下降了6.36%，1992年下降了4.83%，1993年下降了6.13%，1994年又下降了8.9%，1995—1998年每年下降了5%。邯钢实现的利润1990年仅为100万元，1991年增长到5 020万元，1992年达到1.49亿元，1993年达到4.53亿元，1994年达到7.8亿元。1998年在消化增支减利因素3亿多元的情况下，仍实现利润5.03亿元。1991—1998年，8年累计实现利润38.53亿元，为建厂41年利润总和的85%。

（资料来源：https://www.gaodun.com/cma/813562.html.）

思考与分析：
（1）邯钢确定的控制标准是哪类标准？
（2）"邯钢经验"的启示有哪些？

第三节　控制方法

控制工作是通过一定的方法得以实施，方法恰当与否关系到控制工作的效果。控制的方法大致分为预算控制和非预算控制两大类。

想一想10-6

预算是一种数字计划，它在控制工作中起什么作用？

一、预算控制

(一) 预算的含义

预算是各类管理者最基本的一种控制工具。预算控制就是用数字编制未来某一个时期的计划,也就是用财务数字(如在财务预算和投资预算中)或非财务数字(如在生产预算中)来表示预期的结果。其突出的特点就是数字化。预算既是计划的工具,又是控制的工具。当它表示将计划目标与计划方案数字化的时候,它就成为计划的一种形式,而当预算作为确定合理使用资源的界限、衡量实际与计划偏差的工具时,它就成为控制的一种形式。

(二) 预算的种类

预算的种类一般可划分为业务预算、财务预算和专门预算三大类。各类预算还可以进一步细分,在不同行业其具体内容有所差别。

(1) 业务预算:是指企业日常发生的各项具有实质性活动的预算,它主要包括销售预算、生产预算、直接材料采购预算、直接人工预算、制造费用预算、单位生产成本预算等。

(2) 财务预算:是指企业在计划期内反映有关预计现金收支、经营成果和财务状况的预算。它主要包括现金预算、预计收益表、预计资产负债表、预计财务状况变动表等。

(3) 专门预算:是指企业不经常发生的一次性的预算,如资本支出预算、专项拨款预算等。

业务预算、财务预算、专门预算相互联系,构成企业全部计划的数字说明,即为全面预算体系。

预算的实质是用统一的货币为组织各部门的活动编制计划,能把整个组织内所有部门的活动用可考核的数量化方式表现出来,因此它使得组织在不同时期的活动效果和不同部门的经营绩效具有可比性,能明确组织及其各部门的目标,为调整组织活动指明了方向,为协调各部门的工作,评价各部门的工作业绩提供了依据。用数量形式的预算标准来对照组织活动的实际效果,大大方便了控制过程中的绩效衡量工作,为组织采取纠正措施奠定了基础。

(三) 现代预算的编制方法

1. 弹性预算

弹性预算是在编制费用预算时,考虑到计划期业务量可能发生的变动,编制一套能适应多种业务量的费用预算,以便分别反映各业务量所对应的费用水平。由于这种预算是随着业务量的变化做机动调整,故称为弹性预算。在编制弹性预算时,把所有费用分为变动费用与固定费用两部分。固定费用在相关范围内不随业务量变动而变动,变动费用随业务量变动而变动。因此,在编制弹性预算时,只要按业务量的变动调整费用总额即可。

2. 滚动预算

滚动预算是指先确定一定时期的预算,然后每隔一定时间就要定期修改以使其符合新的情况,从而形成时间向后推移一段的新预算。滚动预算的优点是根据预算的执行情况,调整下一个阶段的预算,使预算更加切合实际和可行。

3. 零基预算

零基预算是指在每个预算年度开始时,将所有还在进行的管理活动都看成重新开始,即以零为基础。零基预算的做法是审查预算前,主持这一工作的主管人员首先应明确组织的目标,并将长远目标与近期目标、定量目标和非定量化目标之间的关系和重要性次序搞清,建立起一种可考核的目标体系。①在开始审查预算时,将所有过去的活动都当成重新开始;②确定出哪些项目是真正必要的,然后根据已定出的目标体系重新排出各项活动的优先次序;③按照所确定的顺序,结合计划期间可动用的资金来源分配资金,落实预算。零基预算的工作量非常大,但它考虑每项费用的效益,可以精打细算,减少不必要的开支,是事先控制的一种好方法。

想一想 10-7

非预算控制的方法主要用于控制活动过程的哪个阶段?

二、非预算控制

非预算控制的方法包括亲自观察法、报告、比率分析法、审计控制、统计报告法等。

(一) 亲自观察法

亲自观察法是一种常用的控制方法。它是管理者亲自到工作现场,对重要管理问题的实际情况进行调查研究,获取控制所需的各种信息,或者亲自观察员工的生产进度、与员工交谈来获取信息,或者亲自参加某些具体的工作,通过实践来加深对问题的了解。它的基本作用是在于获得第一手的信息,以亲自辨别情报真伪,及时把握变化情况,并有利于直接与下属沟通,缩短管理者与被管理者之间的心理距离。

(二) 报告

报告是用来向负责实施计划的主管人员全面地系统地阐述计划的进展情况、存在的问题及原因、已经采取了哪些措施、收到什么效果、预计可能出现的问题等情况的一种重要方式。

(三) 比率分析法

比率分析法通过组织经营活动中的各种不同度量之间的比率分析组织的一些实际情况,是一项非常有益的和必需的控制技术或方法。

组织活动分析中常用的比率可以分为两大类:财务比率和经营比率。

(1) 财务比率。组织的财务状况综合地反映着企业的生产经营情况。常用的财务比率有流动比率(流动资产与流动负债之比)、速动比率(流动资产和存货之差与流动负债之比)、负债比率(总负债与总资产之比)和赢利比率(利润与销售额或全部资金等因素之比)。

(2) 经营比率。又称活力比率,常用的经营比率有库存周转率(销售总额与平均库存的比率)、固定资产周转率(销售总额与固定资产的比率)和销售收入与销售费用的比率。

(四) 审计控制

审计是对反映企业资金运动过程及其结果的会计记录和财务报表进行审核、鉴定,以判断其真实性和可靠性,从而为控制和决策提供依据。审计包括三种类型:财务审计、业务审计和管理审计。

(1) 财务审计。以财务活动为中心内容,以检查并核实账目、凭证、财物、债务及结算关系等客观事物为手段,以判断财务报表中所列出的综合会计事项是否正确无误、报表本身是否真实可信为目的的控制方法。财务审计一般分为外部财务审计和内部财务审计。外部财务审计是由外部机构(如会计师事务所)选派的审计人员对企业财务报表及其反映的财务状况进行独立的评估。严格地说,这种审计已不是管理控制职能所指的控制了。内部财务审计是指由企业内部的机构或财务部门的专职人员来独立进行的。其目的也是保证组织系统的财务报表能准确、真实地反映组织的财务状况。

（2）业务审计。业务审计是内部财务审计的扩展。其审计的范围包括财务、生产、市场、人事等方面。这种审计可以由本组织聘请外部独立的咨询机构和专家来进行。

（3）管理审计。管理审计是对企业所有管理工作及其绩效进行全面系统地评价和鉴定的方法。反映企业管理绩效的影响因素主要有经济功能、企业组织结构、收入合理性、研究与开发、财务政策、生产效率、销售能力、对管理当局的评估等。

（五）统计报告法

统计报告法要求企业具备良好的基础工作，有健全的原始记录和统计资料，使用统计方法对大量的数据资料进行汇总、整理、分析，以各种统计报表及分析报告的形式，自下而上向组织中有关管理者提供控制信息。管理者通过阅读和分析统计报表及有关资料，找出问题、分析问题并解决问题。

除上述介绍的几种控制方法外，常用的控制方法还有多种，如全面质量管理、生产控制、目标管理等。在具体的实际控制中，各组织要根据被控制对象的性质特点及控制者本身的情况选择合适的控制方法。

案例 10-3

汉诺公司的成功之道

汉诺公司是总部设在德国的大型包装品供应商，它按照客户要求制作各种包装袋、包装盒等，其业务遍及西欧各国。欧洲经济一体化的进程使汉诺公司可以自由地从事跨国业务。出于降低信息和运输成本、占领市场、适应各国不同税收政策等考虑，汉诺公司采用了在各国商业中心城市分别设厂，由一个执行部集中管理一国境内各工厂生产经营的组织管理和控制方法。由于各工厂联系的客户（即收益来源）的地区相对良好，汉诺公司决定将每个工厂都作为一个利润中心，采用总部—执行部—工厂两层次三级别的财务开支方式。

汉诺公司的具体做法是：

（1）各工厂作为利润中心，独立地进行生产、销售及相关活动。汉诺公司对它们的控制主要体现在预算审批、内部报告管理和协调会三个方面。

（2）预算审批是指各工厂的各项预算由执行部审批，执行部汇总后的地区预算交由总部审批。工厂提供的预算和执行部的审批意见依据历史数据及市场预测做出，在尊重工厂意见的基础上体现汉诺公司的战略意图。

（3）内部报告及其管理是汉诺公司实施财务控制最主要的手段。内部报告包括损益表、费用报告、现金流量报告和顾客利润分析报告。前三者每月呈报一次，顾客利润分析报告每季度呈报一次。汉诺公司通过内部报告能够全面了解各工厂的业务情况，并且对照预算做出相应的例外管理。

（4）在费用报告中，费用按制造费用、管理费用、销售费用等项目进行核算。偏离分析及相应措施根据偏离额度的大小而由不同层次决定，偏高额度较小的由工厂做出决定、执行部提出相应意见，偏离额度较大的由执行部做出决定，总部提出相应意见。偏离额度大小的标准依费用项目的不同而有所差别。

（5）顾客利润分析报告中列出了各工厂所拥有的最大的10位客户的情况。通过顾客利润分析报告，汉诺公司可以掌握各工厂的成本发生与利润取得情况，以便有针对性地加以控制。同时，也掌握了其主要客户的结构和需求情况，以便适时调整生产以适应市场变化。

（6）根据以上的内部报告，汉诺公司执行部每月召开一次工厂经理协调会，处理部分预算偏差，交换市场信息和降低成本的经验，发现并解决本期执行部存在的主要问题。汉诺公司每季度召开一次执行部总经理会议，处理重大预算偏离或做出相应的预算修改，对近期市场进行预测，考察重大投资项目的执行情况，调剂内部资源。

汉诺公司的财务控制制度实现了集权与分权的巧妙结合，散而不乱，统而不死。各工厂直接面对客户，能够迅速地根据当地市场变化做出经营调整。作为利润中心，其决策权相对独立，避免了集权形势下信息在企业内部传递可能给企业带来的决策延误，分权经营具有反应的适时性和灵活性。汉诺公司通过预算审批、内部报告管理和协调会，使得各工厂的经营处于汉诺公司总部的控制之下，相互间可以共享资源、协调行动，以发挥企业整体的竞争优势。其中，执行部起到了承上启下的作用，它处理了一国境内各工厂的大部分相关事务，加快了问题的解决，减轻了汉诺公司总部的工作负担。同时，相对于汉诺公司总部来说，它对于各工厂的情况更了解，而且只要掌握一国的市场情况与政策法规，因而决策更有针对性，实施更快捷。另外，协调会对防止预算的僵化，提高本公司的反应灵活性也起到了关键性作用。

实践证明，汉诺公司的财务控制制度是切实有效的。其下属工厂在各自所处的商业中心城市的包装品市场上均占有较大的份额，汉诺公司的销售收入和利润出现稳定增长的态势。汉诺公司总部也从烦琐的日常管理中解脱出来，主要从事战略决策、公共关系、内部资源协调、重大项目投资等工作，汉诺公司内部的资源通过科学调配发挥了最大的潜能。

（资料来源：苗雨君，赖胜才.管理学——原理·方法·实践·案例[M].北京：清华大学出版社，2009.）

思考与分析：

（1）上述汉诺公司采用的控制方法主要是什么？体现在哪几个方面？

（2）"汉诺公司执行部每月召开一次工厂经理协调会，处理部分预算偏差，交换市场信息和降低成本的经验，发现并解决本执行部存在的主要问题。汉诺公司每季度召开一次执行部总经理会议，处理重大预算偏离或做出相应的预算修改，对近期市场进行预测，考察重大投资项目的执行情况，调剂内部资源"，这属于什么控制方法？

（3）通过对本案例的学习，你是如何理解控制与管理的关系的？

 知识小结

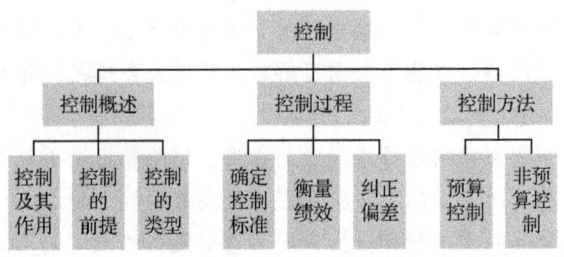

本章重点知识架构

第十章 控制

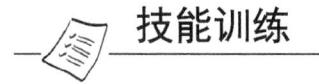

情 景 模 拟

【目标与情景】

目标：培养学生初步掌握有效控制活动过程的能力。

情景：格雷格厂长的目标与控制。

格雷格担任这家工厂的厂长已一年多时间了，他刚看了工厂有关今年实现目标情况的统计资料。厂里各方面工作的进展是出于意料之外的，他为此而气得说不出一句话来，记得他任厂长后第一件事是亲自制订工厂一系列工作的计划目标。具体地说，他要解决工厂的浪费问题、职工超时工作的问题及减少废料的运输费用问题。他具体规定：在一年内要把购买材料的费用降低10%~15%；把用于支付工人超时的费用从原来的11万美元减少到6万美元，要把废料运输费用降低3%。他把这些具体目标告诉了下属有关方面的负责人。

然而，他刚看过的年终统计资料却大出他的意料。原材料的浪费比去年更严重，原材料的浪费率竟占总额的16%，职工超时费用也只降到9万美元，远没达到原定的目标。废料运输费用也根本没有降低。

他把这些情况告诉负责生产的副厂长，并严肃地批评了这位副厂长。而副厂长则争辩说："我曾对工人强调过要注意减少浪费的问题，我原以为工人也会按我的要求去做的。"人事部门的负责人也附和着说："我已经为削减超时的费用做了最大的努力，只对那些必须支付的款项才支付。"而负责运输方面的负责人则说："我对未能把废料运输费用减下来并感到意外，我已经想尽了一切办法。我预测，明年的废料运输费用可能要上升3%~4%。"

在分别与有关方面的负责人交谈之后，格雷格又把他们召集起来布置新的要求，他说："生产部门一定要把原材料的费用降低10%，人事部门一定要把职工超时费用降到7万美元；即使废料运输费用要提高，但也决不能超过今年的标准。这就是我们明年的目标。我到明年再看你们的结果！"

【模拟训练】

（1）同学们自由组合成若干个小组，讨论下列问题：

① 格雷格厂长的生产控制有问题吗？为什么？

② 你认为该厂明年的目标能实现吗？为什么？

③ 请你对该厂有效进行生产控制提出建议。

（2）以班级为单位成立模拟公司，推荐1名代表上台扮演格雷格厂长，一位扮演负责生产副厂长，一位扮演人事部门负责人，一位扮演运输部门负责人，以会议的形式，能否接受格雷格厂长提出明年的控制目标，其他同学扮演公司的职工。

 拓展训练

西湖公司的管理控制

西湖公司是由李先生靠3 000元创建起来的一家化妆品公司，开始只是经营指甲油，后来逐步发展成为具有一定规模的化妆品公司，资产已达6 000万元。李先生于1984年发现自己身患绝症后对公司的发展采取了两个重要的措施：一是制订公司要向科学医疗卫生方面发展的目

标；二是高薪聘请雷先生接替自己的职位，担任董事长。

雷先生上任后，采取一系列措施，推行李先生为公司制订的进入医疗卫生行业的计划。在特殊医疗卫生业方面开辟了一个新行业，同时开设一个凭处方配药的药店，并开辟上述两个新部门所需产品的货源、运输渠道。与此同时，他在全公司内建立了一个严格的控制措施。要求各个部门制订出每月的预算报告，要求每个部门在每月初都要对本部门的问题提出切实的解决方案，每月定期举行依次由各个部门经理和顾客代表参加的管理会议，要求各部门经理在会上提出自己本部门在当月的主要工作目标和经济来往数目。同时，他特别注意资产回收率、销售边际及生产成本等经济动向，他也注意人事、财务收入和降低成本费用方面的工作。

由于实行了上述措施，该公司获得了巨大的成功。到20世纪80年代末期，年销售量提高24%，到1990年资产达到20亿元。然而，进入90年代，该公司逐渐出现了化妆品市场的销售量已达到饱和状态、公司制造的高级香水一直未打开市场、销售情况没有预期的那样乐观、国外公司挤占了本国市场、公司国际形象没有很好的树立等主要问题。1992年出现公司有史以来第一次收入下滑、产品滞销、价格下跌。

雷先生也意识到公司存在的问题，准备采取有效措施，以改变公司目前的处境。他计划要对国际市场方面进行总结和调整，公司开始研制新产品。他相信用了大量资金研制的医疗卫生工业品不久也可进入市场。

思考与分析：
（1）雷先生在西湖公司里采取了哪些控制方法？
（2）假如西湖公司原来没有严格的控制系统，雷先生在短期内推行这么多控制措施，其他管理人员会有什么反应？
（3）就西湖公司的目前状况而言，怎样健全控制系统？

第十一章

创　新

> **学习目标**
>
> 通过本章的学习，掌握以下内容：
> 1. 了解创新的概念
> 2. 理解创新基本内容
> 3. 熟悉管理创新过程
> 4. 掌握管理创新策略

案例导入

三个和尚有水喝

中国有句老话，叫"一个和尚挑水吃，两个和尚抬水吃，三个和尚没水吃"。如今，这个观点过时了。现在的观点是"只要引入新机制，三个和尚水多得喝不完"。

有三个庙，这三个庙距离河边都比较远，怎么解决吃水问题呢？

第一个庙，和尚挑水的路比较长，一天挑了一桶水就累了，不干了。于是三个和尚商量，咱们接力赛吧，每人挑一段，第一个和尚从河边挑到半路，停下来休息。第二个和尚继续挑，又转给第三个和尚，挑到缸里灌进去，空桶回来再接着挑。这样一搞接力赛，就从早到晚不停地挑，大家都不累，水很快就挑满了。这是协作的办法可以叫"机制创新"。

第二个庙，老和尚把三个徒弟叫来，说我们立下了新的庙规，引进了竞争机制。三个和尚都去挑水，谁挑得多，晚上吃饭加一道菜；谁水挑得少，吃白饭，没菜。三个和尚拼命去挑，一会儿水就满了。这个办法叫"管理创新"。

第三个庙，三个和尚商量，天天挑水太累，咱们想办法。山上有竹子，把竹子砍下来连在一起，竹子中心是空的，然后买一个辘轳。第一个和尚把第一桶水摇上来，第二个和尚专管倒水，第三个和尚在地上暂时休息。三个人轮流换班，一会儿水就灌满了。这叫"技术创新"。

可见三个和尚通过机制创新、管理创新、技术创新，水多得喝不完。

第一节　创新概述

组织、领导与控制是保证实现计划目标所不可缺少的，它们同属于管理的"维持职能"，其任务是保证系统按照预定的方向和规则运行。但是，任何组织系统都生存在动态的社会经济系统中，任何的管理工作都要适应环境变化的要求而不断调整系统活动的内容和目标。因此，管理工作无不包含在"维持"或"创新"中，维持和创新是管理的本质内容，有效的管理是适度的维持与适度的创新的组合。

一、创新的内涵

我们知道，创新是指能先于他人，为人类社会的文明与进步获得新发展、新突破，创造出有价值的、前所未有的物质产品或精神产品的活动。创新过程是创造性劳动的过程，没有创造性就谈不上创新。

首次提出创新概念的是美国经济学家约瑟夫·熊彼特，他在1912年出版了《经济发展论》一书。他认为创新是对"生产要素的重新组合"，具体包括五种情况：

（1）采用一种新的产品，也就是消费者还不熟悉的产品或一种产品的一种新的特性。

（2）采用一种新的生产方法，也就是采用有关制造部门在实践中尚未知悉的生产方法，这种新的方法无须建立在新的科学发现的基础之上，它可以存在于商业上处理一种产品的新方式之中。

（3）开辟一个新的市场，也就是有关国家的相关制造部门以前不曾进入的市场，不管这个市场以前是否存在过。

（4）获取或控制原材料或半制成品的一种新的供应来源，不管这种来源是否已存在，还是第一次创造出来。

（5）实现任何一种新的组织。

创造在《辞海》里解释为"首创前所未有的事物。"在《韦氏大词典》里注解为"赋予存在之意""具有无中生有或首创的性质"。也就是创造是指能先于他人，见人之所未见，思人之所未思，行人之所未行，从而获得新发现、新发明、新突破。

因此，创新是相对的概念，创新要比"首创""前所未有"的"创造"更宽泛，它既包含了"前所未有"，也包含着对先前原有创造的"重新组合"和"再次发现"。

想一想 11-1

创新与创造两个概念之间是否是互为包含关系？

管理定律：跳蚤效应——管理者不要自我设限。

知识链接

鲁班发明锯的故事

相传有一年，鲁班接受了一项建筑一座巨大宫殿的任务。这座宫殿需要很多木料，他和徒弟们只好上山用斧头砍木，当时还没有锯子，效率非常低。一次上山的时候，由于他不小心，无意中抓了一把山上长的一种野草，却一下子将手划破了。鲁班很奇怪，一根小草为什么这样锋利？于是他摘下了一片叶子来细心观察，发现叶子两边长着许多小细齿，用手轻轻一摸，这些小细齿非常锋利。他明白了，他的手就是被这些小细齿划破的。后来，鲁班又看到一条大蝗虫在一株草上啃吃叶子，两颗大板牙非常锋利，一开一合，很快就吃下一大片。

这同样引起了鲁班的好奇心，他抓住一只蝗虫，仔细观察蝗虫牙齿的结构，发现蝗虫的两颗大板牙上同样排列着许多小细齿，蝗虫正是靠这些小细齿来咬断草叶的。这两件事给了鲁班很大启发。于是他就用大毛竹做成一条带有许多小锯齿的竹片，然后到小树上去做试验，结果果然不错，几下子就把树干划出一道深沟，鲁班非常高兴。但是由于竹片比较软，强度比较差，不能长久使用，拉了一会儿，小锯齿就有的断了，有的变钝了，须要更换竹片。鲁班想到了铁片，便请铁匠帮助制作带有小锯齿的铁片。鲁班和徒弟各拉一端，在一棵树上拉了起来，只见他俩一来一往，不一会儿就把树锯断了，又快又省力，锯就这样发明了。

这个故事启示人们，创新源于观察，创新源于好奇，创新源于思考，创新源于生活。

二、创新的类别与特征

（一）从创新的规模及创新对系统的影响程度来看，可分为局部创新和整体创新

1. 局部创新

局部创新是指在系统性质和目标不变的前提下，系统活动的某些内容或其相互组合的方式、涉及系统的社会贡献的形式或方式等发生变动。

2. 整体创新

整体创新则往往改变系统的目标和使命，涉及系统目标和运行方式，影响系统的社会贡献的性质。

（二）从创新与环境的关系来看，可分为防御型创新和进攻型创新

1. 防御型创新

防御型创新是指由于外部环境的变化对系统的存在和运行造成了某种程度的威胁，为了避免威胁或由此造成的系统损失扩大，系统在内部展开局部或全局性调整。

2. 进攻型创新

进攻型创新是指敏锐地预测到未来环境可能提供某种有利机会，从而主动地调整系统的战略和技术，以积极地开发和利用这种机会，谋求系统发展。

（三）从系统发生的时期来看，可分为系统初创期的创新和运行中的创新

1. 系统初创期的创新

系统初创期的创新是指系统的创建者在一张白纸上绘制系统的目标、结构、运行规划等蓝图，这本身就要求有创新的思想和意识，创造一个全然不同于现有社会的新系统，寻找最满意的方案，取得最优秀的要素，并以最合理方式组合，使系统进行活动。

2. 运行中的创新

运行中的创新是指在系统运行过程中，寻找、发现和利用新的机会，更新系统的活动内容，调整系统的结构等。

（四）从创新的组织程度来看，可分为自发创新和有组织的创新

1. 自发创新

任何社会组织都是在一种开放系统中进行运转，环境的任何变化都会对系统产生一定的影响，系统内部与外部环境联系的各子系统接收到环境变化的信号后，必然自发地在其工作内容、目标、方式等方面进行积极或消极的调整，以适应环境的变化需要。系统内部自发调整产生的结果。

（1）各子系统的调整都是正确的，从整体上说是相互协调的，从而给系统带来的效应是积极的，可使系统各部分的关系实现更高层次的平衡——除非极其偶然，这种情况一般不会出现。

（2）各子系统的调整有的是正确的，而另一些则是错误的——这是通常可能出现的情况。因此，从整体上说，调整后的各部分的关系不一定协调，带来的总效应有可能为正，也有可能为负，即系统各部分自发创新的结果是不确定的。

2. 有组织的创新

有组织的创新是指系统的管理人员根据创新的要求和创新活动本身的客观规律，制度化研究外部环境状况和内部工作，寻求和利用创新机会，计划和组织创新活动。同时，系统的管理者要积极引导和利用各要素的自发创新，使之相互协调和配合，使组织活动有计划地展开。

课堂讨论

新龟兔赛跑故事之一

龟兔赛跑，第一次兔子输了。兔子不服，要求赛第二次。第二次龟兔赛跑，兔子吸取经验，不睡觉了，一口气跑到终点，所以第二次龟兔赛跑是兔子赢了、乌龟输了。乌龟不服气要求再赛第三次，乌龟说前两次都是你指定路线跑的，现在得由我指定路线跑，兔子想反正我跑得比你快，兔子按指定路线又跑到前面，结果，快到终点了，一条河把路挡住了，兔子过不去了，乌龟慢慢爬到了，乌龟游过了河，第三次龟兔赛跑是乌龟赢了。于是两人就想赛第四次，咱们总是比赛干吗？咱们合作吧，咱们优势互补，于是陆地上兔子驮着乌龟跑，过河的时候乌龟驮着兔子游，两个人同时达到终点，双赢的结果。

请讨论：

从四次龟兔赛跑中你能得到什么重要启示？

三、创新的基本内容

创新是一种思想及其在这种思想指导下的实践活动，对于一个有活力的组织来说，创新无处不在、无时不在，因此创新所涵盖的内容很广，但其基本内容主要表现在观念创新、组织创新、制度创新、战略创新和技术创新等方面。

管理定律：达维多定律——不断创造新产品，同时淘汰老产品。

（一）观念创新

人的行为都是受思想观念支配的，不同的思想观念，会产生不同的行为结果；人的思想观念的形成和发展，又受客观环境和社会实践的制约，人们必须根据客观形势的要求，及时调整和转变自己不适应现实的观念，才能促进个体行为和社会环境的良性互动发展。

观念有新、旧之分。新观念与旧观念分别是先进与落后的代表，是创新与守旧的代表。新观念代表了新时代、新事物、新实践，代表了新的生产力，是对陈旧的传统观念的辩证的否定，是对社会发展的科学预见。旧观念则恰恰相反，它代表了人们落后的、传统的思维方式和生产力，束缚着人们的头脑，形成一种习惯性与社会思潮，以强大的惯性阻碍着社会的变革。

观念创新是一个否定自我的过程，要超越固有的思维模式，打破旧的权利分配格局。组织的观念创新就是组织为了取得整体优化效益，打破陈规陋习，克服旧有思想束缚，树立全新的管理观念。观念创新是一种管理思维和管理理念的综合性创新,它对管理决策、管理执行、管理监督等一系列环节具有重大的指导价值。

管理定律:路径依赖——跳出思维定式。

 知识链接

张瑞敏砸冰箱

美誉国内外的海尔首席执行官张瑞敏把海尔公司成功的秘诀概括为"第一是创新,第二是创新,第三还是创新"。海尔公司的创新就是将原有的成功经验统统打破,不断地打破原有的平衡,重塑自我,超越自我。这种创新首先来源于观念创新,从砸冰箱开始的。1985年,张瑞敏接到人民来信说海尔公司的产品有缺陷。经调查发现库内还有76台质量有缺陷的冰箱。当时来说,冰箱是非常昂贵的东西,一台冰箱的价格相当于一名职工两年的工资,很多人希望把冰箱处理给大家,但张瑞敏认为要改变大家的观念,就宣布谁干的就由谁把冰箱砸掉,同时宣布:"这次是我的责任,扣我的工资,以后谁出问题就扣谁的工资。"这一砸震醒了海尔人追求质量、追求卓越的思想意识,从此激起了海尔人"要么不干,要干就争第一"的雄心壮志。

试想,如果当年海尔公司没有这种敢于与旧观念挑战的意识,没有观念创新精神,为一时利益所蒙蔽,会有今天海尔公司的成功吗?

(二)组织创新

任何组织机构,经过合理设计并实施后,都不是一成不变的。它们如同生物机体一样,必须随着外部环境和内部条件变化而不断地进行调整和变革,才能顺利地成长、发展,避免老化和死亡。应用行为科学的知识和方法,把人的成长和发展希望与组织目标结合起来,通过调整和变革组织结构及管理方式,使其能够适应外部环境及组织内部条件的变化,从而提高组织活动效益的过程,就是组织创新,又称组织开发。

组织创新的内容随着环境因素的变化与组织管理需求发展方向等而各不相同。但组织创新的最终目标是改变组织中人的行为,提高组织的工作绩效。因此以人的行为为导向的组织创新主要有两种方式:

一种是以人为中心的组织创新。这种方式主要在组织结构或组织流程不变的条件下,通过改变组织文化和人员的态度来直接改变组织中人员的行为,强调人员可以经由训练和组织发展的方式来实现行为的改变。

另一种是以组织结构或组织流程为中心的组织创新。这种方式主要强调组织中非人性因素的修正,如组织结构、政策和程序规则的修正等,希望通过组织变革使组织中的人员自动地修正他们的行为。

 知识链接

沃尔玛公司的组织创新

20世纪70年代,美国沃尔玛公司的销售额只有4 000万美元,而1994年就猛升到825亿美元,其业绩增长如此之快、之大,令人惊叹。这是因为,从20世纪90年代初开始,沃尔玛公司先后在信息设施上投资7亿美元,并率先建立起世界上最大的自用卫星信息系统,把3 800家供应商和遍布美国的连锁店连接成高效的企业网络。如果一位顾客在沃尔玛公司某一连锁店购买了一件商品,计算机通过扫描商品上的条形码就可把信息经过网络传送到供货商的自动订货系统,并在其管理信息系统上做出生产计划的调整和供货安排。两天之后,同一商品即可补充到该连锁店的货架上。通过这样的信息化网络组织结构,做到快速销售、快速生产、快速上货,实现了零库存管理,大大降低了经营成本。沃尔玛公司的经营成本在全球零售业中是很低的,成本率为15.2%,这比美国另外两家规模较大的零售商凯玛特公司(20%)和西尔斯公司(30%)都低,更为成本率高达40%的其他零售商所望尘莫及。低成本必然带来极其明显的价格竞争力,再加上沃尔玛公司的其他策略,经营业绩自然会出现迅速攀升的大好局面。

(三)制度创新

制度创新是指在人们现有的生产和生活环境条件下,通过创设新的、更能有效激励人们行为的制度与规范体系,实现社会的持续发展和变革需要。所有创新活动都依赖于制度创新的积淀和持续激励,通过制度创新得以固化,并以制度化的方式发挥组织的作用。

组织制度创新是为了实现组织的管理目标,将企业的生产方式、经营方式、分配方式、经营观念等进行规范化设计与安排的创新活动。制度创新的目的是建立一种更优的制度安排,调整组织中所有者、经营者、劳动者的权力和利益关系,使组织具有更高的活动效率。

现代企业制度创新包括企业产权制度的创新、经营制度创新和管理制度创新。这三者之间的关系是错综复杂的。一般来说,一定的产权制度决定相应的管理制度。但是在产权制度不变的情况下,企业具体的经营方式可以不断进行调整;同样在经营制度不变时,具体的管理规则和方法也可以不断改进。而管理制度的改进一旦发展到一定程度,则会要求经营制度做相应的调整;经营制度的不断调整必然会引起产权制度的革命。因此,企业制度创新就是实现企业制度变革,使所有者、经营者和劳动者三者之间的权力和利益得到充分的体现,不断调整企业的组织结构和企业内部的各项规章制度,使企业内部的各种要素合理配置,并发挥最大限度的效能。

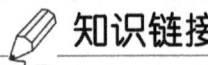
知识链接

你切他先拿

老张和老李一人出一百块钱买了一个蛋糕。老张说我来切,老李怕他切得不公平,就找了三个朋友。第一个是搞政治思想工作的,他对老张说,你要提高你的道德素质,不可以权谋私。第二个是搞技术的,老李你好好把这个面积测定一下,再考虑这个蛋糕做得均匀度,通过优化计算,选择切入的面。第三个是学制度经济学的,不用费事,老张你切,切完以后,老李先挑,保证老张会尽量切得公平。

这个故事充分说明了科学的制度设计,对提高组织运行效率极其重要。

(四)战略创新

战略创新是组织竞争取胜的关键。战略创新核心问题是重新确定组织的发展目标。从企业角度而言,经营目标将决定企业对关键性成功因素的看法,并最终决定企业竞争策略,成功的战略创新者会采用与所有竞争对手完全不同的竞争策略和经营目标。面对纷繁复杂的市场竞争,成功企业家的做法是更为关注企业核心战略，加快企业核心竞争力创新。微软的比尔·盖茨将帅印移交给史蒂夫·巴尔默，以使自己更能集中精力关注微软核心战略创新，争取时间创造新的技术优势，创新适应新时代发展的软件产品和商务模式。海尔公司总裁张瑞敏认为，企业家主要精力应放在企业创新机制、创新精神的"灵魂"创新上。因此，海尔公司视人才为"第一产品"；"允许失败，不允许不创新"，成为海尔公司创新精神的不懈追求。

战略创新是指随着环境变化或在动态环境下的企业通过自身能力的建设与外部资源整合的基础上，打破旧的或通过战略变革建立新的组织、文化与战略模式，形成新的价值创造模式的战略行为，并将企业的所有能力或资源投入实现新的战略目标所进行的变革。

企业经营战略创新中最重要的首先是产品及营销差异化竞争战略；其次是核心优势为主导的一元化发展战略；第三是新目标战略。福特公司董事局主席曾经有一句很深刻的话——"领先企业总是在为明天的要求而工作。"这实际上说的就是战略创新。登高望远，企业战略创新是关注现实，主导未来的是对企业发展的整体性、长期性、基本性的安排谋划，企业战略研究是企业研究明天的发展。

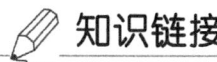知识链接

新龟兔赛跑故事之二

兔子与乌龟赛跑输了以后，总结经验教训，并提出与乌龟重赛一次。赛跑开始后，乌龟按规定线路拼命往前爬，心想这次我输定了。可当到了终点，却不见兔子，正在纳闷时，见兔子气喘吁吁地跑了过来。乌龟问："兔兄，难道又睡觉了？"兔子哀叹："睡觉倒没有，但跑错了路。"原来兔子求胜心切，一路上埋头狂奔，恨不得三步两蹿就到终点。估计快到终点了，它抬头一看，发觉竟跑在另一条路上，因而还是落在了乌龟的后面。

这个故事充分地说明了战略决定胜负。在竞争道路上，你的实力再足、条件再好，也要有明智的战略指导才能达成想要的目标。

（五）技术创新

技术创新是企业创新的主要内容，企业大量创新活动是有关技术方面的，因此，有人甚至把技术创新视为企业创新的同义词。技术创新是指企业应用创新的知识和新技术、新工艺，以及采用新的生产方式和经营管理模式，提高产品质量，开发生产新的产品，提供新的服务，占据市场并实现市场价值。企业的技术创新主要表现在要素创新、要素组合方法创新及产品的创新三个方面。

1. 要素创新

企业的生产过程是一定的劳动者利用一定的劳动手段作用于劳动对象使之改变物理、化学形式或性质的过程。参与这个过程的要素包括材料和设备两类。要素创新则包括材料创新和设备创新两类。

2. 要素组合方法创新

利用一定的方式将不同的生产要素加以组合，这是形成产品的先决条件。要素的组合包括生产工艺和生产过程的时空组织两个方面。要素组合方法的创新包括生产工艺创新和生产过程创新两个方面。

知识链接

将开口再打开 1 毫米

美国有一间生产牙膏的公司，产品优良，包装精美，深受广大消费者的喜爱，每年营业额蒸蒸日上。记录显示，前10年每年的营业额增长率为10%~20%，令董事会雀跃万分。不过业绩进入第11年、第12年及第13年时，则停滞下来，每个月维持同样的数字。董事会对此3年业绩表现感到不满，便召开全国经理级高层会议，以商讨对策。

会议中，有名年轻经理站起来，对董事会说："我手中有张纸，纸里有个建议，若您要使用我的建议，必须另付我5万美元！"总裁听了很生气说："我每个月都支付你薪水，另有分红、奖励，现在叫你来开会讨论，你还要另外要求5万美元，是否过分？""总裁先生，请别误会。若我的建议行不通，您可以将它丢弃，一分钱也不必付。"年轻的经理解释说。"好！"总裁接过那张纸后，阅毕，马上签了一张5万美元支票给那年轻经理。那张纸上只写了一句话："将现有的牙膏开口扩大1毫米。"总裁马上下令更换新的包装，使该公司第14年的营业额增加了32%。

3. 产品创新

生产过程中各种要素组合的结果是形成企业向社会贡献的产品，企业通过产品来完成企业的生命运转，只有不断创新产品，企业才能更好地生存和发展。产品创新是企业技术创新的核心内容，既受制于技术创新的工艺、材料等方面的限制，又受到设备等方面的制约，是企业综合开展技术创新活动的结果。

知识链接

100%合格的降落伞

这是发生在美国的一个真实案例。第二次世界大战中期，美国没有专门的军工企业，所有的军用品都是由私人企业生产的。最初，美国空军的降落伞供应商提供的降落伞安全性能不够好，在训练和实战中时不时地会发生安全事故。后来，经过生产商的努力，合格率逐步提升到99.9%。不过，军方对这个合格率并不满意，他们要求降落伞的合格率必须达到100%。对于军方的要求，生产商不以为然。他们认为，能够达到99.9%的合格率已经接近完美，没有必要再改进。他们一再强调，任何产品也不可能达到绝对的100%合格，除非奇迹出现。然而，这个1‰的隐患对空降兵来说却是要命的！因为，1‰的降落伞不合格，就意味着每一千个伞兵中，将有一个人可能会因为降落伞的质量问题在跳伞中送命。这显然会影响伞兵们战前的士气。为了迫使生产商进一步提高降落伞的合格率，军方制定了新的产品质量检验方法：他们要求降落伞生产商老板亲自试跳。具体办法是：从生产商前一周交货的降落伞中随机抽取一个，由该老板装备上身，再亲自从飞机上往下跳。新的质检方法实施后，奇迹出现了，降落伞的合格率立刻变成了100%。

（六）方式创新

管理方式是进行管理创新的重要手段，也是管理创新的直接成果。它直接影响着资源配置的效率和效益，是企业实现资源有效配置的必要条件。

管理方式创新是指一种更有效而尚未被组织采用的新的管理方式或方法的引入，是组织通过实施新的、有效的管理模式、管理方法和手段，变革和替代原有的不适应组织发展要求的习惯做法和模式，使组织的管理系统具有更高的管理效能。

管理方式创新，概括起来主要有以下几种情况：采用一种新的管理手段；实行一种新的管理方式；提出一种新的资源利用措施；采用一种更有效的业务流程；创设一种新的工作方式等。

知识链接

你替我搬

英国有一家大型图书馆要搬迁，由于该图书馆藏书量巨大，所以搬运成本算下来非常惊人。就在这时，有一个图书管理员想出了办法，那就是马上对读者们敞开借书，并延长还书日期，只要读者们增加相应押金，并把书还入新的地址。

这一措施得到了采纳。结果不但大大降低了图书搬运成本，还受到了读者们的欢迎。

这个故事告诉大家，对于管理者在管理中需要创新管理方式，凡事未必要亲力亲为，要巧妙地借助他人力量解决问题。

想一想 11-2

我国五大发展理念中，为什么将创新发展放在首位？

综上所述，管理创新的重点在于独创，不同的组织可以有各自不同的内容，同一组织在不同时期也可以有不同内容。只有保持创新的动力和活力，才能适应社会、经济和市场快速变化的形势，才能做到"适者生存"，于多变的环境中立于不败之地。

案例 11-1

创新先锋的 3M 公司

美国明尼苏达矿业制造公司（简称 3M 公司）因创新的环境而著称，视革新为其成长的方式，视新产品为生命。3M 公司的目标是：每年销售量的 30%从前 4 年研制的产品中取得。每年，3M 公司都要开发 200 多种新产品。它那传奇般注重创新的精神已使 3M 公司连续多年成为美国最受人羡慕的企业之一。在过去 15 年中，著名的《财富》杂志每年都出版一份美国企业排行榜，其中有 10 年 3M 公司均名列前 10 名。面对知识经济的挑战，3M 公司的创新实践，为企业提供了不可多得的范例。

3M 公司文化突出表现为鼓励创新的企业精神。3M 公司的核心价值观：坚持不懈、从失败中学习、好奇心、耐心、事必躬亲的管理风格、个人主观能动性、合作小组、发挥好主意的威力。

1. 创新的机制

通过正确的人员安置、定位和发展，提高员工的个人能力。公司发展既是员工的责任，也是各级主管的责任。提供公平的个人发展机会，对表现优秀的员工给予公平合理的奖励。个人表现按照客观标准进行衡量，并给予适当的承认与补偿。3M 公司鼓励每个人开发新产品，公司有名的"15%规则"允许每个技术人员至多可用 15%的时间来"干私活"，即搞个人感兴趣的工作方案，不管这些方案是否直接有利于公司。当产生一个有希望的构思时，3M 公司会组织一个由该构思的开发者，以及来自生产、销售、营销和法律部门的志愿者组成的风险小组。该小组培育产品，并保护它免受公司苛刻的调查。小组成员始终和产品待在一起直到它成功或失败，然后回到各自原先的岗位上。有些风险小组在使一个构思成功之前尝试了 3 次或 4 次。每年，3M 公司都会把"进步奖"授予那些新产品开发后 3 年内在美国销售额达 200 多万美元，或者在全世界销售达 400 万美元的风险小组。

组织结构上采取不断分化出新分部的分散经营形式，而不沿用一般的矩阵型组织结构。组织新事业开拓组或项目工作组，人员来自各个专业，且全是自愿。提供经营保证和按酬创新，只要谁有新主意，他可以在公司任何一个分部求助资金。新产品搞出来了，不仅是薪金，还包括晋升。例如，开始创新时是一位基础工程师，当他创造的产品进入市场，他就变成了一位产品工程师，当产品销售额达到 100 万美元，他的职称、薪金都变了。当销售额达到 2 000 万美元时，他已成了产品系列工程经理。在达到 5 000 万美元时，就成立一个独立产品部门，他也成了部门的开发经理。

提倡员工勇于革新。只要是发明新产品，不会受到上级任何干预。同时，允许有失败，鼓励员工坚持到底。3M 公司宗旨中明确提出：决不可扼杀任何有关新产品的设想。在 3M 公司上下努力养成以自主、革新、个人主动性和创造性为核心的价值观。这是因为，3M 公司知道为了获得最大的成功，它必须尝试成千上万种新产品构思。把错误和失败当成创造和革新的正常组成部分。事实上，它的哲学似乎成了"如果你不犯错，你可能不在做任何事情。"但正如后来的事实所表明的，许多"大错误"都成为 3M 公司最成功的一些产品。3M 公司的老职员很爱讲一个化学家的故事——她偶尔把一种新化学混合物溅到网球鞋上，几天之后，她注意到溅有化学混合物的鞋面部分不会变脏，该化学混合物后来成为斯可佳牌织物保护剂。

2. 创新的管理

在 3M 公司，人们时刻都可以听到谈论创新问题的正式宣言，就是要成为"世界上最具有创新力的公司"，3M 公司对创新的基本解释既醒目又简单。创新就是新思想+能够带来改进或利润的行动。在他们看来，创新不仅仅是一种新的思想，而是一种得到实行并产生实际效果的思想。创新不是刻意得来的，3M 公司证明了一件事，那就是当公司越是刻意要创新时，反而越不如其他公司。利贴便条是在一连串意外中诞生，并不是依靠精密的计划而来，每次意外的发生都是因为某个人可以完全独立从事非公司指定的工作，但同时也履行了对公司的正式义务。发明者往往比管理者有更多的空间，可以表达自我。

3M 公司极有威望的研究带头人科因称："公司的管理哲学是一种'逆向战略计划法'。"3M 公司并没有先将重点放在一个特定的工业部门、市场或产品应用上，然后再开发已经成熟的相关技术，而是先从一个核心技术的分支开始，然后再为这种技术寻找可以应用的市场，从而开创出一种新的产业，是一种"先有解决问题的办法后有问题"的创新模式。研究人员通常都是先解决技术问题，然后再考虑这种技术可以用在什么地方。3M 公司的首席执行官德西蒙说："创新给我们指示方向，而不是我们给创新指示方向。"3M 公司试图通过一种类似温室一样的、允许分支技术自己发展的公司文化来支持研究活动。3M 公司有时在自然创新方面非常有耐心，明白一种新技术要想结出果实，可能会需要许多年的时间，因为过去公司研制最成功的技术也曾经走进过死胡同。

（资料来源：张岩松.现代管理学案例教程[M]. 北京：清华大学出版社出版，2009.）

思考与分析：

（1）3M 公司充满生机和活力，取得巨大成功主要原因是什么？

（2）利贴便条和斯可佳牌织物保护剂等产品的发明从创新的角度说明了什么？

（3）结合本案例，谈谈如何发挥员工的技术创新精神。

第二节　管理创新

一、管理创新的内涵

管理与环境相适应，要使管理发挥积极作用，就要根据组织发展阶段的具体环境的变化，不断进行创新。

管理创新是指不断根据市场和社会变化，重新整合人才、资本和科技要素，以创造和适应市场，满足市场需求，同时达到自身的效益和社会责任的目标的过程。管理创新一般包括下列五种情况。

（一）提出一种新的管理思维并有效地实施

新的管理思维往往能够解决现实问题。如果这种思维设想是可行的方案，这就是管理思维方面的一种创新。但这种新思维并非仅对一个组织而言是创新的，而应该是对所有的组织来说都是新的。

知识链接

一张发票账单

一个建筑公司的经理忽然收到一张购买两只小白鼠的发票账单，不由好奇。原来这两只老鼠是他的一个下属买的。他把那人叫来，问他为什么要买两只小白鼠？下属答道："上星期我们公司去修的那所房子，要安装新电线。我们要把电线穿过一个 10 米长、但直径只有 2.5 厘米的管道，管道砌在砖石里，并且弯了 4 个弯。我们当中谁也想不出怎么让电线穿过去，最后我想了个主意。我到一个商店买来两只小白鼠，一公一母。然后我把一根线绑在公鼠身上并把它放到管子的一端。另一名工作人员则把那只母鼠放到管子的另一端，逗它吱吱叫。公鼠听到母鼠的叫声，便沿着管子跑去救它。公鼠沿着管子跑，身后的那根线也被拖着跑。我把电线拴在线上，小公鼠就拉线和电线跑过了整个管道。

本故事告诉人们，人的思维方式不能受现实问题的局限，永远停留在惯性上，解决问题的方法和思路应该层出不穷。一要靠经验，二要用脑。

（二）创建一个新的组织结构并使之有效运转

组织结构是组织内管理活动及其他活动有序化的支撑体系。创建一个新的组织结构本身就是一种创新,当然如果它不能有效运转,就不是实实在在的创新。

(三)提出一种新的管理方式、方法

一种新的管理方式、方法能提高生产效率、协调人际关系、更好地激励组织成员等,这些都将有助于组织资源的有效整合,以实现组织的既定目标和责任。

 知识链接

地图的另一面

一天早上,一位贫困的牧师,为了转移哭闹不止的儿子的注意力,将一幅色彩缤纷的世界地图,撕成许多细小的碎片,丢在地上,许诺说:"小约翰,你如果能拼起这些碎片,我就给你二角五分钱。"

牧师以为这件事会使约翰花费上午的大部分时间,但没有十分钟,小约翰便拼好了。

牧师:"孩子,你怎么拼得这么快?"

小约翰很轻松地答道:"在地图的另一面是一个人的照片,我把这个人的照片拼在一起,然后把它翻过来。我想,如果这个'人'是正确的,那么,这个'世界'也就是正确的。"

牧师微笑着给了儿子二角五分钱。

(四)设计一种新的管理模式

所谓管理模式,是指组织的综合性管理方式,即组织对总体资源实施有效配置的方式,如果一种方式对所有组织的综合管理而言都是新的,则其自然是一种创新。

(五)进行一项制度的创新

管理制度是对组织资源整合行为的规范,既是对组织行为的规范,也是对员工行为的规范。制度的变革会为组织行为带来变化,进而有助于资源的有效整合,并能使组织更上一层楼。因此,制度创新也是管理创新的重要方面。

管理创新是对组织内外环境改变的自适应性行为,是为了达到组织(这里主要指企业)的社会效益、经济效益和生态效益等组织目的而进行的一种创造过程,其目的不是一般地实现管理的目标和责任,而是发现"创新机会",为组织带来潜在利益和发展。

 知识链接

神秘食客

某网上论坛曾贴出一个"招兼职神秘顾客,吃饭能报销,还有钱拿"的帖子,引来大量网友关注。发帖者为广州某市场研究公司。该公司称,他们受麦当劳(中国)有限公司(以下简称麦当劳公司)委托,招聘兼职人员随机到麦当劳公司各门店内购买食品(可以报销),在麦当劳公司员工不知情的情况下,监督他们的服务流程。

媒体报道后,麦当劳公司也做出回应,他们表示:"'神秘顾客'招聘的作用,在于帮助麦当劳公司员工积极、努力地为百姓服务,而不是人前一个样、人后一个样"。一个市场的反馈显示,这些机制对于员工的服务起到了促进作用。

企业要巧妙地让员工知道，到处都有"管理者"的存在，这就有助于员工打消工作中偷懒的念头。

想一想 11-3
管理创新的五种情况，对组织来说，你认为最重要的是哪一种？

二、管理创新的过程

管理创新是一种创造性的行为，是人们获得新思想并使其付诸实践的过程。管理创新是一个不断认识和实践的过程，这一过程一般包括四个阶段。

（一）寻找创新机会

创新机会是有可能进行创新的领域，发现机会是一切创新活动的开端。创新机会对管理者而言有两个基本特征：一是这些创新一旦得以实现，将给组织带来或多或少的好处；二是创新机会不是现实，而仅仅是一种可能。

创新机会的来源是多种多样的。现代管理学创始人彼得·德鲁克认为，组织创新机会主要来源于七个方面：

（1）意外情况。意外的成功、失败或其他事情往往包含着特殊原因，或者促使企业改变原有的行为方式，因而意外常常带来创新机会。

（2）现实存在的不协调现象。当现实情况与人们预想的不一致时，差异常意味着机会。

（3）工作过程的需要。整个工作过程由诸多工作环节构成，其中存在的缺陷环节或影响工作进程的瓶颈需要改进，这种改进往往就是创新。

（4）产业与市场结构的变化。当产业与市场结构变化时，企业就要跟随这些变化，这样才能利用新市场，或者避免成为被淘汰的产业。

（5）人口的变动。人口的变动会在时间、空间上对劳动力市场、消费需求产生影响。

（6）人们观念的变化。人们文化与价值观念的转变可能引起消费行为、劳动观念、生活态度的变化，因而可以跟随新观念发现创新机会。

（7）新知识。各种科学发现和其他新知识会带来新发明、新事物或其他不可预知的东西。

上述七类创新机会中，前三类来源于组织内部，后四类来源于组织外部。

德鲁克认为，创新是对旧事物的重新组合，因而变化或问题常常是最好的创新机会。但实际上，创新机会是一个最不受约束的事物，它存在于极为广阔的空间，例如：

（1）在交叉领域往往存在很多的创新机会。交叉领域包括学科交叉领域、业务交叉领域等，当今众多新兴学科都产生在学科交叉领域，而业务之间的不同组合也是业务创新的来源。

（2）风险和困难背后往往隐藏着创新机会。人们习惯于回避风险或因惧怕困难而不前，然而控制风险因素和敢于挑战困难能够给人们带来大量机会。

（3）突破传统将有很多创新机会。传统思维方式、传统习俗、传统制度也许本身并没有问题，以至于人们习以为常，但改变传统能带来提高，这也是创新机会。

（4）持续发展的创新机会。持续发展就是自我否定、自我提高，这是创新的无限源泉。

发现创新机会须要了解可能带来创新机会的信息资源，并进行持续的机会监测。创新机会隐藏在与企业相关的信息中，这些信息包括市场、行业、技术、国家政策、竞争者、相关产品的信息，以及企业运作状况、工作人员意见、各种数据和现场情况等。企业须要有意识地收集、整理、加工这些信息，从中发现可能对企业有益或有威胁的内容，并对这些机会的价值进行评定。

发现创新机会最重要的是要有创新意识和主动精神。不能固执己见，要善于接受新思想、新观念，能够正视社会和组织的变化；要具有洞察力、好奇心，善于捕捉细微变化；要善于理性思考客观评价，能够听取不同意见；还要积极乐观，对组织抱有责任心。

知识链接

最新款式奶瓶

美国一对年轻夫妇发明了最新改良款式奶瓶，婴儿可以用小手抓住奶瓶喝奶，十分方便。说起新款奶瓶的问世过程，还有一段故事。1983年2月2日，31岁的比利初为人父，他的24岁的妻子妮姬生下一个儿子，取名威廉。他们用奶瓶给小威廉喂奶，很快便发觉市面上出售的绝大多数奶瓶都太大，8个月以下的婴儿都无法自己用手托住，必须在父母的帮助下才能喝到。比利的岳父高尔是一家工厂的烧焊品质检查员，他三句话不离本行。一次他来看外孙，看见女儿用手托着奶瓶给孩子喂奶，便说将来的奶瓶迟早都会焊上瓶柄，以便婴儿能够抓住。这句话使妮姬灵机一动，当时她还是一个牛扒店的经理，业余时间便利用模型黏土试做出种种不同的奶瓶形状，等它干透便拿给儿子试用，直到满意为止。她先后试过三角形及四角形的奶瓶，到最后才想出将圆圈拉长的形状并取名为ANSA，拉丁文的意思是"手柄"。由于最初的样品是用不透明的鲜红、鲜蓝及鲜绿色制造的，看不清瓶内是否清洁，因而首次在达拉斯贸易会展出时不受欢迎。比利夫妇再次进行改进，将奶瓶改为透明的粉红、粉蓝等颜色，很快在65天内卖出5万多个。

这个案例告诉管理者要善于发现和抓住机会，并不断进行改进，创新就能够获得成功。

（资料来源：徐欣欣.走出梦想创业起步[M].北京：中国经济出版社，1995.）

（二）提出创新设想

提出创新设想是对创新机会进行分析，在此基础上形成完整的关于创新产品、项目和工作方案，是对创新活动的前期筹划。这项工作须要利用各种知识和经验，对创新活动进行周密细致的研究，其工作步骤大致包括三个阶段。

1. 提出创新创意

创意是指前所未有的、创造性的构想。创意是针对一定事物或问题，是一种物品、思想或解决问题方法的抽象意念；创意要有新颖性，要破旧立新、不墨守成规；创意要有独特性，别出心裁、与众不同。创意的形成要基于创新机会，通过搜集资料、分析资料、酝酿创意、产生创意、发展创意等一系列活动，最终产生一个清晰的概念。创意构想十分复杂，其理论体系至今尚未成熟。据统计，目前已提出的创意、创造方法就有数百种。

2. 设计创新方案

设计方案是对创意的具体化、科学化。它要把创意的概念转变为一种形象的过程，使之不再是一种空洞的东西；它要进行理性分析，找出方案的科学机理和内在关系；它要使方案系统化、有机化；最后以人们可以理解的方式表达出来。

方案设计方法因创新内容的不同而不同，一般要视不同情况遵循该类设计的规范。例如，产品开发过程通常包括产品规划、概念设计、方案设计、详细设计、工艺设计、试制、试验等阶段，产品开发成果表现为图纸、样品、配方、程序等。一个商业项目的筹划过程包括调查研究、优化和选取最佳方案、详细研究、编制可行性研究报告，可行性研究报告包括技术分析、市场调查与预测、项目实施方案、投资与融资、经济评价、社会效益分析等。管理工作中的计划也是方案设计，一般步骤包括认识机会、确立计划目标、拟定前提条件、确定可供选择的方案、评价可供选择的方案、挑选方案、制订派生计划、编制预算等。

设计创新方案要注意两个方面：第一，方案必须科学、细致、严谨，符合相应方案的形式要求；第二，方案要突出创新内容，包括创新点、创新范围、创新程度等。

3. 创新方案的评价

方案评价和选择是一切计划工作的关键环节，创新方案评价的重点是方案的应用效果、方案操作的可行性和方案的创新程度。

 知识链接

富翁故事

一个富翁即将退休，他指着一间空屋对三个儿子说："我给你们每人1万块钱，谁能用这笔钱将此屋填满，谁就是我的继承人。"

大儿子买了一棵枝叶茂盛的树，拖到屋里占满了大半个房间。二儿子买了一大堆草放在屋子里，也占满了大半个房间。小儿子只花了几块钱买了一根蜡烛放到屋子里，晚上点燃，光明充满了房间。富翁对小儿子很满意，于是让他继承了财产！

这个故事对管理的启示，取得成功需要恰当的方式及创造敏捷地思考问题的方法，只有这样才能事半功倍，才能提高成长速度。

（三）创新实施阶段

当创新方案通过评审后将进入实施阶段。创新方案实施往往涉及多方面、多个人员，要保证创新活动的成功就要周密计划、严密控制。创新受到机会和竞争因素的影响，因而创新方案一旦确定，必须迅速实施。延迟可能使创新方案的效益下降，甚至丧失实施的条件。在创新领域存在激烈竞争，今天先进的东西到明天可能就是落后的东西。创新方案在实施过程中，需要相应的配套措施。创新的根本特征是与旧事物不同，它有新作用，也有新要求。一项创新的出现必然带动相关领域的变化，这种连带性要求管理者对相关领域进行改革；此外，一项创新是否能够成功也取决于其生存环境，管理者须要进行配套改革，为创新提供条件。

（四）创新评价总结

创新活动经常遇到失败，失败会造成损失，也会提供经验。创新是一个不断尝试、不断失败、不断提高的过程。所以人们应正确面对失败，保持自信心，从失败中发现成功的道路。创新是一个长期不断的过程。创新的作用只存在一定时期、一定范围，随着时间的变化，新事物将变成旧事物。人们须要进行不断的创新，在创新中发展。

三、管理创新策略

管理创新策略是指管理创新的过程及其系列活动。在管理实践中，需要相应的管理创新策略。

（一）根据创新的程度不同，可以分为首创性创新策略、改创型创新策略和仿创性创新策略

1. 首创型创新策略

首创型创新是指观念上和结果上有根本突破的创新，通常是首次推出但对经济和社会发展产生重大影响的全新的产品、技术、管理方法和理论。这类创新本身要求全新的技术、工艺，以及全新的组织结构和管理方法，是创新度最高的一种创新活动。这种创新活动一般风险较大、成本较高，相应的收益也较高。因此在采取首创策略时，管理者应根据实际情况，充分考虑创新的各种条件因素，选择适当的创新时机和方式，及时进行创新。

2. 改创型创新策略

改创型创新是指在自己现有的特色管理或在别人先进的管理思想、方式、方法上进行顺应式或逆向式的进一步改进。改创型创新就是在借鉴别人的先进管理的基础上进行大胆创新，探索出新的管理思路、方式、方法。简单地说，就是在别人已有的先进成果上进行有创意的提高。日本是采用这种管理创新策略的典型国家。这种创新策略与首创型策略相比，其风险、成本要小一些，但收益不一定少。因此在组织管理中，首创是重要的，改创也是重要的，它们共同为组织创造价值。

3. 仿创型创新策略

仿创型创新策略是创新度最低的一种创新活动，其基本特征在于模仿性。在创新理论的创始人熊彼特看来，模仿不能算是创新，但是模仿是创新传播的重要方式，对于推动创新的扩散具有十分重要的意义。仿创者既可以模仿首创者，又可以模仿改创者，其创新之处表现为自己原有市场的变化和发展。一些中、小企业由于各方面条件的限制，他们往往采用模仿策略，进行仿创型创新。

想一想 11-4

你认为怎样的仿创才是创新？

（二）根据创新的过程是量变还是质变，可分为渐进式创新策略和突变式管理创新策略

1. 渐进式创新策略

渐进式创新是指通过不断的、渐进的、连续的小创新，最后实现管理创新的目的。这种创新策略从小的方面入手，不至于猛烈攻击既得利益者的利益，易于被这群人所接受。由于许多大创新需要与之相关的若干小创新的辅助才能发挥作用，而且小创新的渐进积累效应常常促进创新发生连锁反应，导致大创新的出现，所以，单个小创新虽然带来的变化是小的，但它的重要性不可低估。无数企业创新都是由小到大的。这种创新具有渐进性、模仿性，创新的周期一般较长，而取得的创新的效果很好。

2. 突变式管理创新策略

突变式管理创新是指企业的管理首先在前次管理创新的基础上运行，经过一段时间，直到创新的条件成熟或企业运行到无法再适应新情况时，就打破现状，实现管理创新质的飞跃。它具有突变性，创新的周期相对较短，而创新的效果相对较好。这种突变式管理创新的实现通常由专业管理人员、企业家来实现。

（三）根据创新的独立程度，可以分为独立型创新、联合型创新和引进型创新

1. 独立型创新策略

独立型创新的特点是依靠自己的力量自行研制并组织生产，同时独立型创新的成果往往具有首创性。国外大型企业大多拥有自己的研究开发机构，因而其研究工作特别是涉及公司特色产品的核心技术，多以自身力量进行，这样可以做到技术保密，使自己处于行业竞争中的领先地位。其缺点是应用此策略的企业在投入了巨资且研究项目已经或将要取得成功时，有可能会发现同样的产品或发明已经被别人领先创新出来，不但失去了占领市场的先机，而且造成人力、物力、财力的巨大损失。

2. 联合型创新策略

联合型创新策略是若干组织相互合作进行的创新活动。联合创新往往具有攻关性质，可以更好地发挥各方的优势。但是这种创新活动涉及面广，组织协调及管理控制工作比较复杂。然而，随着科学技术的发展、高新技术的兴起，许多重大的创新项目，无论从资金、技术力量及该创新项目内容的复杂性，都并非一个企业或组织所能承担，因此，联合创新就变得日益重要。联合包括企业和企业之间的合作，企业和科研机构、高校进行联合创新，甚至各国政府都开始采取联合创新的策略，并且这种企业和其他部门的合作，以及政府的跨国的合作变得越来越普遍。

3. 引进型创新策略

引进型创新策略是从事创新的组织从其他组织引进先进的技术、生产设备、管理方法等，并在此基础上进行的创新活动。这种创新的开发周期相对较短，创新的组织实施过程有一定的参照系，风险性相应降低。但是这种创新策略要对引进的技术进行认真的评估和消化。

总之，企业在制定创新策略时，应该本着量力而行的适度创新原则。既要适应市场环境的变化，又要考虑内部创新条件。只有这样企业的管理创新的策略才能得以实施，并促进企业的发展。

案例 11-2

创新出用友

企业创新绝不只是产品和技术的创新。如果企业只注重在技术上创新，而忽略在内部运行机制、内部管理体系等方面不断创新，其技术创新本身很难真正为企业带来价值。企业全面创新，才是企业发展真正动力所在。用友的历程十分清晰地印证了这一点。

1. 企业体制创新

1988年12月6日由两个人靠5万元借款创立的用友公司（简称用友），其前身为"用友财务软件服务社"。在当时年代和环境下体现了用友创新意识，也注定了用友必须要走一条创新之路。

"用友财务软件服务社"经过一年多的创业过程，1990年转办为"用友电子财务技术有限公司"，从无限责任的个体工商户转变为有限责任公司，实现了该公司第一次在体制上的重大变迁。

随着该公司的规模扩大及业务发展需要，1995年在有限责任公司基础上，发展为"用友软件（集团）有限公司"并组建"用友软件集团"，象征着国内软件开始向产业化、规模化方

向发展,并探索一条发展软件产业规模化的道路。用友体制不断创新和变迁,伴随着用友的不断发展。

2. 技术、产品创新

软件产业发展的一个突出的特点就是"波浪式"前进,即软件技术、产品和市场每隔一定周期就会出现一次大的浪潮和更替,而且频率越来越快。每一次新的浪潮都带来机会,也是一次严峻的考验。在这样的一个环境中,一个软件企业把握住一次机会就可能起来,没有抓住机会就可能失败。不管曾经是否成功,对软件企业来说,抓住一次、两次机会是可能的,真正的挑战是能否抓住每一次机会,这就要求软件企业要不断地进行技术和产品创新,确保抓住每次机会,以确保竞争优势。

国内的财务及企业管理软件市场,这些年来的发展也呈现同样的现象。加入的厂家很多,一批起来,又一批倒下。用友作为这一领域最早的厂商之一,由于始终不断地进行技术、产品创新,把握住了历次发展的机会,使该公司一直走在这一领域的前沿,产品持续领先,树立了较好的竞争优势,巩固了财务及企业管理软件龙头企业的地位。

3. 营销服务创新

用友的销售服务网络从直销开始,经历了"直销—代理分销—地区销售服务公司/代理分销"的发展过程。到目前为止,用友建立了40家地区分、子公司、500家代理商、60家客户服务中心和100家授权培训中心的销售服务体系,是目前中国商品化软件最大销售服务商。

面对网络时代的到来,用友率先开通基于Internet网络支持服务体系,并正在建设用友软件产品销售服务的电子商务系统,实现用友软件产品销售和服务的网络化。

4. 运行机制创新

为确保用友软件产业的发展,该公司在内部运行机制上不断地进行创新,以适应日益激烈的市场竞争。

运行机制从1989年的按功能划分的中心制,发展为1996年以产品为核心的产品事业部制。1998年发展为按用户对象划分的产品分公司制,针对不同的用户群,分设了管理软件、财务软件和商务软件三个产品分公司。1999年,根据全球信息产业发展趋势及结合业务战略,发展为按战略事业单位方式建立的内部运行机制。

5. 内部管理创新

用友一直按照规范化进行管理,强调内部管理围绕公司业务开展,并为业务发展提供支持,在内部管理上不断创新。

(1)建立并实施完善的软件开发和质量控制的文件化管理体系。

1997年10月企业通过了ISO9001质量保证体系,是国内同行第一个实现软件产品开发、生产供应和维护的质量管理和保证,与国际接轨,开创了国内软件企业ISO9001质量认证的先河。

(2)建立并实施覆盖全国的文件化的软件服务质量保证体系。

1999年5月,用友又率先于国内软件业界通过ISO9002标准认证,建立并通过了覆盖全国的服务质量保证体系认证,标志着覆盖全国的软件服务与支持的质量保证体系与国际接轨。

(3)全面推行绩效管理系统,使之成为推动公司业务发展和员工发展有效的管理工具。

用友推行的绩效管理是以分公司业绩和员工为中心,帮助公司完成业绩目标和帮助员工取得成功的全过程控制的有效管理方法。通过将公司目标、任务层层分解到机构、部门和岗位，将机构、部门和员工的工作目标与公司战略和目标有机结合起来，并通过对各机构、部门和岗位目标的完成情况进行监控，提高或改善员工的工作表现，加强与员工的双向沟通。

（4）建立并实施了完善的知识产权管理监督控制体系，将尊重他人的知识产权、保护自有知识产权制度化。

（5）建立用友知识管理系统，使公司知识、经验不断得到积累和应用。

有效的知识管理系统，对软件企业发展是相当重要的。在公司内部网络系统中建立了诸如知识仓库、产品文档管理、产品测试统计及管理系统、产品支持等知识管理的应用。

思考与分析：
（1）创新的意义何在？
（2）用友是如何进行管理创新设计的？
（3）创新策略有哪些？

知识小结

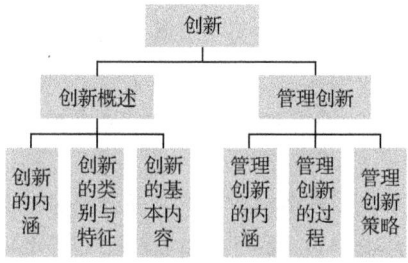

本章重点知识结构

技能训练

企业管理创新的调研分析

【目标】
（1）加深学生对组织改革创新的理解。
（2）提高学生对管理创新过程的认知。

【内容与要求】
（1）以小组为单位，每6位同学为一组，分别对不同类型企业实行改革成功或失败的情况进行调研。
（2）调研的内容主要包括企业创新的动因、企业创新的内容、创新过程和创新策略。
（3）以小组为单位，每组写一份简要的调研分析报告。

【成果展示】
（1）各小组提交一份企业创新调研分析报告。
（2）组织班级交流和互评。

拓展训练

澳柯玛的发展道路

澳柯玛电器公司（以下简称澳柯玛）成立于1989年，由于盲目引进设备，使企业一开始就背上了沉重的包袱。加上产品质量问题严重、产品缺乏竞争，使企业刚上马就陷入了困境。到1990年4月份，企业资不抵债2 600万元，濒临破产。但澳柯玛依靠自我挖潜改造，经过几年扎扎实实的发展，1995年实现产量为65.6万台，销售收入为10.26亿元，利润总额为2.38亿元，资产总额为9.74亿元，资本金利润率为291.17%。1995年与1990年相比，产量、销售收入、利润总额的年平均发展速度分别是237%、256%、606%。澳柯玛走的是一条自我挖潜改造的内涵式发展道路，经历了四部曲。

第一步是采用新技术、新工艺开发新产品。企业亏损的直接原因是产品滞销。企业为了生存下去必须生产出市场认可的产品。为此，公司总经理卖掉了专车，挽留了技术骨干，开始研究开发新产品。经过努力，终于研究出了1990年第一代产品150L家用冰柜，产品投放市场后，深受用户喜爱，当年企业扭亏为盈。

第二步是改造先天不足的引进生产线，提高机械自动化程度，劳动生产率成倍提高。澳柯玛把仅有的资金投入原有生产线的改造上，通过小改小革、填平补齐，使企业产量迅速扩大，生产能力由1990年的8 409台到1993年的2万台、1994年的23万台、1995年的65.6万台，连年翻番。

第三步是加快新产品开发步伐，产品向多品种、多规格系统化发展。市场对冰柜的需求是多层次的，澳柯玛不断开发研究新产品，每年都有几十个新产品问世。

第四步是抓住有利时机，在市场需求量扩大的情况下，大胆决策，发展规模经济。为扩大企业规模，降低成本，澳柯玛在原有10 000平方米厂房的基础上充分利用每一份空间，通过增加生产面积、扩大生产能力，使10 000平方米的厂房具备了100万台/年冰柜生产能力。

澳柯玛的自我挖潜改造道路有以下五个特征：

（1）眼睛向内，自我挖潜改造。几年来，澳柯玛克服了等、靠、要的倾向，眼睛向内，把立足点放在企业自身，挖掘企业自身的潜力并进行滚动式技术改造。不贪"洋"，不求"全"，坚持"小步快跑、滚动改造"。除一些关键测试仪器外，主体设备都是国产的，仅投资120万元的钣金生产线，能加工七种不同规格的冰柜箱体，其性能好于国外同类产品，而价格却不到国外产品的1/7。为了解决厂房面积不足，确定在现有标准厂房内搭造二层平台，建筑队报价100万元人民币并要求必须停产，但澳柯玛人自己动手，只花20万元就完成了这一改造任务，且丝毫没有影响生产。

（2）以市场需求为动力，加快产品结构调整。1990年时，澳柯玛瞄准了小型家用冷冻、冷藏箱市场，迅速开发出了以80L、120L、150L为代表系列，产品投放市场后，被广大消费者接受。1993年，随着冷冻、冷饮食品的兴起，大型商用展示柜的需求增大，澳柯玛又紧紧抓住了这一有利时机，形成商用展示柜的生产能力，迅速占领了市场。进入1995年，国内外一些大规模的冷饮食品企业为了扩大自己产品的市场占有率，纷纷推出了专柜销售。为适应集团化消费，澳柯玛成立了冷冻冷藏配套分公司，负责为冷饮企业、军队、社会团体提供集团化消费。目前，该公司已与美国雀巢公司、和路雪公司、美登高公司，以及美猴王、新大陆等冷饮食品公司建立了长期的合作关系。

（3）在技改中不断提高产品的科技含量。1995年，该公司为尽早实现我国对环保工作做出的国际承诺，在原有设备的基础上，进行改造和增加设备，生产研制无氟冷冻、冷藏箱。从产品结构设计、工艺技术、设备配套等各个环节，增加技术含量，提高系统循环和保温性能，采用新型无氟压缩机和制冷机，提高制冷效率，达到节能的目的。

（4）通过技术改造发展规模经济，将技术改造与向规模经济发展相结合。

（5）总体规划，分步实施，实现技改的良性循环。第一，建立项目决策咨询委员会。澳柯玛建立了以总裁为首的计划、企管、技术、外供、销售等参加的决策咨询委员会，同时还邀请大专院校、科研机构、商业单位、信息部门等社会权威人士参加，每半年召开一次例会，调研市场，分析企业自身的技术水平、产品、工艺等各方面存在的问题，确定技改项目。第二，制定技术改造规划，实行动态式技改管理。第三，建立项目责任制。制定了澳柯玛技改项目责任制实施办法，实行技改项目矩阵管理，每位职工都可以参与技改项目。在不改变目前的工作隶属关系的情况下，直接向项目负责人复查。项目负责人由职工推荐、竞争投标产生。第四，建立技改项目评审验收制度。目的在于检验技改项目的质量，建立了评价技改项目指标体系，以确保科技对经济增长的贡献程度。

（资料来源：Reid Stephen. 创造性思维案例选编[M].崔垵，秦苑，译.北京：经济管理出版社，2000.）

思考与分析：

（1）在澳柯玛的成功案例中，技术改造发挥着什么样的作用？

（2）澳柯玛的技术改造包括哪些方面？

参考文献

[1] [美]斯蒂芬·P·罗宾斯. 组织行为学[M]. 12 版. 李源,译,北京:中国人民大学出版社,2003.

[2] 周三多,等. 管理学——原理与方法[M]. 上海:复旦大学出版社,2000.

[3] 杨文士,等. 管理学[M]. 3 版. 北京:中国人民大学出版社,2009.

[4] 单凤儒. 管理学基础[M]. 4 版. 北京:高等教育出版社,2012.

[5] 张亚. 管理学——原理与实务[M]. 北京:北京理工大学出版社,2009.

[6] 张永良. 管理学基础[M]. 北京:北京理工大学出版社,2010.

[7] 井淼,等. 管理学原理[M]. 北京:北京师范大学出版社,2007.

[8] 李胜,等. 管理学[M]. 北京:化学工业出版社,2008.

[9] 袁淑清. 管理学基础[M]. 北京:清华大学出版社,2010.

[10] 谢敏. 管理能力训练实训手册[M]. 杭州:浙江大学出版社,2009.

[11] 赵继新. 管理学[M]. 北京:北京交通大学出版社,2012.

[12] 张超,等. 管理学原理[M]. 合肥:安徽教育出版社,2009.

[13] 黄德伟. 管理学[M]. 长春:东北师范大学出版社,2011.

[14] 吴崐. 管理基础[M]. 北京:高等教育出版社,2012.

[15] 毛杰,郭琰. 管理基础[M]. 南京:南京大学出版社,2015.

[16] 朱艳莉. 管理学基础[M]. 重庆:重庆大学出版社,2015.

[17] 肖洋. 管理学基础[M]. 长沙:中南大学出版社,2016.

[18] 姜玲. 管理学基础[M]. 重庆:重庆大学出版社,2015.

[19] 季辉. 管理学基础[M]. 2 版. 北京:人民邮电出版社,2015.

[20] 孙国荣. 管理学基础[M]. 合肥:安徽人民出版社,2014.